LETTRES ANGLO-AMÉRICAINES
série dirigée par Marie-Catherine Vacher

EXCURSIONS
DANS LA ZONE INTÉRIEURE

Titre original :
Report from the Interior
Éditeur original :
Henry Holt and Company, LLC, New York

ISBN 978-2-330-03192-3

ISBN 978-2-7609-1271-7

PAUL AUSTER

Excursions dans la zone intérieure

traduit de l'américain par Pierre Furlan

ACTES SUD/LEMÉAC

ZONE INTÉRIEURE

Au commencement, tout était vivant. Les plus petits objets étaient dotés de cœurs qui battaient, et même les nuages avaient des noms. Les ciseaux savaient marcher, les téléphones et les théières étaient cousins germains, les yeux et les lunettes étaient frères et sœurs. Le cadran de la pendule était un visage humain, chaque petit pois dans ton bol avait une personnalité bien à lui, et la calandre à l'avant de la voiture de tes parents était une bouche au grand sourire plein de dents. Les stylos étaient des dirigeables. Les pièces de monnaie, des soucoupes volantes. Les branches d'arbre, des bras. Les pierres pouvaient penser, et Dieu était partout.

Croire que l'homme dans la Lune était un homme véritable ne posait aucun problème. Tu pouvais voir son visage te regarder depuis les hauteurs du ciel nocturne, et il n'y avait aucun doute là-dessus, c'était un visage d'homme. Peu importait que cet homme n'eût pas de corps – à ton sens, il restait quand même un homme, et la possibilité d'une contradiction dans toute cette affaire ne t'effleurait jamais. En même temps, il te paraissait parfaitement plausible qu'une vache puisse sauter par-dessus la lune. Et qu'une assiette puisse s'enfuir en compagnie d'une cuillère.

Tes pensées les plus précoces, ces vestiges de la manière dont, petit enfant, tu vivais à l'intérieur de toi-même. Tu ne te souviens que d'une partie d'entre elles, bribes isolées, brefs éclairs de reconnaissance qui surgissent en toi à l'improviste et au hasard, suscités par l'odeur d'une chose, ou son contact, ou par la manière dont la lumière tombe sur elle à tel moment présent de ta vie d'adulte. Du moins, tu penses pouvoir te souvenir, tu crois te souvenir, mais il se peut que tu ne te souviennes pas du tout, ou que ne te revienne qu'une réminiscence ultérieure de ce que tu crois avoir pensé à cette époque lointaine désormais pratiquement perdue pour toi.

3 janvier 2012 : il y a un an, jour pour jour, que tu as commencé à rédiger ton dernier livre, ta chronique d'hiver maintenant terminée. C'était une chose, d'écrire sur ton corps, de cataloguer les multiples coups et plaisirs éprouvés par ton être physique, mais l'exploration de ton esprit à partir de tes souvenirs d'enfant sera sans aucun doute une tâche plus ardue – voire impossible. Pourtant tu te sens obligé de tenter la chose. Non pas parce que tu te considères comme un objet d'étude rare ou exceptionnel, mais précisément parce que ce n'est pas le cas, parce que tu estimes être comme n'importe qui, comme tout le monde.

La seule preuve dont tu disposes pour dire que tes souvenirs ne sont pas totalement trompeurs, c'est le fait qu'il t'arrive encore de temps en temps de retomber dans tes vieilles manières de penser. Des vestiges ont subsisté bien après tes soixante ans, l'animisme de ta petite enfance n'a pas été totalement chassé de ton esprit, et tous les étés, allongé sur le dos dans l'herbe, tu regardes les nuages qui passent et tu les vois se transformer en visages, en oiseaux et en animaux, en États, en pays et en royaumes imaginaires. Les calandres des voitures te rappellent toujours des dents, et le tire-bouchon est encore une ballerine qui danse. En dépit des apparences, tu es toujours celui que tu as été même si tu n'es plus la même personne.

Quand tu t'es demandé jusqu'où tu voulais aller avec ce projet, tu as décidé de ne pas franchir la limite des douze ans, car au-delà de douze ans tu n'as plus été un enfant ; l'adolescence était imminente, des lueurs de l'âge adulte avaient déjà commencé à poindre dans ton cerveau et tu te transformais en un être fort différent de la petite personne dont la vie était une plongée permanente dans la nouveauté et qui chaque jour faisait quelque chose pour la première fois – parfois même plusieurs ou beaucoup de choses – ; et c'est cette lente progression de l'ignorance vers quelque chose qui ne serait pas tout à fait l'ignorance qui aujourd'hui t'intéresse. Qui étais-tu, petit homme ? Comment es-tu devenu une personne capable de penser et, une fois que tu en as été capable, où tes pensées t'ont-elles mené ? Exhume les vieilles histoires, fouille autour de toi pour trouver ce que tu peux, puis élève les tessons vers la lumière pour les examiner. Fais-le. Essaie.

Bien évidemment, le monde était plat. Quand quelqu'un a tenté de t'expliquer que la Terre était une sphère, une planète qui tournait autour du Soleil comme huit autres planètes à l'intérieur de ce qu'on appelait le système solaire, tu as été incapable de saisir ce que disait ce garçon plus âgé que toi. Si la terre était ronde, tous ceux qui se trouvaient au-dessous de l'équateur tomberaient, car il était inconcevable qu'on puisse vivre la tête en bas. Le garçon plus âgé a essayé de t'expliquer le concept de gravitation, mais cela aussi était au-delà de ta compréhension. Tu t'es imaginé des millions de gens qui plongeaient la tête la première dans l'obscurité d'une nuit infinie dévorant tout. S'il était vrai que la Terre était ronde, tu t'es dit que le seul endroit où l'on était en sécurité était le pôle Nord.

Sans doute sous l'influence des dessins animés que tu adorais regarder, tu pensais qu'un poteau sortait du pôle Nord. Comme ceux à spirales qui tournaient devant les salons de coiffure pour hommes.

Les étoiles, en revanche, étaient inexplicables. Ni trous dans le ciel, ni bougies, ni lumières électriques, elles ne ressemblaient à rien de ce que tu connaissais. L'immensité de l'air noir au-dessus de toi, l'infinité de l'espace qui te séparait de ces petits points lumineux, représentait quelque chose qui défiait toute compréhension. Belles et bienveillantes présences planant dans la nuit, elles étaient là parce qu'elles étaient là, sans autre raison. L'œuvre de la main de Dieu, certes, mais à quoi avait-il donc pu songer ?

À cette époque, ta situation était la suivante : États-Unis du milieu du siècle ; un père et une mère ; tricycles, bicyclettes et petits chariots ; postes de radio, téléviseurs en noir et blanc ; voitures à boîte de vitesses manuelle ; deux petits appartements puis une maison de banlieue ; santé fragile au départ, puis robustesse de garçon normal ; école publique ; famille de la classe moyenne en quête d'ascension sociale ; ville de quinze mille habitants peuplée de protestants, de catholiques et de juifs, tous blancs à part un petit nombre de Noirs, mais sans bouddhistes, hindous ni musulmans ; une petite sœur et huit cousins germains ; des magazines de bandes dessinées ; Rootie Kazootie et Pinky Lee* ; la chanson *J'ai vu maman embrasser le père Noël* ; soupes Campbell's ; pain de mie Wonder et petits pois en boîte ; voitures gonflées et cigarettes à vingt-trois cents le paquet ; un petit monde à l'intérieur du grand, mais à l'époque c'était le monde entier pour toi car le grand monde n'était pas encore visible.

Armé d'une fourche, Farmer Gray, le paysan furieux, court à travers un champ de maïs à la poursuite de Félix le chat. Aucun des deux ne peut parler, mais leurs gestes s'accompagnent du son métallique incessant produit par une musique rapide et sautillante, et tandis que tu les regardes entamer l'un et l'autre une nouvelle bataille dans leur guerre éternelle, tu es persuadé qu'ils sont réels, que ces images en noir et blanc dessinées d'une main rapide ne sont pas moins vivantes que toi. On peut les voir tous les après-midi dans une émission télévisée du nom de *Junior Frolics,* présentée par un certain Fred Sayles que tu connais simplement comme Oncle Fred, l'homme aux cheveux argentés qui garde l'entrée de ce pays des merveilles, et comme tu ne comprends rien à la production de dessins animés, que tu n'es

* Deux personnages d'émissions télévisées pour enfants des années cinquante. *(N.d.T.)*

même pas en mesure d'entrevoir la moindre partie du processus par lequel on fait bouger des dessins, tu te dis qu'il doit y avoir une sorte d'univers parallèle dans lequel des personnages tels que Farmer Gray et Félix le chat peuvent exister – non pas en tant que crayonnages qui dansent sur un écran de télévision, mais en tant que créatures tridimensionnelles aussi grandes que des adultes et dotées d'un vrai corps. La logique exige qu'elles soient de grande taille puisque les gens qui apparaissent à la télévision sont toujours plus grands que leur image à l'écran, et la logique exige aussi qu'elles appartiennent à un univers parallèle, car l'univers dans lequel tu vis n'est pas, à ton grand regret, peuplé de personnages de dessins animés. Un jour, alors que tu as cinq ans, ta mère t'annonce qu'elle va te conduire avec ton copain Billy au studio de Newark qui diffuse *Junior Frolics*. Tu pourras voir Oncle Fred en personne, te dit-elle, et participer à l'émission. C'est palpitant, tout ça, extraordinairement palpitant, mais ce qui l'est encore plus c'est de songer qu'enfin, après des mois d'hypothèses à leur sujet, tu vas finalement être en mesure de voir de tes propres yeux Farmer Gray et Félix le chat. Tu découvriras enfin à quoi ils ressemblent vraiment. Dans ta tête, l'action va se dérouler sur une scène gigantesque, de la taille d'un terrain de foot, où le vieux paysan grincheux et le chat noir rusé vont se poursuivre mutuellement dans une de leurs escarmouches épiques. Le jour venu, cependant, rien ne se déroule comme tu l'avais imaginé. Le studio est petit, Oncle Fred a le visage maquillé, on te donne un sachet de bonbons à la menthe pour te tenir compagnie pendant l'émission, et tu vas t'asseoir dans les tribunes avec Billy et les autres enfants. Tu regardes d'en haut ce qui devrait être une scène mais qui n'est en fait rien d'autre que le sol en ciment du studio, et ce que tu y aperçois est un poste de télévision. Pas même un poste spécial, car il n'est ni plus grand ni plus petit que celui qui est chez toi. Le paysan et le chat ne sont nulle part dans les parages. Oncle Fred souhaite la bienvenue au public, puis il présente le premier dessin animé. Le téléviseur se met en marche et voilà Farmer Gray et Félix le chat qui sautillent partout comme ils l'ont toujours fait, toujours coincés à l'intérieur de la boîte, toujours aussi petits que d'habitude. Te voilà totalement désorienté. Quelle erreur as-tu commise ? te demandes-tu. Où ta pensée a-t-elle déraillé ? La réalité est tellement en décalage avec ce que tu avais imaginé que tu ne peux t'empêcher de penser qu'on t'a joué un vilain tour. Tu es tellement sonné par la déception que tu arrives à peine à regarder l'émission. Plus tard, quand tu regagnes la voiture avec Billy et ta mère, tu jettes les bonbons, dégoûté.

L'herbe et les arbres, les insectes et les oiseaux, les petites bêtes et les bruits de ces animaux quand leur corps invisible s'agite pour traverser les buissons environnants. Tu avais cinq ans et demi quand ta famille a quitté l'appartement d'Union, trop petit, pour s'installer dans la vieille maison blanche d'Irving Avenue à South Orange. Pas une grande demeure, mais la première maison dans laquelle tes parents ont vécu, ce qui en fait la première pour toi aussi, et même si elle n'était pas très spacieuse à l'intérieur, le jardin t'a paru vaste car, en fait, il y en avait deux : le premier, juste derrière la maison, était une petite zone d'herbe bordée par le parterre de fleurs en forme de croissant qu'avait planté ta mère ; ensuite, du fait qu'un garage en bois peint en blanc s'élevait juste au-delà des fleurs et divisait la propriété en deux terrains indépendants, il y avait derrière ce garage un deuxième jardin – celui dit "du fond" –, plus grand et plus sauvage que le premier, un domaine isolé où tu pouvais mener tes recherches les plus passionnées sur la flore et la faune de ton nouveau royaume. Dans cet endroit reculé, le seul signe de présence humaine était le potager de ton père, essentiellement planté de tomates, qu'il avait aménagé peu après l'arrivée de la famille dans la maison en 1952 ; et chaque année, au cours des vingt-six ans et demi qu'il lui restait à vivre, ton père a passé ses étés à cultiver des tomates – les tomates du New Jersey les plus rouges et les plus rebondies qu'on ait jamais vues, récoltées dans des paniers qui débordaient chaque mois d'août, des tomates en telle quantité qu'il était obligé d'en donner avant qu'elles ne se gâtent. Le potager de ton père, donc, qui s'étendait le long du garage dans le jardin du fond. Son bout de terrain à lui, mais ton monde à toi – et c'est là que tu as vécu jusqu'à tes douze ans.

Merles d'Amérique, chardonnerets, geais bleus, orioles, pirangas écarlates, corneilles, moineaux, troglodytes, cardinaux, carouges à épaulettes, parfois un merle bleu. Les oiseaux ne te paraissaient pas moins étranges que les étoiles, et comme leur véritable maison était l'air, tu avais l'impression que les oiseaux et les étoiles appartenaient à la même famille. L'incompréhensible faculté de voler, sans parler de la multitude de couleurs brillantes ou mates, voilà des sujets dignes d'observation et d'étude, mais ce qui t'intriguait le plus chez eux c'étaient les sons qu'ils produisaient, cette langue différente parlée par chaque espèce d'oiseau, qu'il s'agisse de chants mélodieux ou de cris durs et râpeux, et tu as été persuadé très tôt qu'ils parlaient entre eux, que ces sons étaient des mots articulés d'une langue d'oiseau particulière, et ce qui valait pour les êtres humains de couleur différente qui parlent une infinité de langues valait aussi pour ces créatures volantes qui sautillaient parfois sur l'herbe de ton jardin du fond, chaque merle s'adressant à ses amis merles dans une langue dotée d'un vocabulaire et de règles de grammaire aussi intelligibles pour eux que l'anglais pour toi.

L'été : tu fends en deux une feuille d'herbe dans le sens de la longueur et tu t'en sers pour siffler ; tu attrapes des lucioles la nuit et tu te promènes avec ton bocal magique, lumineux. L'automne : tu te mets sur le nez les cosses tombées des érables ; tu ramasses des glands par terre et tu les jettes aussi loin que tu peux – dans la profondeur des buissons, hors de ta vue. Les glands étaient des friandises très prisées des écureuils, et comme les écureuils étaient les animaux que tu admirais le plus – leur rapidité ! leur capacité à défier la mort en sautant à travers les branches des chênes au-dessus de ta tête ! –, tu les observais avec attention quand ils creusaient de petits trous pour enfouir des glands dans le sol. Ta mère t'avait dit qu'ils les mettaient de côté pour les mois maigres d'hiver, mais en vérité tu n'as jamais vu d'écureuil déterrer de gland en hiver. Tu en as conclu qu'ils faisaient ces trous pour le simple plaisir de creuser, qu'ils adoraient ça et ne pouvaient tout simplement pas s'en empêcher.

Jusqu'à l'âge de cinq ou six ans, voire sept, tu as cru que les mots anglais pour "être humain" *[human being]* se prononçaient de façon à signifier "haricot humain" *[human bean]*. Tu étais perplexe à l'idée que l'humanité puisse être représentée par un légume si petit et si commun, mais après avoir suffisamment trituré tes pensées pour qu'elles assimilent ce malentendu, tu as décidé que c'était justement la petite taille du haricot qui lui conférait son importance, qu'à notre début dans le ventre de notre mère nous ne sommes pas plus grands qu'un haricot et que, par conséquent, le haricot était le symbole le plus véridique et le plus puissant de la vie même.

Le Dieu qui était partout et régnait sur tout n'était pas une force d'amour et de bien mais de peur. Dieu était culpabilité. Dieu était le commandant de la police céleste de l'esprit, l'être invisible et tout-puissant qui pouvait s'introduire de force dans ta tête et lire tes pensées, t'entendre te parler à toi-même et traduire le silence en paroles. Dieu regardait toujours, écoutait toujours, et par conséquent il fallait que tu te conduises de ton mieux tout le temps. Sinon, d'horribles châtiments et des tourments indicibles s'abattraient sur toi, tu serais emprisonné dans les cachots les plus obscurs et condamné à vivre de pain sec et d'eau le restant de tes jours. Quand tu as été assez grand pour aller à l'école, tu as appris que tout acte de rébellion de ta part serait écrasé. Tu voyais tes amis saper les règles de manière brillante et astucieuse, tu les voyais inventer de nouvelles formes de désordre toujours plus retorses derrière le dos des institutrices et s'en tirer continuellement, tandis que toi, chaque fois que tu succombais à la tentation de prendre part à ces pitreries, tu te faisais invariablement attraper et punir. Ça ne ratait jamais. Tu n'avais hélas aucun talent pour les espiègleries, et comme tu imaginais ton Dieu courroucé se moquer de toi avec un rire méprisant, tu as compris qu'il te fallait rester sage – sinon, gare à toi.

Six ans. Debout dans ta chambre un samedi matin, juste après t'être habillé et avoir lacé tes chaussures (te voilà déjà un grand garçon, sachant faire plein de choses), tu étais fin prêt pour passer à l'action, sur le point de descendre et de commencer ta journée, lorsque, alors que tu te tenais là dans la lumière de ce petit matin de printemps, un sentiment de bonheur t'a submergé, une sensation de bien-être et de joie sans limites, proche de l'extase, si bien qu'un instant plus tard tu t'es dit : Il n'y a rien de mieux que d'avoir six ans, c'est de loin le meilleur âge qu'on puisse avoir. Tu te souviens de cette pensée aussi clairement que tu te souviens de ce que tu as fait il y a trois secondes, car elle brille encore en toi cinquante-neuf ans après ce matin-là sans avoir rien perdu de sa clarté, aussi vive que n'importe lequel des milliers ou des millions, ou des dizaines de millions de souvenirs que tu as réussi à conserver. Quel événement avait pu provoquer un sentiment aussi irrésistible ? Impossible de le savoir, mais tu te doutes que ce n'était pas sans rapport avec la naissance de la conscience de soi, laquelle se produit chez les enfants autour de six ans, quand s'éveille la voix intérieure et qu'émerge la capacité non seulement de former une pensée, mais aussi de se dire qu'on forme cette pensée. À ce moment-là, nos vies prennent une nouvelle dimension, car c'est alors qu'on acquiert le pouvoir de se raconter ses propres histoires, de lancer le récit ininterrompu qui se poursuit jusqu'au jour où l'on meurt. Jusqu'à ce matin-là, tu étais, seulement. Désormais, tu savais que tu étais. Tu pouvais réfléchir au fait d'être en vie, et dès lors que tu as été en possession de cette capacité, tu as pu savourer pleinement le fait de ta propre existence ; autrement dit, tu as pu te dire à quel point il était bon d'être en vie.

1953. Toujours âgé de six ans, quelques jours ou quelques semaines après cette illumination transcendante, un nouveau tournant dans ta progression interne, et il se trouve que celui-ci s'est produit dans une salle de cinéma quelque part dans le New Jersey. Tu n'étais encore allé que deux ou trois fois au cinéma, chaque fois pour voir un dessin animé pour enfants (*Pinocchio* et *Cendrillon* te viennent à l'esprit), et c'était seulement à la télévision que tu avais eu accès à des films présentant de vraies personnes – il s'agissait surtout de westerns à faible budget des années trente et quarante avec Hopalong Cassidy, Gabby Hayes, Buster Crabbe et Al "Fuzzy" St John, vieux films balourds du genre "dégommez-les tous" où les héros arboraient des chapeaux blancs et les méchants des moustaches noires, mais tu adorais tout cela et tu y croyais avec ferveur. Et puis, à un certain moment de l'année de tes six ans, quelqu'un (sans aucun doute tes parents, même si tu n'as aucun souvenir de leur présence) t'a emmené voir un film projeté en soirée. C'était ta première expérience cinématographique en dehors des matinées du samedi, des dessins animés de Disney ou des westerns antiques en noir et blanc, et tu allais voir un film nouveau, en couleurs, fait pour des adultes. Tu te souviens de l'immensité de la salle bondée, de ta chair de poule en te retrouvant assis dans le noir lorsque les lumières se sont éteintes, de ton attente anxieuse et d'un certain malaise comme si tu étais à la fois là et pas là, comme si tu n'étais plus dans ton propre corps, de la même façon qu'on disparaît à soi-même quand on est pris par un rêve. Ce film, c'était *La Guerre des mondes,* d'après le roman de H. G. Wells, acclamé à l'époque comme une œuvre révolutionnaire en matière d'effets spéciaux – plus élaborée, plus convaincante, plus avancée que tous les films qui l'avaient précédée. C'est ce que tu as lu ces dernières années, mais en 1953 tu n'en savais rien, tu n'étais qu'un petit garçon de six ans qui regardait un bataillon de Martiens envahir la Terre, et comme le plus géant des écrans géants se dressait devant toi, les couleurs te paraissaient plus vives que toutes celles que tu avais vues auparavant – si chatoyantes, si nettes, si intenses que tes yeux te faisaient presque mal. Surgis du ciel nocturne, des vaisseaux spatiaux métalliques d'une rondeur de pierre atterrissaient, et l'un après l'autre les couvercles de ces machines volantes s'ouvraient pour laisser émerger lentement un Martien si grand qu'il en paraissait surnaturel, sorte d'insecte avec des bras comme des allumettes et des doigts d'une longueur effrayante. Le Martien braquait son regard sur un Terrien, il focalisait sur lui ses yeux grotesquement bulbeux et, l'instant d'après, se produisait un éclair. Quelques secondes plus tard, le Terrien avait disparu. Anéanti, dématérialisé, réduit à une ombre sur le sol jusqu'à ce que l'ombre elle aussi s'évanouisse, comme si la personne n'avait jamais été là, n'avait même jamais été vivante. Bizarrement, tu ne te rappelles pas avoir eu peur. Cloué sur place serait probablement l'expression qui rendrait le mieux ce qui t'arrivait : un sentiment de respect mêlé de crainte, comme si le spectacle t'avait hypnotisé, plongé dans un état de ravissement transi. Puis il s'est produit quelque chose d'horrible, de bien plus horrible que la mort ou l'anéantissement des soldats qui avaient essayé de tuer les Martiens à l'aide de leurs armes inefficaces. Peut-être ces militaires s'étaient-ils trompés quand ils avaient supposé que les envahisseurs étaient venus avec des intentions hostiles, peut-être les Martiens s'étaient-ils seulement défendus comme le ferait toute créature attaquée. Tu voulais en tout cas leur accorder le bénéfice du doute, car il te semblait que les êtres humains avaient eu tort de laisser leur peur de l'inconnu se transformer si vite en violence. Alors est arrivé l'homme de la paix. C'était le père de l'actrice principale, la jeune et superbe femme ou petite amie de l'acteur principal, et ce père était pasteur ou ministre du culte, un homme de Dieu qui, d'une voix calme et apaisante, a conseillé à ceux qui l'entouraient de s'approcher des extraterrestres de manière bienveillante et amicale, d'aller vers eux avec au cœur l'amour de Dieu. Pour prouver ce qu'il avançait, ce pasteur-père plein de courage s'est mis à marcher vers un des vaisseaux en brandissant une Bible dans une main et une croix dans l'autre, tout en disant aux Martiens qu'ils n'avaient rien à craindre, que nous, les habitants de la Terre, souhaitions vivre en harmonie avec tout le monde dans l'Univers. Il avait la bouche tremblante d'émotion, les yeux illuminés par la puissance de sa foi, et puis, alors qu'il n'était plus qu'à deux ou trois mètres du vaisseau, le couvercle s'est soulevé, un Martien aux membres comme des allumettes a surgi, et avant que le pasteur ait pu faire un pas de plus, il y a eu un éclair et le messager aux saintes paroles a été transformé en ombre. Peu après, plus même d'ombre : transformé en rien du tout. Dieu, le Tout-Puissant, était sans pouvoir. Face au mal, Dieu était aussi démuni que le plus démuni des hommes, et ceux qui croyaient en lui étaient condamnés. Telle a été la leçon que tu as retenue ce soir-là de *La Guerre des mondes*. Un choc dont tu ne t'es jamais complètement remis.

Pardonne aux autres, pardonne-leur toujours, mais ne te pardonne jamais. Dis s'il vous plaît et merci. Ne mets pas tes coudes sur la table. Ne te vante pas. Ne dis jamais rien de méchant sur quelqu'un derrière son dos. N'oublie pas de mettre ton linge sale dans la corbeille. Éteins la lumière avant de quitter une pièce. Regarde les gens dans les yeux quand tu leur parles. Ne réponds pas à tes parents. Lave-toi les mains au savon et prends bien soin de récurer le dessous des ongles. Ne mens jamais, ne vole jamais, ne frappe jamais ta petite sœur. Quand tu serres la main de quelqu'un, fais-le avec fermeté. Sois de retour à la maison pour cinq heures. Lave-toi les dents avant d'aller te coucher. Et surtout n'oublie pas : ne passe pas sous des échelles, évite les chats noirs et fais en sorte que tes pieds ne touchent jamais les fissures des trottoirs.

Tu t'inquiétais pour les malheureux, les opprimés, les pauvres, et même si tu étais trop jeune pour comprendre quoi que ce soit de la politique ou de l'économie, pour saisir ce que les forces écrasantes du capitalisme peuvent infliger à ceux qui n'ont pas grand-chose ou rien, il te suffisait de lever la tête ou de regarder autour de toi pour te rendre compte que le monde était injuste, que certaines personnes souffraient plus que d'autres, que le mot *égal* était en fait un terme relatif. Cela venait sans doute de ce que tu avais été exposé de bonne heure aux taudis noirs de Newark et de Jersey City, les vendredis soir où tu accompagnais ton père dans sa tournée quand il allait encaisser le loyer de ses locataires. Tu étais de ce fait un des rares garçons de la classe moyenne à avoir l'occasion de pénétrer dans les appartements de gens pauvres et même désespérément pauvres, de voir et de sentir ce qu'est la misère, les femmes épuisées flanquées de leurs enfants mais bien rarement d'un homme, et comme les locataires noirs de ton père étaient toujours d'une gentillesse extrême avec toi, tu te demandais pourquoi ces braves gens devaient vivre avec si peu, avec tellement moins que ce que tu avais, toi qui étais si douillettement installé dans ta confortable maison de banlieue alors qu'ils étaient, eux, dans des pièces nues au mobilier cassé ou pratiquement sans meubles. Ce n'était pas pour toi une affaire de race, du moins pas à cette époque, car tu te sentais à l'aise parmi les locataires noirs de ton père et que leur peau soit blanche ou noire t'était indifférent, tout était ramené à une question d'argent, au fait qu'ils n'en avaient pas ou qu'ils ne disposaient pas du genre de travail qui permet de gagner assez pour vivre dans une maison comme la tienne. Plus tard, quand tu as été un peu plus âgé et que tu as commencé à apprendre l'histoire américaine – tu l'as fait à une période où cette histoire coïncidait avec le moment fort du mouvement des droits civiques –, bien des choses dont tu avais été le témoin à l'âge de six ans te sont devenues beaucoup plus intelligibles, mais avant, à l'époque obscure de l'émergence de ta conscience, tu n'y comprenais rien. La vie était douce pour certains et cruelle pour d'autres, et ça te faisait mal au cœur.

Et puis, aussi, il y avait les *enfants qui mouraient de faim en Inde*. C'était plus abstrait pour toi, plus difficile à saisir parce que plus lointain et plus étranger, mais, néanmoins, c'était quelque chose qui exerçait une forte influence sur ton imagination. Des enfants à moitié nus qui n'ont pas assez à manger, dont les membres émaciés sont aussi minces que des flûtes, qui vont pieds nus et déguenillés, errant dans de vastes cités surpeuplées où ils mendient des croûtons de pain. Telle était la vision qui te venait chaque fois que ta mère te parlait de ces enfants, ce qu'elle ne faisait jamais ailleurs qu'à table le soir, car c'était la tactique habituelle de toutes les mères américaines dans les années cinquante : elles mentionnaient sans cesse les enfants d'Inde mal nourris et dénués de tout pour faire honte à leurs enfants et les obliger à finir leur assiette. Combien de fois as-tu souhaité pouvoir inviter un petit Indien chez toi pour qu'il partage ton dîner, car en réalité, quand tu étais petit, tu faisais des histoires pour manger, sans doute à cause d'un dysfonctionnement du système digestif dont tu as souffert jusqu'à trois ans et demi ou quatre ans : certains aliments t'étaient insupportables, rien que les regarder te rendait malade, et chaque fois que tu n'arrivais pas à finir ce qu'on t'avait servi, tu pensais aux garçons et aux filles d'Inde et tu étais déchiré par la culpabilité.

Tu ne te souviens pas qu'on t'ait fait la lecture, et tu ne te souviens pas non plus d'avoir appris à lire. Au mieux, tu te rappelles avoir parlé à ta mère de quelques-uns des personnages que tu affectionnais et qui se trouvaient dans des livres – livres qu'elle devait donc t'avoir lus –, mais tu n'as aucun souvenir d'avoir tenu ces ouvrages entre tes mains, aucun souvenir d'être assis ou couché à côté de ta mère pendant qu'elle montre du doigt les illustrations et te lit à haute voix les mots des histoires. Tu ne parviens pas à entendre sa voix, tu ne parviens pas à sentir son corps près du tien. Si tu fais suffisamment d'efforts, cependant, en fermant les yeux assez longtemps pour te plonger dans une sorte de semi-transe, tu arrives tout juste à faire réémerger en toi l'impact de certains contes, en particulier de *Jeannot et Margot*, qui était celui qui t'effrayait le plus, mais aussi de *Nain Tracassin* et de *Raiponce*, et te revient également le vague souvenir d'avoir regardé des images de Dumbo et de Winnie l'ourson ainsi que celles d'un petit dalmatien appelé Peewee. Mais l'histoire qui t'attirait le plus, celle que tu connais encore à peu près par cœur – ce qui veut dire qu'on doit te l'avoir lue des dizaines et des dizaines de fois –, c'est *Pierre Lapin*, qui parle du pauvre vilain petit Pierre, le fils rebelle de Mme Lapin, et de ses mésaventures dans le potager de M. McGregor. Aujourd'hui, en feuilletant un exemplaire de ce livre, tu t'étonnes qu'il te soit aussi familier, que tu connaisses le moindre détail de chaque illustration, pratiquement chaque mot du texte, et surtout les paroles glaçantes de la vieille Mme Lapin dès la deuxième page : "Tu peux aller dans les champs ou sur ce sentier, mais ne va pas dans le potager de M. McGregor : ton père a eu un accident, là-bas ; Mme McGregor en a fait une tourte." Pas étonnant que cette histoire ait eu sur toi un tel effet. Le décor a beau être charmant et bucolique, Pierre n'est pas parti pour une joyeuse petite balade d'un après-midi. En se glissant dans le jardin de M. McGregor, il prend hardiment le risque de mourir, il le prend même stupidement, et lorsque tu examines aujourd'hui le contenu du livre, tu peux t'imaginer avec quelle intensité tu as craint pour la vie de Pierre – et combien tu t'es réjoui qu'il en ait réchappé. Un souvenir qui n'en est pas un et qui pourtant continue à vivre en toi. Lorsque ta fille est née, il y a de cela vingt-quatre ans, elle a reçu entre autres cadeaux une tasse en porcelaine décorée de deux illustrations tirées des livres de Beatrix Potter. La tasse a réussi, on ne sait comment, à survivre aux périls des années d'enfance de ta fille, et voilà quinze ans que tu t'en sers pour prendre ton thé le matin. Tu es juste à un mois de ton soixante-cinquième anniversaire, et chaque matin tu bois dans une tasse dessinée pour des enfants, une tasse Pierre Lapin. Tu te dis que tu préfères cette tasse à toutes celles qui sont dans ta maison à cause de ses dimensions parfaites. Plus petite qu'une chope, plus grande qu'une tasse à thé traditionnelle, elle est pourvue d'un rebord agréablement incurvé qui te procure une sensation de confort quand il touche tes lèvres et permet au thé de descendre dans ta gorge sans déborder. Donc une tasse pratique, une tasse essentielle, mais en même temps tu ne dirais pas la vérité si tu te prétendais indifférent aux images qui la décorent. Tu aimes bien commencer ta journée avec Pierre Lapin, ton vieux copain de ta toute première enfance, d'une époque si lointaine qu'aucun souvenir conscient ne s'y rapporte, et tu vis en redoutant le matin où la tasse te glissera des doigts et se brisera.

Un jour, pendant ton adolescence, ta mère t'a dit que tu étais capable de reconnaître les lettres de l'alphabet dès l'âge de trois ou quatre ans. Tu ne sais pas si on peut le croire, car ta mère avait tendance à exagérer chaque fois qu'il était question de tes accomplissements de jeunesse, et le fait qu'on t'ait placé dans le groupe des lecteurs moyens quand tu as commencé l'école primaire semble suggérer que tu n'as pas été aussi précoce que ta mère le pensait. Regarde Dick courir. Regarde Jane courir. Tu avais six ans, et ton souvenir le plus vif de cette époque te situe à un bureau à l'écart de ceux des autres enfants, un bureau isolé au fond de la salle, car c'est là qu'on t'a exilé temporairement pour t'être mal conduit en classe (soit pour avoir parlé à quelqu'un alors que tu étais censé te taire, soit à la suite d'une des nombreuses punitions que t'a values ton inaptitude à faire des bêtises), et alors que tu es assis à ton bureau solitaire en train de feuilleter un livre sans doute imprimé dans les années vingt (dans les illustrations, les garçons portent des knickers), ton institutrice est venue vers toi, une jeune femme gentille aux bras charnus couverts de taches de rousseur qui s'appelait Mlle Dorsey ou Dorsi, ou peut-être Mme Dorsey ou Dorsi, et elle a posé sa main sur ton épaule, te touchant doucement, tendrement, même, ce qui t'a d'abord étonné, mais quel plaisir dans cette sensation, puis elle s'est penchée et t'a chuchoté à l'oreille qu'elle se sentait encouragée par tes progrès, que ton travail avait avancé de manière spectaculaire et qu'elle avait donc décidé de te mettre dans le groupe des meilleurs lecteurs. Tu as dû en effet t'améliorer, alors. Les difficultés que tu avais peut-être connues lors des premières semaines de l'année scolaire étaient désormais derrière toi, et pourtant quand tu te rapportes au seul autre souvenir net que tu aies retenu de ces jours où tu apprenais à lire et à écrire, tu ne peux guère que secouer la tête, déconcerté. Tu ne sais pas si cet incident a eu lieu avant ou après ta promotion dans le groupe des meilleurs lecteurs, mais tu te rappelles distinctement être arrivé un peu en retard en classe ce matin-là à cause d'une visite chez le médecin, et la première leçon du jour avait déjà commencé. Tu t'es glissé à ta place habituelle, à côté de Malcolm Franklin, un mastodonte pourvu d'épaules exceptionnellement larges et censé appartenir à la famille de Benjamin Franklin – fait réel ou inventé qui t'impressionnait toujours. Mlle ou Mme Dorsey-Dorsi était debout au tableau à l'avant de la salle et elle montrait à la classe comment écrire en script la lettre *w*. Chaque élève, penché sur son bureau un crayon à la main, l'imitait avec soin en dessinant une rangée de *w*. Quand tu as regardé à ta gauche pour voir comment se débrouillait le descendant de Benjamin Franklin, tu as découvert avec amusement que ton camarade ne marquait pas de séparation entre ses *w* *(w w w w)*, mais qu'il les collait ensemble *(wwww)*. Trouvant que cette lettre allongée était intéressante et avait fière allure sur la page, alors même que tu savais fort bien qu'un vrai *w* ne prend que quatre coups de crayon, tu as imprudemment décidé que tu préférais la version de Malcolm, et ainsi, au lieu de faire correctement ce qui était demandé, tu as pris exemple sur ton camarade et saboté consciemment l'exercice, prouvant une fois pour toutes que, malgré tous tes progrès, tu restais un âne bâté de première.

Il y a eu une période dans ta vie, peut-être avant six ans ou alors après – la chronologie est devenue floue –, où tu as cru que l'alphabet contenait deux lettres supplémentaires, deux lettres secrètes que tu étais le seul à connaître. Un L tourné en sens inverse : ⅃. Et un A la tête en bas : Ɐ.

Ce qu'il y avait de mieux, dans ton école primaire, c'est qu'on ne donnait jamais de devoirs à la maison. Les membres du comité local d'enseignement étaient des adeptes de John Dewey, ce philosophe qui a transformé les méthodes pédagogiques aux États-Unis par sa vision humaine et progressiste du développement de l'enfant ; et, bénéficiant de la sagesse de Dewey, tu as été un garçon auquel on permettait de partir en toute liberté dès qu'avait retenti la dernière sonnerie (celle qui marquait la fin des classes), et tu étais alors libre de jouer avec tes amis, ou de rentrer chez toi pour lire, ou de ne rien faire. Tu éprouves une gratitude immense à l'égard de ces messieurs inconnus qui ont préservé ton enfance et ne t'ont pas accablé de tâches ingrates et inutiles, qui ont eu l'intelligence de comprendre qu'il y a une limite à ce qu'on peut exiger des enfants et qu'ensuite on doit les laisser à leurs affaires. Ils ont démontré que tout ce qu'on a besoin d'apprendre peut être appris à l'intérieur de l'école, car tes camarades et toi-même avez reçu dans ce système un enseignement primaire de qualité grâce à des institutrices qui, sans être toujours très inventives, étaient néanmoins compétentes et vous ont inculqué la lecture, l'écriture et l'arithmétique de manière indélébile, et quand tu penses à tes deux enfants qui ont grandi à une époque où la pédagogie était devenue confuse et anxiogène, tu te rappelles qu'on leur a imposé soir après soir des devoirs aussi pénibles qu'intolérablement ennuyeux, qu'ils ont souvent eu besoin de l'aide de leurs parents pour terminer ces corvées, et année après année, quand tu voyais leurs épaules se voûter et leurs yeux se fermer, tu avais mal pour eux, tu te sentais triste de voir tant d'heures de leurs jeunes vies sacrifiées au service d'une idée qui avait fait faillite.

Dans ta maison, il y avait peu de livres. L'instruction scolaire de tes parents s'était arrêtée à la fin du secondaire, et aucun des deux n'aimait lire. Il y avait cependant une bibliothèque publique décente dans la ville où tu vivais, et tu t'y rendais souvent pour y emprunter deux ou trois livres par semaine, voire quatre. À l'âge de huit ans, tu avais déjà pris l'habitude de lire des romans, en général des livres médiocres, des histoires telles qu'on les écrivait et publiait pour de jeunes lecteurs au début des années cinquante – entre autres d'innombrables volumes de la série Hardy Boys qui, tu l'as appris plus tard, avait été créée par un habitant de Maplewood, la ville la plus proche de la tienne –, mais les romans que tu aimais le plus parlaient de sport, et tu avais une affection particulière pour la série des Chip Hilton, écrite par Clair Bee et dévolue aux aventures lycéennes de l'héroïque Chip et de son copain Biggie Cohen qui triomphaient dans des combats indécis jusqu'au bout, dans des parties qui se terminaient toujours par une passe de dernière seconde menant à un essai s'il s'agissait de foot américain, ou, au basket, par un panier réussi depuis le milieu du terrain alors que retentissait la sonnerie de fin de partie, ou, au baseball, par un coup de circuit qui leur apportait définitivement la victoire dans la seconde moitié de la onzième manche. Tu te souviens aussi d'un roman palpitant appelé *Flying Spikes* où un ancien joueur de ligue majeure de base-ball, prenant de l'âge, tentait une dernière fois d'atteindre la gloire en jouant dans des ligues mineures, ainsi que de nombreux ouvrages non romanesques sur ton sport préféré – par exemple *My Greatest Day in Baseball* –, ou sur des joueurs de base-ball tels que Babe Ruth, Lou Gehrig, Jackie Robinson et le jeune Willie Mays. Les biographies te procuraient presque autant de plaisir que les romans, et tu les dévorais avec une curiosité passionnée, surtout quand elles racontaient des vies situées dans un passé lointain comme celles d'Abraham Lincoln, de Jeanne d'Arc, de Louis Pasteur ou de cet homme aux multiples talents – ancêtre ou pseudo-ancêtre de ton ancien camarade de classe –, Benjamin Franklin. Il y avait les Landmark Books* – tu t'en souviens très bien, la bibliothèque de ton école primaire en était pleine –, mais aussi, et encore plus attirants, les ouvrages cartonnés de chez Bobbs-Merrill au dos et à la couverture orange : une vaste collection de biographies où les pages de texte étaient entrecoupées d'austères silhouettes noires servant

* Collection pour enfants publiée par Random House dans les années cinquante et soixante. *(N.d.T.)*

d'illustrations. Tu en as lu des dizaines, voire davantage encore. Et puis il y a eu le livre que la mère de ta mère t'a offert et qui est vite devenu un de tes objets les plus chers, un épais volume appelé *Of Courage and Valor* (écrit par un auteur du nom de Strong et publié en 1955 par Hart Book Company), regroupant plus de cinquante vies brèves de vaillants et vertueux personnages du passé, parmi lesquels David (qui terrasse Goliath), la reine Esther, Horatius Coclès défendant le pont, Androclès et son lion, Guillaume Tell, John Smith et Pocahontas, sir Walter Raleigh, Nathan Hale, Sacagawea, Simón Bolívar, Florence Nightingale, Harriet Tubman, Susan B. Anthony, Booker T. Washington et Emma Lazarus. Pour ton huitième anniversaire, cette même grand-mère que tu adorais t'a offert une édition en plusieurs volumes des œuvres de Robert Louis Stevenson. La langue d'*Enlevé!* et de *L'Île au trésor* était trop difficile pour toi à cet âge (tu te rappelles, par exemple, avoir buté sur le mot *fatigue** que tu te prononçais à toi-même *fat-eu-guiou*), mais tu as vaillamment lutté pour lire en entier le livre plus mince intitulé *L'Étrange Cas du docteur Jekyll et de M. Hyde,* même si une grande partie t'est également passée au-dessus de la tête. Tu as adoré le *Jardin de poèmes pour un enfant,* œuvre bien plus simple, et comme tu savais que Stevenson était déjà adulte quand il avait écrit ces poèmes, tu étais impressionné de voir avec quelle adresse et force de persuasion il employait la première personne dans tout le livre en imitant le point de vue d'un enfant, et soudain tu comprends à présent que ce fut là ton premier aperçu des rouages

* Mot peu commun en anglais et d'origine étrangère. *(N.d.T.)*

cachés de la création littéraire, du processus mystérieux par lequel une personne peut plonger dans un esprit qui n'est pas le sien. L'année suivante, tu as écrit ton premier poème, inspiré tout droit par Stevenson puisque c'était le seul poète que tu avais lu, un vilain tas de vers nuls et pompeux qui commençait par le distique *Spring is here, / Give a cheer*!* Fort heureusement, tu as oublié le reste, mais ce que tu n'as pas oublié, c'est le bonheur qui t'envahissait tandis que tu composais ce qui a été et reste sans nul doute le plus mauvais poème jamais écrit, car c'était en effet le début du printemps, et quand tu marchais seul dans Grove Park sur l'herbe qui venait de repousser et que tu sentais la chaleur du soleil sur ton visage, tu étais d'humeur à exulter et tu éprouvais le besoin d'exprimer cette exaltation en mots, en mots écrits et rimés. Dommage que tes rimes aient été si pauvres, mais peu importe, ce qui comptait, c'était l'impulsion, l'effort, la sensation de mieux savoir qui tu étais, de ressentir profondément que tu appartenais au monde qui t'entourait tandis que ton crayon avançait lentement sur la page et que tu produisais à grand-peine tes malheureux vers. Ce printemps-là, pour la première fois de ta vie, tu as acheté un livre avec tes propres deniers. Il y avait déjà quelques semaines ou quelques mois que tu le lorgnais, mais il t'a fallu un certain temps pour économiser l'argent nécessaire (la somme qui te revient à l'esprit se monte à 3,95 dollars) et pouvoir rentrer à la maison avec ce volume gigantesque, l'édition chez Modern Library de la totalité des poèmes et

* Ce qu'on pourrait rendre par : "C'est le printemps / Sois donc content!" *(N.d.T.)*

nouvelles d'Edgar Allan Poe. Il s'est avéré que Poe était lui aussi trop difficile pour toi, que c'était un écrivain trop complexe, au style trop fleuri pour ton cerveau de neuf ans, mais même si tu ne comprenais qu'une faible partie de ce que tu lisais, tu aimais le son des mots dans ta tête, l'épaisseur de la langue, l'exotisme lugubre qui traversait ses longues phrases baroques. Moins d'un an plus tard, tu avais dépassé la plupart de ces obstacles et, dès l'âge de dix ans, tu as fait ta nouvelle découverte importante : Sherlock Holmes. Holmes et Watson, ces chers compagnons de tes heures solitaires, ce couple étrange associant le Dr Insipide Bon Sens à M. Le Génial Excentrique, et bien que tu aies suivi avec une attention fiévreuse tous les aléas de leurs nombreuses enquêtes, ce qui te ravissait le plus, c'étaient leurs conversations, les allers et retours roboratifs entre ces deux sensibilités opposées, en particulier un échange qui t'a tellement surpris, qui a si violemment fait chavirer tout ce qu'on t'avait appris à croire sur le monde, que cette révélation n'a cessé de te troubler et de t'interroger pendant des années. Watson, l'homme de science pratique, parle à Holmes du système solaire, ce même système que tu avais eu tant de mal à comprendre quand tu étais plus jeune, en lui expliquant que la Terre et les autres planètes tournent autour du Soleil de manière précise et ordonnée, et puis Holmes, cet arrogant et imprévisible M. Je sais tout, réplique aussitôt à Watson qu'apprendre ces choses ne l'intéresse nullement, que ce genre de connaissance est une perte de temps absolue et qu'il fera tout ce qui est en son pouvoir pour oublier ce qu'on vient de lui dire. Tu avais dix ans et tu étais en quatrième année d'école primaire quand tu as lu ce passage, à moins que tu aies eu onze ans et que tu aies été en cinquième année, mais jusqu'alors tu n'avais jamais entendu quelqu'un se prononcer contre l'acquisition des connaissances, surtout pas quelqu'un de la stature de Holmes qui était reconnu comme un des grands esprits du siècle, et voilà que cet homme disait à son ami qu'il *s'en fichait*. Dans ton monde à toi, on était censé ne pas s'en ficher, on était censé montrer quelque intérêt pour tous les domaines de la connaissance, étudier les maths aussi bien que la calligraphie, la musique aussi bien que la science, et voilà que ce Holmes que tu admirais tant déclarait que non, certaines choses étaient plus importantes que d'autres, et qu'on devait jeter par-dessus bord et oublier celles qui n'étaient pas importantes, car elles n'avaient pas d'autre fonction que de nous encombrer l'esprit avec d'inutiles petits *riens*. Quelques années plus tard, lorsque tu t'es retrouvé à perdre tout intérêt pour les sciences et les maths, tu t'es rappelé les paroles de Holmes – et tu t'en es servi pour défendre ton indifférence à l'égard de ces sujets. Certes, c'était une position idiote, mais tu l'as néanmoins adoptée. Une preuve supplémentaire, peut-être, que la fiction peut en effet empoisonner l'esprit.

Le personnage qu'on portait le plus aux nues, dans ta partie du monde, était Thomas Edison, mort depuis tout juste seize ans quand tu es né. Le laboratoire d'Edison se trouvait à West Orange, non loin de ta maison de South Orange, la ville limitrophe, et comme ce laboratoire avait été transformé en musée, en *monument national* après la mort de l'inventeur, tu y es allé à plusieurs reprises dans ton enfance lors de sorties scolaires, et tu as rendu un respectueux hommage au Magicien de Menlo Park qui était à l'origine de plus de mille inventions, parmi lesquelles l'ampoule à incandescence, le phonographe et le cinéma, ce qui, à tes yeux, faisait d'Edison un des hommes les plus importants qui ait jamais vécu, le scientifique numéro un de l'histoire de l'humanité. Après un tour du laboratoire, les visiteurs étaient conduits à l'extérieur jusqu'à un bâtiment appelé le Black Maria, grande cabane en papier goudronné qui avait abrité le premier studio de cinéma du monde, et, là, tes camarades de classe et toi regardiez une projection du *Vol du grand rapide*, le premier long métrage jamais réalisé. Tu avais l'impression d'avoir pénétré dans le Saint des saints du génie, dans un lieu sanctifié. Oui, à cette époque, Sherlock Holmes était ton penseur préféré, l'exemple d'une probité intellectuelle sans peur, celui qui dévoilait pour toi le miracle et le pouvoir de la déduction rationnelle systématique, mais Holmes n'était qu'une fabrication, un être imaginaire qui n'existait que dans des mots, tandis qu'Edison avait été un homme réel en chair et en os, et comme ses inventions avaient été réalisées tout près de l'endroit où tu vivais, presque à portée de voix de ta maison, tu sentais un lien particulier avec Edison, et tu éprouvais pour lui une admiration d'une intensité singulière, voire une adoration totale et sans retenue. Tu as lu au moins deux biographies de ton héros avant d'avoir atteint l'âge de dix ans (d'abord un livre de la collection Landmark, puis un des livres orange illustrés par des silhouettes), tu as vu à la télévision les deux films qui ont été faits sur lui – *La Jeunesse d'Edison* (avec Mickey Rooney), puis *La Vie de Thomas Edison* (avec Spencer Tracy) –, et pour une quelconque raison (à présent, ça te paraît absurde), tu t'es imaginé que le fait que ton anniversaire et celui d'Edison se situent au début de février avait une signification particulière, et que le fait d'être né exactement cent ans après lui (moins une semaine) était encore plus chargé de sens. Mais la chose la plus belle, la plus importante, celle qui a consolidé ton lien avec Edison au point de transformer ton héros en parent le plus proche qui soit, a été de découvrir que l'homme qui te coupait les cheveux avait autrefois été le coiffeur personnel d'Edison. Il s'appelait Rocco ; c'était un monsieur de petite taille et plus très jeune qui maniait le peigne et les ciseaux dans un salon situé juste à l'extérieur du campus de Seton Hall College, lequel n'était qu'à quelques pâtés de maisons de chez toi. On était alors dans la seconde moitié des années cinquante, à l'ère des cheveux en brosse plate ou ultracourte, où l'on portait des chaussures en daim blanc ou bicolores avec des chaussettes blanches, des tennis Keds et des jeans raides, très raides, et puisque tu avais les cheveux courts comme pratiquement tous les autres garçons de cette époque, tu te rendais fréquemment chez le coiffeur, en moyenne deux fois par mois, ce qui voulait dire qu'une semaine sur deux, tout au long de ton enfance, tu es resté assis sur le fauteuil de Rocco à contempler une grande reproduction d'un portrait d'Edison accroché au mur juste à la gauche du miroir ; et, coincée dans l'angle inférieur droit de cette image, il y avait une feuille de papier où était écrit à la main : *À mon ami Rocco : Le génie, c'est 1 % d'inspiration et 99 % de transpiration – Thomas A. Edison.* Rocco était le chaînon qui te reliait directement à Edison, car les mains qui avaient jadis touché la tête de l'inventeur touchaient à présent la tienne, et qui pouvait être sûr que les pensées à l'intérieur du crâne d'Edison ne s'étaient pas propagées dans les doigts de Rocco ? Comme ces doigts étaient maintenant en contact avec toi, ne pouvait-on pas supposer avec quelque raison qu'une partie de ces pensées était peut-être en train de pénétrer dans ton crâne ? Bien évidemment, tu n'en croyais rien, mais tu aimais bien faire semblant de le croire, et chaque fois que tu prenais place dans le fauteuil de Rocco, tu aimais te livrer à ce jeu de transfert magique comme si toi, qui étais destiné à ne rien inventer, toi qui n'allais pas démontrer la moindre aptitude pour quoi que ce soit de mécanique dans les années qui suivraient, étais l'héritier légitime de l'esprit d'Edison. Puis un jour, à ton grand étonnement, ton père t'a tranquillement annoncé qu'il avait travaillé dans le labo d'Edison après avoir terminé ses études secondaires. C'était en 1929, son premier emploi à temps plein, et il avait été l'un des nombreux jeunes hommes à travailler dur à Menlo Park sous la houlette du maître. Rien de plus que cela. Peut-être, en ne te racontant pas le reste de l'histoire, voulait-il éviter de te blesser, mais le simple fait qu'Edison ait figuré dans l'histoire de ta famille – ce qui signifiait qu'il entrait désormais dans ton histoire à toi – a vite supplanté les doigts de Rocco comme lien principal avec le grand homme. Tu as été immensément fier de ton père. C'était là, assurément, l'information la plus capitale qu'il eût jamais livrée sur lui-même, et tu ne te lassais jamais de la faire circuler auprès de tes amis. *Mon père a travaillé pour Edison.* Ce qui voulait dire, supposerais-tu aujourd'hui, que cet être distant et peu communicatif qu'était ton père n'était plus une énigme complète pour toi, qu'il était finalement quelqu'un, un homme qui avait apporté sa contribution à la tâche fondamentale d'améliorer le monde. C'est seulement lorsque tu as eu quatorze ans que ton père t'a raconté la seconde partie de l'histoire. Le travail pour Edison n'avait duré que quelques jours, as-tu alors appris – pas parce que ton père ne s'était pas bien débrouillé, mais parce qu'Edison avait découvert qu'il était juif, et comme aucun Juif n'était autorisé à entrer dans l'enceinte sacrée de Menlo Park, le vieil homme avait fait venir ton père dans son bureau et l'avait congédié sur-le-champ. Ton idole se révélait avoir été un antisémite haineux et virulent, chose bien connue mais omise dans tous les livres que tu avais lus à son sujet.

Néanmoins, les héros vivants exerçaient sur toi une bien plus forte emprise que les morts, et même que des personnages aussi glorifiés qu'Edison et Lincoln, ou David, le jeune berger qui avait abattu le puissant Goliath d'un seul jet de pierre. Comme tous les petits garçons, tu voulais que ton père soit un héros, mais la notion que tu avais alors de l'héroïsme était trop restreinte pour que tu puisses accorder à ton père une place dans ce panthéon. Dans ton esprit, l'héroïsme était lié à la bravoure au combat, à la manière dont on se conduisait en pleine guerre, et ton père n'entrait pas là en ligne de compte étant donné qu'il ne s'était pas battu pendant la guerre, c'est-à-dire la Seconde Guerre mondiale, qui s'était terminée tout juste dix-huit mois avant ta naissance. Les autres pères, ceux de la plupart de tes amis, avaient été soldats, ils avaient servi la cause d'une façon ou d'une autre, et quand la petite bande à laquelle tu appartenais se réunissait pour livrer des pseudo-batailles dans l'un de vos jardins de banlieue – faisant semblant de combattre en Europe (contre les nazis) ou sur une île du Pacifique (contre les Japonais) –, tes amis arrivaient souvent avec diverses pièces d'équipement militaire que leur père leur avait données (casques, bidons, gobelets en métal, cartouchières, jumelles) pour que votre jeu ait l'air plus authentique. Toi, cependant, tu venais toujours les mains vides. On t'a dit plus tard que ton père avait été exempté de service militaire parce qu'il travaillait dans le commerce du fil métallique, secteur que le gouvernement estimait essentiel à l'effort de guerre. Cette explication t'est toujours apparue un peu boiteuse mais la vérité, c'est que ton père était plus âgé que les autres pères, qu'il avait déjà trente ans quand les États-Unis sont entrés en guerre, ce qui signifie qu'on ne l'aurait peut-être pas incorporé de toute façon. Tu n'avais que six ans, puis sept et huit, quand tu jouais au soldat avec tes copains, tu étais bien trop jeune pour comprendre quoi que ce soit à la situation de ton père lors de la guerre, et tu as donc commencé à lui poser des questions, à lui demander pourquoi il n'avait pas d'équipement à te donner pour tes jeux, et même à le harceler, et comme il ne parvenait pas à se résoudre à te dire qu'il n'avait pas fait de service militaire (en avait-il honte ou bien croyait-il simplement que tu serais déçu ?), il a concocté une ruse pour exaucer tes vœux – et aussi, peut-être, pour se rehausser à tes yeux, s'afficher en héros –, mais le stratagème s'est retourné contre lui et a finalement provoqué en toi cette déception dont ton père pensait qu'elle viendrait de la vérité. Une nuit, il s'est glissé dans ta chambre après qu'on t'eut mis au lit. Il te croyait endormi, mais ce n'était pas le cas, tu avais encore les yeux ouverts, et sans dire un mot tu as regardé ton père poser deux ou trois objets sur ton bureau puis sortir sur la pointe des pieds. Le lendemain matin, tu as découvert que ces objets étaient de vieux articles d'équipement militaire, mais il n'y en a qu'un que tu revois avec certitude : une gourde en métal enrobée de toile verte épaisse. Au petit-déjeuner, ton père t'a dit qu'il avait récupéré une partie de son vieux matériel de guerre, mais tu n'étais pas dupe, tu savais au fond de toi que ces objets ne lui avaient jamais appartenu, qu'il les avait achetés l'après-midi précédent dans un magasin de surplus militaire, et bien que tu n'aies rien dit, que tu aies fait semblant d'être content de ces cadeaux, tu as détesté ton père pour t'avoir menti ainsi. Maintenant, après tant d'années, tu n'éprouves plus que de la pitié.

Rien à voir avec ce moniteur du centre de loisirs où tu es allé l'été de tes cinq ans, un jeune homme du nom de Lenny qui ne devait pas avoir plus de vingt-trois ou vingt-quatre ans et qu'appréciaient tous les garçons dont il s'occupait. Plutôt fluet, il était drôle, chaleureux, fermement opposé à toute mesure disciplinaire dure, et il était rentré depuis peu dans le New Jersey après avoir servi comme soldat en Corée. Tu savais que c'était un pays où se déroulait une guerre mais les détails t'étaient totalement obscurs et, pour autant que tu t'en souviennes, Lenny ne parlait jamais de ce qu'il avait vécu au combat. C'est ta mère qui te l'a raconté, elle qui, âgée de vingt-sept ans seulement, était contemporaine de Lenny. Un après-midi où elle était venue te chercher, ils ont discuté pendant que tu allais récupérer tes affaires et puis, en rentrant à la maison avec ta mère en voiture, tu as vu qu'elle était troublée. Jamais, autant que tu te souviennes, tu ne l'avais sentie aussi bouleversée (c'est sûrement la raison pour laquelle cet incident ne t'a pas quitté pendant toutes ces années). Elle s'est mise à te parler des engelures provoquées par le froid insupportable des hivers de Corée et par les chaussures inadéquates des soldats américains – des brodequins trop mal conçus pour protéger les pieds des fantassins –, engelures qui noircissaient les orteils et finissaient souvent par des amputations. Lenny, disait-elle, ce pauvre Lenny, avait subi tout cela, et alors que ta mère te l'expliquait, tu t'es rendu compte que les mains de Lenny avaient elles aussi souffert du froid, car tu avais remarqué que quelque chose clochait dans les dernières phalanges de ses doigts dont le bout était plus ridé et plus dur que celui des adultes normaux, et tu as compris alors que ce que tu avais pris pour un défaut génétique résultait de la guerre. Tu avais toujours bien aimé Lenny, mais à présent il montait dans ton estime pour atteindre le rang de ceux qu'on glorifie.

Si ton père n'était pas un héros à tes yeux, s'il ne pouvait pas l'être, tu n'as pas pour autant renoncé à chercher des héros ailleurs. Buster Crabbe et d'autres cow-boys de cinéma ont servi de premiers modèles, instaurant un code d'honneur masculin que tu te devais d'étudier et d'imiter, celui de l'homme qui parle peu et ne cherche jamais d'ennuis mais qui sait réagir avec audace et astuce chaque fois que ces ennuis viennent à lui, l'homme qui fait respecter la justice avec dignité et modestie, qui accepte de risquer sa vie dans la lutte entre le bien et le mal. Les femmes pouvaient elles aussi se montrer héroïques et parfois même plus courageuses que les hommes, mais les femmes ne t'ont jamais servi de modèle pour la simple raison que tu étais un garçon, pas une fille, et que ton destin était de devenir un homme. Quand tu as eu sept ans, les cow-boys avaient déjà fait place aux athlètes, essentiellement à des joueurs de baseball et de football américain, et même si aujourd'hui tu ne comprends pas bien pourquoi tu pensais que l'excellence dans ces sports pouvait t'apprendre quoi que ce soit sur la manière de conduire ta vie, c'était ainsi, car tu étais devenu toi-même un jeune sportif passionné, un garçon qui avait fait de ces passe-temps le centre même de son existence, et quand tu voyais comment les grands champions se comportaient aux moments les plus critiques dans des stades où s'agglutinaient cinquante ou soixante mille spectateurs, tu avais le sentiment que c'étaient les héros incontestables de ton univers. En termes d'épreuve du feu, tu passais ainsi du courage à la virtuosité ; de la capacité de faire une passe vissée traversant la défense adverse pour atterrir dans les mains de son destinataire à celle de frapper un double atterrissant au défenseur de champ centre-droit alors que le coureur sur base s'est déjà lancé pour atteindre la base suivante, la prouesse physique supplantait désormais la grandeur morale, ou peut-être les vertus physiques se traduisaient-elles en grandeur morale, quoi qu'il en soit, c'était ainsi, et ces admirations, tu les as entretenues pendant toute la deuxième période de ton enfance. Tu n'avais pas encore huit ans que tu avais déjà écrit ta première lettre de fan pour inviter Otto Graham – le quarterback des Browns de

Cleveland et le plus grand joueur professionnel de football américain du moment – à ton anniversaire dans le New Jersey. À ton immense surprise, Graham t'a répondu par une courte lettre dactylographiée sur le papier à lettres officiel des Browns. Il va sans dire qu'il a décliné l'invitation, t'expliquant qu'il avait d'autres obligations ce matin-là, mais la gentillesse de sa réponse a atténué la pointe de déception – car, même si tu savais que les chances de réussite étaient minces, une partie de toi avait cru qu'il viendrait peut-être, et tu avais repassé cent fois dans ta tête la scène de son arrivée. Puis, quelques mois plus tard, tu as écrit à Bobby S., le capitaine et quarterback de l'équipe de football américain du lycée local, pour lui dire à quel point c'était à tes yeux un joueur magnifique, et comme tu n'étais alors qu'un petit mioche, ce qui veut dire que ta lettre, sans doute bourrée de fautes d'orthographe et de tournures ineptes, devait friser le ridicule, Bobby S. a pris la peine de te répondre, car il était certainement touché d'apprendre qu'il avait un fan aussi jeune. La saison de football étant terminée, il t'a convié à un match de basket où tu serais son invité (il jouait au football l'automne, au basket l'hiver et au base-ball le printemps – une superstar dans les trois sports), en te donnant comme consigne de descendre sur le terrain pendant l'échauffement pour qu'il t'identifie, ce que tu as fait, et alors Bobby S. t'a trouvé une place sur le banc, place depuis laquelle tu as regardé le match en compagnie de l'équipe. Bobby S. avait tout au plus dix-sept ou dix-huit ans à l'époque, il n'était guère qu'un adolescent, mais pour toi c'était un homme adulte, un géant, comme d'ailleurs tous les autres joueurs de l'équipe. Dans ce vieux gymnase de lycée construit dans les années vingt, tu as suivi la partie sur un nuage de bonheur, à la fois surexcité et euphorisé par le bruit de la foule autour de toi, émerveillé par la beauté des pom-pom girls qui venaient caracoler sur le terrain pendant les arrêts de jeu, et tu encourageais ton homme, Bobby S., qui avait rendu tout cela possible pour toi ; mais pour ce qui est du match en lui-même, tu ne te souviens de rien, pas du moindre tir, rebond ou passe volée – tu te rappelles seulement que tu étais là, débordant de joie parce que tu étais assis sur le banc avec l'équipe du lycée, et tu avais l'impression d'avoir pénétré dans les pages d'un roman de la série des Chip Hilton.

Un ami de tes parents, Roy B., avait joué troisième base dans les Bears de Newark, un club légendaire des ligues mineures qui avait autrefois fait partie de la franchise des Yankees de New York. Surnommé Whoops parce que c'était le mot qu'il criait chaque fois qu'il commettait une erreur sur le terrain – il n'avait jamais atteint une ligue majeure, mais il avait joué avec ou contre un bon nombre d'athlètes qui allaient devenir des all-stars*, et comme tout le monde aimait bien Whoops, cet homme effervescent au débit rapide, trapu comme une bouche d'incendie, propriétaire d'un magasin discount de vêtements pour hommes sur la Route 22, il avait gardé contact avec nombre de ses anciens amis sportifs. Sa femme Dolly et lui avaient trois enfants, toutes des filles, et puisque aucune d'entre elles ne s'intéressait le moins du

* Joueurs retenus pour le match annuel All-Star, qui oppose une sélection des meilleurs joueurs de la National League à une sélection des meilleurs de l'American League. *(N.d.T.)*

monde au base-ball et qu'il savait à quel point tu te passionnais pour ce sport, aussi bien en tant que joueur qu'en tant que fan, il t'avait pris sous son aile comme une sorte de fils ou de neveu de substitution, en tout cas comme un garçon avec lequel partager son passé dans le base-ball. Lors du printemps 1956, un soir de semaine, juste au moment où tu allais te coucher, le téléphone a sonné, et, incroyable mais vrai, il y avait Phil Rizzuto à l'autre bout du fil, le seul et unique Rizzuto surnommé Scooter, celui qui avait été l'arrêt-court des Yankees depuis 1941 jusqu'à sa retraite un peu plus tôt ce mois-là, et il voulait savoir si tu étais bien Paul, le jeune ami de Whoops. On m'a dit que tu étais un joueur de champ intérieur extraordinaire, a-t-il poursuivi de sa célèbre voix joviale, et je voulais juste te saluer et t'encourager à continuer en si bon chemin. Pris totalement au dépourvu, tu en perdais tes mots, tu étais trop décontenancé, et, rendu muet, ne répondais que par monosyllabes aux questions de Rizzuto, mais c'était ta première conversation avec un héros légitime, et bien qu'elle n'ait duré que deux minutes tu t'es tout de même senti honoré par ce coup de fil inattendu et ennobli par ce contact avec le grand homme. Ensuite, une ou deux semaines plus tard, une carte est arrivée par la poste. Au recto, une photo en couleurs de l'intérieur de la boutique de vêtements de Whoops : des portants et des portants de costumes pour hommes sous la lumière crue de lampes fluorescentes, costumes fantomatiques sans corps, l'armée des absents. Au verso, un message écrit à la main : "Cher Paul, dépêche-toi de grandir. Les Cards* auraient bien

* Cardinals : équipe de Saint Louis, dans le Missouri. *(N.d.T.)*

besoin d'un bon joueur de troisième base. Bien à toi, Stan Musial." Phil Rizzuto avait déjà représenté un grand moment, c'était un excellent joueur dont la carrière était désormais derrière lui. Mais Musial était l'un des immortels, un frappeur dont la moyenne, sur toute sa carrière, atteignait .330 et qui se situait comme l'équivalent de Ted Williams en Ligue nationale ; c'était un joueur encore en pleine force, Stan the Man, le frappeur gaucher célèbre pour sa position voûtée et pour sa batte qui partait à la vitesse de l'éclair, et tu l'as imaginé entrant un après-midi d'un pas nonchalant dans le magasin de Whoops pour dire bonjour à son vieil ami, et Whoops, toujours attentif, demandant à Musial d'écrire quelques mots à son jeune protégé, *un petit message pour le gamin*, et maintenant ces mots se trouvaient dans tes mains, ce qui te donnait l'impression qu'un dieu avait tendu le bras et t'avait touché le front. Et ça ne s'est pas arrêté là : il y a eu au moins une gentillesse de plus de la part de ce Whoops au grand cœur, une ultime manifestation de générosité qui a surpassé tous ses cadeaux précédents. Est-ce que ça te plairait de rencontrer Whitey Ford ? t'a-t-il un jour demandé. C'était toujours en 1956, mais déjà à la mi-octobre, donc peu après la fin de la World Series*. Bien sûr que ça te plairait, lui as-tu répondu, tu adorerais rencontrer Whitey Ford qui était le lanceur vedette de l'équipe championne – celle des Yankees –, le lanceur qui avait le pourcentage de réussite le plus élevé de toute l'histoire de ce sport, le petit gaucher génial qui venait d'accomplir sa meilleure saison. Quelle personne

* Championnat annuel qui clôture la saison de la Ligue majeure de base-ball. *(N.d.T.)*

saine d'esprit n'aurait pas eu envie de faire la connaissance de Whitey Ford ? La rencontre a donc été programmée : Whoops et Whitey s'arrêteraient chez toi un après-midi de la semaine suivante entre trois heures et demie et quatre heures, assez tard pour que tu sois sûr d'être rentré de l'école. Tu ne savais absolument pas à quoi t'attendre, mais tu espérais que ce serait une longue visite, que Whoops et Whitey passeraient plusieurs heures installés avec toi dans le salon à parler base-ball, et que pendant ce temps Whitey divulguerait les secrets les plus subtils et les plus confidentiels de l'art du lancer, car en te regardant il verrait ton âme même et comprendrait que, malgré ton jeune âge, tu étais néanmoins quelqu'un à qui l'on pouvait confier ces connaissances interdites. Le jour convenu, tu as foncé à la maison dès la sortie de l'école située tout près de chez toi, et tu as attendu, tu as patienté pendant sans doute une heure et demie qui t'a paru durer une semaine, faisant nerveusement les cent pas dans les pièces du rez-de-chaussée, tout seul avec tes pensées – ta mère et ton père partis tous deux au travail et ta sœur de cinq ans Dieu sait où –, tout seul dans la petite maison à clins d'Irving Avenue, de plus en plus agité à l'idée de cette suprême rencontre, te demandant si Whoops et Whitey allaient réellement venir, craignant qu'ils aient oublié le rendez-vous ou qu'ils aient été retardés par des circonstances imprévues, voire qu'ils aient été tués dans un accident de voiture, et puis enfin, alors que tu commençais à désespérer de jamais voir Whitey Ford mettre le pied dans ta maison, la sonnette a retenti. Tu as ouvert, et là, sur le perron, se tenaient Whoops du haut de son mètre soixante-sept et Whitey, le lanceur des Yankees, avec son mètre soixante-dix-huit. Un grand sourire de Whoops suivi d'une poignée de mains brève mais amicale du maestro. Tu les as invités à entrer, mais Whoops ou Whitey (impossible de te rappeler lequel) a dit qu'ils étaient en retard et ne s'étaient arrêtés que pour un petit bonjour. Tu as fait de ton mieux pour cacher ta déception quand tu as compris qu'en fait Whitey Ford ne mettrait pas le pied dans ta maison et que ce jour-là on ne te confierait aucun savoir secret. Vous êtes restés debout tous les trois à bavarder pendant quatre minutes tout au plus, ce qui aurait dû te satisfaire, et ce qui sûrement aurait suffi si tu n'avais pas commencé à flairer que le Whitey Ford qui se tenait sur les marches d'entrée n'était pas le véritable Whitey Ford. Il avait la taille requise, parlait avec l'accent du Queens voulu, mais quelque chose dans son visage le rendait différent des photos que tu avais vues de lui – plutôt moins beau, des joues rondes moins rebondies qu'elles auraient dû l'être, et bien qu'il eût les cheveux blonds comme Whitey, ils étaient coupés en une brosse très plate dessus avec des côtés ras, tandis que dans toutes les photos que tu avais vues, ceux de Whitey étaient plus longs et ramenés en arrière en une sorte de banane. Tu t'es demandé si le vrai Whitey Ford ne s'était pas désisté et si Whoops, ne voulant pas te décevoir, n'avait pas déniché ce sosie plus ou moins crédible de Whitey pour le remplacer. Pour apaiser tes doutes, tu t'es mis à poser des questions à Whitey ou Pseudo-Whitey sur ses statistiques de la saison passée. Dix-neuf victoires, six défaites, t'a-t-il répondu, ce qui était la réponse juste. Deux virgule quarante-sept, a-t-il ajouté, ce qui était aussi la moyenne juste, et pourtant tu n'arrivais pas à te défaire de la pensée qu'un pseudo-Whitey était capable d'avoir fait quelques recherches avant sa visite afin de ne pas être pris en défaut par un petit malin de neuf ans, et quand il a tendu son bras droit pour te dire au revoir, tu ne savais pas avec certitude si c'était la main de Whitey Ford que tu serrais ou celle d'un autre. Tu n'en sais toujours rien. Pour la première fois de ta vie, une expérience t'avait mené dans une zone d'ambiguïté absolue. Une question avait été soulevée, et elle ne pouvait pas trouver de réponse.

Il ne faut pas négliger l'ennui comme source de contemplation et de rêverie, les centaines d'heures de ta première enfance pendant lesquelles tu t'es retrouvé seul, sans inspiration, sans savoir quoi faire de toi, trop apathique ou trop distrait pour vouloir jouer avec tes modèles réduits de camions et de voitures, pour te donner la peine de mettre en place tes cow-boys et indiens miniatures, ces figurines en plastique rouge et vert que tu déployais sur le sol de ta chambre avant de les lancer dans des assauts et des embuscades imaginaires, ou encore pour te mettre à bâtir quelque chose avec ton jeu de construction en bois – un Lincoln Logs –, ou en métal – un Erector (mais celui-ci, tu ne l'as jamais aimé, sûrement à cause de ton inaptitude aux choses mécaniques) –, sans aucune envie de dessiner (tu étais aussi douloureusement incompétent en matière de dessin et n'en tirais que peu de plaisir) ni de chercher tes crayons pastel pour remplir une page de plus dans tes stupides albums à colorier ; et comme il pleuvait dehors ou qu'il faisait trop froid pour que tu sortes, tu languissais, renfrogné, plongé dans une torpeur morose, encore trop jeune pour lire, encore trop jeune pour téléphoner à quelqu'un, mourant d'envie d'avoir un ami ou un camarade de jeu qui te tiendrait compagnie, restant la plupart du temps assis près de la fenêtre à regarder la pluie glisser sur la vitre, souhaitant avoir un cheval, de préférence un alezan doré à crins blancs avec une selle western ouvragée, ou, à défaut de cheval, un chien, un chien supérieurement intelligent qu'on pourrait entraîner à comprendre la moindre nuance du discours humain et qui trotterait à côté de toi quand tu te lancerais dans tes dangereuses missions pour sauver des enfants en grand péril. Et quand tu ne songeais pas à combien tu aurais voulu que ta vie soit différente, tu avais tendance à réfléchir aux questions éternelles, à ces questions que tu te poses encore aujourd'hui – comment le monde est-il apparu et pourquoi existons-nous, où les gens vont-ils après leur mort –, et même à cet âge extrêmement jeune, tu envisageais la possibilité que le monde entier tienne à l'intérieur d'un bocal en verre qui serait posé sur une étagère à côté de douzaines d'autres bocaux-mondes dans le garde-manger de la maison d'un géant, ou, chose encore plus vertigineuse et pourtant logiquement irréfutable, tu te disais que si Adam et Ève étaient les premières personnes sur terre, alors tout le monde était nécessairement apparenté à tous les autres. Ennui redouté, longues heures solitaires de vide et de silence, matinées et après-midi entières où le monde s'arrêtait de tourner autour de toi, et pourtant ce sol stérile s'est avéré plus important pour toi que la plupart des jardins dans lesquels tu as joué, car c'est là que tu t'es enseigné à toi-même comment être seul, et ce n'est que lorsque quelqu'un est seul que son esprit peut courir librement.

De temps à autre, sans raison apparente, tu perdais soudain la notion de qui tu étais. C'était comme si l'être qui habitait ton corps s'était transformé en imposteur, ou plus précisément n'était plus personne, et tandis que tu sentais ton être s'écouler hors de toi, tu te mettais à errer dans un état de dissociation hébétée, sans savoir au juste quel jour c'était, ni si le monde devant toi était réel ou un simple produit de l'imagination de quelqu'un d'autre. Cela s'est produit suffisamment souvent, au cours de ton enfance, pour que tu donnes un nom à ces fugues mentales. *Stupeur*, te disais-tu, *je suis en pleine stupeur,* et même si ces interludes assez proches du rêve étaient fugaces, ne durant guère plus de trois ou quatre minutes, l'étrangeté de te sentir vidé de la sorte persistait pendant des heures. Ce n'était pas une sensation agréable, mais cela ne t'effrayait ni ne te troublait, et, pour autant que tu saches, ces stupeurs n'avaient pas de cause identifiable comme la fatigue, par exemple, ou l'épuisement physique, et leur survenue ou leur disparition n'obéissaient pas à un schéma précis, car elles se produisaient aussi bien quand tu étais seul que lorsque tu te trouvais avec d'autres gens. Elles te donnaient la sensation perturbante de t'être endormi les yeux ouverts tout en sachant que tu étais parfaitement éveillé, conscient de l'endroit où tu te trouvais, et pourtant, d'une autre façon, pas là du tout, en train de flotter hors de toi, fantôme sans poids ni substance, coque de chair et d'os inhabitée, non-personne. Ces stupeurs se sont poursuivies pendant toute ton enfance et jusque dans ton adolescence, t'envahissant tous les mois ou tous les deux mois, parfois un petit peu plus souvent, parfois moins, et même à présent, à ton âge avancé, la sensation en revient tous les quatre ou cinq ans et dure à peine quinze ou vingt secondes, ce qui veut dire que tu n'as jamais totalement dépassé ta tendance à t'éclipser de ta propre conscience. C'est mystérieux et inexplicable, et c'est pourtant une partie essentielle de la personne que tu étais à cette époque et que tu es encore à l'occasion aujourd'hui. Comme si tu glissais dans une autre dimension, dans une nouvelle configuration de l'espace et du temps, d'où tu regardes ta vie avec des yeux vides et indifférents – à moins que tu ne sois là en train de répéter ce qui sera ta mort, que tu ne sois en train d'apprendre ce qu'il adviendra de toi quand tu disparaîtras.

Ta famille doit également être mise à contribution – ta mère, ton père et ta sœur –, et il faut porter une attention particulière au mariage malheureux de tes parents, car même si tu te donnes pour but de dresser la carte des rouages de ton jeune esprit, de t'examiner isolément et d'explorer la géographie interne du petit garçon que tu étais, il n'en reste pas moins que tu n'as pas vécu isolé, que tu faisais partie d'une famille, une famille étrange, et il est certain que l'enfant que tu étais avait beaucoup à voir avec cette étrangeté, peut-être même tout à voir. Tu n'as pas d'histoire horrible à raconter, pas de récit dramatique de violences ou de sévices, mais plutôt un sentiment de tristesse constant, sous-jacent, que tu faisais ton possible pour ne pas voir, car, par tempérament, tu n'étais pas un enfant triste ni franchement malheureux, mais dès que tu as été en âge de comparer ta situation à celle des autres enfants que tu connaissais, tu as compris que ta famille était une famille brisée, que tes parents n'avaient pas la moindre idée de ce qu'ils faisaient, que la forteresse que la plupart des couples tentent de construire pour leurs enfants s'avérait être une cabane délabrée et, du coup, tu te sentais exposé aux intempéries, vulnérable, sans protection – ce qui signifiait que pour survivre, il était essentiel que tu t'endurcisses et réussisses à trouver un moyen de te débrouiller. Tu te rendais compte qu'ils n'auraient pas dû être mariés, et dès que ta mère a pris un travail – tu avais alors six ans –, leurs rencontres sont devenues rares, et rares aussi les moments où ils avaient quelque chose à se dire : ils coexistaient dans la froideur d'une indifférence mutuelle. Pas d'orages ni de bagarres, pas d'engueulades ni d'hostilité visible – un simple manque de passion des deux côtés, tels des compagnons de cellule que le hasard aurait réunis et qui exécuteraient leur peine dans un silence lugubre. Certes, tu les aimais tous les deux, tu souhaitais ardemment que les choses s'améliorent entre eux, mais, les années passant, tu as commencé à perdre espoir. Ils étaient tous les deux dehors la plupart du temps car ils travaillaient jusque tard le soir, et la maison paraissait éternellement vide, avec peu de dîners en famille, peu d'occasions pour vous quatre d'être réunis, et quand tu as dépassé l'âge de sept ou huit ans, celle qui vous a le plus souvent donné à manger, à toi et à ta petite sœur, a été la bonne, une femme noire du nom de Catherine entrée en scène quand tu avais cinq ans et qui est restée dans ta vie de nombreuses années, car elle a continué à travailler pour ta mère après le divorce de tes parents et le remariage de ta mère, et tu étais encore en contact avec elle à la fin de sa vie – vous avez correspondu après la mort de ton père en 1979 –, mais Catherine n'était guère une figure maternelle, c'était un personnage excentrique sorti d'un trou perdu du Maryland, mariée plusieurs fois et divorcée autant de fois, qui blaguait et jacassait, buvait en cachette et faisait tomber les cendres de sa cigarette Kool dans le creux de sa main, plus une copine qu'une mère de substitution, et par conséquent ta sœur et toi étiez souvent seuls tous les deux, ta sœur fragile et anxieuse qui se tenait près de la fenêtre en attendant le retour de votre mère à l'heure convenue et qui, si la voiture n'entrait pas dans l'allée à la minute même où on l'attendait, se mettait à pleurer, persuadée que votre mère était morte, et à mesure que les minutes passaient, les larmes se transformaient en sanglots violents et en crises de rage tandis que toi, du haut de tes huit, puis neuf, puis dix ans, faisais tout ce que tu pouvais pour la rassurer et la réconforter, rarement avec succès, ta pauvre sœur qui a fini par craquer quand elle a eu un peu plus de vingt ans et a passé des années dans les turbulences de la folie, ta sœur qui ne tient aujourd'hui que grâce aux médecins et aux médicaments psychotropes, bien plus victime de ton étrange famille que tu ne l'as jamais été. Tu sais maintenant à quel point ta mère était malheureuse, et tu sais aussi qu'à sa manière maladroite ton père l'aimait – du moins, dans la mesure où il était capable d'aimer quelqu'un –, mais ils ont saccagé leur histoire, et le fait d'être partie prenante de ce désastre quand tu étais petit garçon t'a sans aucun doute poussé à te renfermer, à devenir un homme qui a passé le plus clair de sa vie à rester assis tout seul dans une pièce.

Il t'a fallu quelque temps pour comprendre que tout le monde n'avait pas les mêmes idées que toi, qu'il existait des garçons portés par la colère et l'esprit de compétition qui te voulaient vraiment du mal, ainsi que des gens qui, rien que par principe, refuseraient de te croire même quand tu dirais la vérité. Tu étais quelqu'un de confiant et de sincère, tu commençais toujours par supposer les meilleures intentions chez les autres, et la plupart du temps cette attitude suscitait sa réciproque chez eux, ce qui a fait naître beaucoup de chaleureuses amitiés durant ton enfance ; il t'était donc particulièrement pénible de tomber à l'occasion sur un gamin malveillant qui rejetait les règles d'équité que tes amis et toi respectiez et qui se réjouissait des discordes et des conflits. Tu parles là d'éthique, pas simplement de bonnes manières ni des bénéfices sociaux qu'on tire de la politesse mais de quelque chose de plus fondamental, du socle moral sur lequel tout repose – et sans lequel tout s'effondre. À ton sens, rien n'était plus injuste que de voir ses paroles mises en doute quand on avait dit la vérité, d'être traité de menteur quand on n'avait pas menti, car il n'existait plus alors de recours, plus aucun moyen pour défendre son intégrité face à son accusateur, et la frustration provoquée par une telle blessure morale provoquait une brûlure profonde qui ne cessait de se propager en toi, de répandre un incendie qui ne pouvait jamais être éteint. Ta première confrontation avec ce genre de frustration s'est produite quand tu avais cinq ans, durant l'été de l'héroïque Lenny, et elle est partie d'une insignifiante dispute avec un autre garçon du centre de loisirs, une dispute à ce point insignifiante qu'on pourrait la trouver ridicule, mais à l'époque tu étais toi-même petit et par définition le monde dans lequel tu vivais était petit, et pour quelle raison te souviendrais-tu de cet incident s'il ne t'était pas apparu à ce moment-là comme de grande portée, immense par son impact – et par là tu ne veux pas parler de la dispute même, qui était sans importance, mais de l'indignation que tu as éprouvée ensuite, du sentiment de trahison qui t'a submergé quand tu as dit la vérité et qu'on ne t'a pas cru. Les circonstances telles que tu t'en souviens – et tu t'en souviens bien – sont les suivantes : les garçons de ton groupe préparaient une sorte de spectacle indien qui devait être présenté sur scène le dernier jour de l'ouverture du centre de loisirs d'été. Vous deviez donc réaliser ensemble un certain nombre de choses, entre autres construire un hochet de cérémonie amérindien, ce qui consistait à décorer une boîte métallique de levure Calumet en la peignant de diverses couleurs, puis à remplir cette boîte de haricots secs ou de graviers, et enfin d'enfoncer dans un trou ménagé au bas de la boîte un bâton qui servirait de manche. La boîte de levure Calumet était rouge, tu t'en souviens, et ornée d'un splendide profil de chef indien. Tu as travaillé diligemment à ce projet, toi qui n'avais jamais excellé dans les arts plastiques, mais cette fois les résultats ont dépassé tes attentes : tes décors peints étaient nets, précis et beaux, et tu étais fier de ce que tu avais accompli. De tous les hochets de cérémonie réalisés ce jour-là par les garçons, le tien était l'un des meilleurs, sinon le meilleur, mais comme vous étiez arrivés au bout du temps imparti avant qu'aucun d'entre vous n'ait pu apporter la touche finale à son œuvre, il vous faudrait reprendre le travail dès le lendemain matin à la première heure. Or tu as été absent le lendemain et peut-être aussi le jour suivant à cause d'un rhume, et quand tu es enfin retourné au centre, c'était le dernier jour, le matin même du spectacle. Tu as cherché partout ton chef-d'œuvre, mais tu n'as pas réussi à le trouver, et lentement, en fouillant minutieusement dans le tas, tu as compris qu'un des garçons avait profité de ton absence pour te le voler. Un moniteur (pas Lenny) a extrait un autre hochet de la caisse et t'a dit de prendre celui-là à la place, ce qui, bien évidemment, t'a déçu, car ce hochet de substitution avait été fait n'importe comment, à la va-vite, et ne pouvait se comparer à celui que tu avais réalisé. Mais à présent tu étais coincé avec ce machin gênant – tout le monde allait supposer que c'était toi qui l'avais décoré de cette façon –, et quand tu t'es mis dans la file pour participer au spectacle, tu t'es trouvé à côté d'un garçon prénommé Michael qui avait un an de plus que toi et qui s'était subtilement moqué de toi pendant tout l'été, te traitant comme un cancre ignorant, un incapable de cinq ans, et quand tu as brandi ce hochet si laid et que tu l'as montré à Michael en expliquant que ce n'était pas le tien, que tu en avais fait un bien mieux que celui-là, Michael t'a ri au nez en disant : Bien sûr, on va te croire ; et quand tu t'es défendu en répétant que si, que celui-là n'était vraiment pas le tien, Michael t'a traité de menteur et t'a tourné le dos. Une affaire insignifiante, peut-être, mais quelle brûlure en toi, quelle immense frustration d'avoir ainsi été injustement traité, et ce n'était pas seulement à cause de l'injustice même, mais parce que tu comprenais que ce tort ne pourrait jamais être redressé.

Un autre épisode de ces premières années concerne un garçon du nom de Dennis qui a déménagé dans une autre ville quand tu avais sept ou huit ans et qui a ainsi disparu pour de bon de ta vie. Tant de choses se rapportant à cette époque ont été effacées de ta mémoire que tu trouves intéressant de voir que cette histoire tourne, elle aussi, autour d'une question de justice, d'équité, de tentative de réparer une injustice. Tu devais avoir six ans. Dennis était dans ta classe et, en peu de temps, vous étiez devenus des amis proches. Tu te souviens de ton camarade comme d'un enfant calme, accommodant, au rire facile, mais quelque peu renfermé, pensif, comme s'il trimballait un fardeau secret, et pourtant tu l'admirais pour son sang-froid et pour ce qui t'apparaissait comme un air de dignité exceptionnel chez quelqu'un d'aussi jeune. Dennis venait d'une famille catholique nombreuse, il avait plusieurs frères et sœurs, voire un bon nombre, et comme il n'y avait pas assez d'argent pour tout le monde, ses parents l'habillaient de vêtements déjà portés et peu reluisants, de chemises et de pantalons qui ne lui allaient pas, hérités de ses frères aînés. Pas exactement une famille pauvre, mais une famille qui avait du mal à joindre les deux bouts, logée dans une maison énorme qui semblait contenir une infinité de pièces sombres, humides, à peine meublées, et chaque fois que tu y allais déjeuner, c'était le père de Dennis qui préparait le repas, un homme affable, gentil, dont tu ne connaissais pas le travail ou la profession, mais on n'apercevait que rarement la mère de Dennis. Elle passait ses journées seule dans une pièce du rez-de-chaussée, et lorsqu'il lui arrivait de faire son apparition pendant que tu te trouvais là, elle était toujours en peignoir et en pantoufles, les cheveux en désordre, fumant cigarette sur cigarette, mal lunée, avec des cernes sombres sous les yeux, personnage effrayant qui pour toi ressemblait un peu à une sorcière, et tu étais si jeune que tu n'avais pas la moindre idée du problème qui l'affectait : alcoolisme, maladie physique, ou dérangement mental ou émotionnel. Quoi qu'il en soit, Dennis te faisait de la peine, tu déplorais que ton camarade doive se coltiner une telle femme en guise de mère, mais bien sûr Dennis n'en a jamais rien dit, car les jeunes enfants ne se plaignent jamais de leurs parents, pas même des pires d'entre eux : ils acceptent tout simplement ce qu'on leur a donné et font leur chemin à partir de là. Un samedi, Dennis et toi avez été invités à la fête d'anniversaire d'un des garçons de ta classe, ce qui veut dire que tu devais avoir alors sept ans ou presque. Suivant le protocole prescrit pour ce genre d'événement, ta mère t'avait consciencieusement fourni un cadeau pour celui dont on fêtait l'anniversaire : un paquet joliment emballé dans du papier brillant, entouré de rubans aux couleurs vives. Dennis et toi êtes partis ensemble à pied pour la fête, mais tu percevais un malaise, car ton ami n'apportait pas de cadeau, ses parents ayant omis de lui en acheter un, et quand tu as vu Dennis lorgner le paquet sous ton bras, tu as compris à quel point il se sentait malheureux, quelle honte était la sienne de se rendre à cet anniversaire les mains vides. Vous en avez sans doute parlé, Dennis t'a sans doute avoué ses sentiments – son humiliation, sa gêne –, mais tu ne te rappelles pas le moindre mot de cette conversation. Ce dont tu te souviens, c'est de la pitié et de la compassion que tu éprouvais, la douleur qui a surgi en toi quand tu as été confronté à la détresse de ton camarade, car tu aimais et admirais ce garçon et ne supportais pas de le voir souffrir, et donc, autant pour toi-même que pour Dennis, d'un geste impulsif tu lui as tendu ton cadeau en lui disant que c'était désormais le sien, qu'il n'avait qu'à l'offrir à celui dont on fêtait l'anniversaire quand il entrerait dans la maison. Et toi, alors ? a demandé Dennis. Si je le prends, c'est toi qui n'auras rien à donner. Ne t'en fais pas, lui as-tu répondu. Je leur dirai que j'ai laissé mon cadeau chez moi, que j'ai oublié de l'emporter.

La plupart du temps, tu étais obéissant et tu te conduisais bien. Et mis à part cet accès d'altruisme spontané envers ton petit camarade, tu étais par ailleurs loin d'être un petit saint, tu n'as pas pris l'habitude de distribuer ce qui t'appartenait par abnégation et commisération. Tu t'efforçais de dire la vérité, mais il t'arrivait de mentir pour dissimuler tes mauvaises actions, et si tu n'as pas triché dans des matchs ni volé tes amis, ce n'est pas parce que tu avais livré un combat victorieux contre le mal mais plutôt parce que tu ne t'es jamais senti tenté par de tels actes. Pourtant, à certains moments – en fait, il n'y en a que deux dont tu te souviennes avec un peu de précision –, une impulsion perverse s'emparait de toi, une envie de détruire et de mutiler, de saboter, de réduire des choses en miettes, et, montrant soudain un autre visage, tu faisais quelque chose qui allait à l'encontre de ta nature fondamentale, qui jurait avec ce moi que tu en étais venu à reconnaître comme le tien. Lors du premier de ces moments – tu avais alors autour de cinq ans –, tu as systématiquement démoli le poste de radio familial, un gros appareil des années quarante rempli de six mille câbles et de lampes en forme de tubes. Dans un premier temps, tu avais cru que tu serais capable de le remonter et tu t'es délibérément leurré en donnant à cette opération de vandalisme le qualificatif d'*expérience scientifique* ; mais à mesure que tu as extrait les divers éléments de l'intérieur de la machine, tu t'es vite rendu compte que remonter tout cela dépasserait tes compétences scientifiques, et néanmoins tu as continué, tu as ôté avec un zèle maniaque tous les boulons et les fils logés dans le poste, et tu l'as fait pour la simple raison que tu savais que tu ne devais pas le faire, que ce genre de comportement était absolument interdit. Qu'est-ce qui t'a pris d'attaquer le vieux Philco, de l'éventrer, de le rendre inutilisable, de l'anéantir ? Étais-tu en colère contre tes parents ? Te vengeais-tu d'eux parce qu'ils t'auraient causé quelque tort, ou bien étais-tu simplement dans une de ces humeurs frondeuses et rebelles qui parfois submergent les petits enfants ? Tu n'en as aucune idée, mais tu te rappelles avoir été sévèrement puni pour ce méfait, alors même que tu persistais à protester de ton innocence et ne démordais pas de l'histoire selon laquelle le crime avait été commis au nom de la connaissance scientifique. Tu t'expliques encore moins l'épisode de l'arbre, survenu à peu près un an après le saccage du poste de radio, donc quand tu avais autour de six ans. Une fois de plus tu te trouvais tout seul, d'humeur grincheuse, regrettant qu'il n'y ait personne avec qui t'amuser, mal dans ta peau, agité, et tu errais dans le jardin derrière la maison quand soudain t'est venue à l'esprit une idée que tu as jugée excellente, celle de couper le petit arbre fruitier planté juste à côté du massif de fleurs, un arbre nouveau, un pauvre arbuste rabougri au tronc si mince que tu pouvais en faire le tour avec tes deux mains. Une plante aussi petite ne te poserait guère de problème, t'es-tu dit, et tu es donc entré dans le garage pour y prendre la hache de ton père, laquelle s'est révélée antique – sans nul doute la seule hache aussi vieille encore en survie dans tout l'hémisphère occidental –, pourvue d'un manche si long qu'il avait presque ta taille et d'une lame si émoussée, si épaisse et si rouillée qu'elle aurait probablement eu beaucoup de mal à entailler une plaquette de beurre. En plus, elle était lourde, pas au point de t'empêcher de la porter dans le jardin, mais assez pour qu'il te soit difficile de la soulever au-dessus de ta tête, et bien trop pour pouvoir la manier avec un peu de force – ce n'était pas la batte de base-ball que tu t'étais imaginée, mais sept battes à la fois, voire vingt, et donc tu avais de la peine à la maintenir parallèle au sol, tu n'arrivais pas à l'orienter selon une ligne droite parce que tes poignets et tes bras tremblaient quand tu projetais la lame émoussée contre l'arbre, et au bout de cinq ou six coups, tu t'es senti si épuisé que tu as dû abandonner. Tu avais réussi à percer l'écorce en quelques endroits, des morceaux de cette enveloppe grise rebiquaient, révélant une couche vert tendre ainsi que quelques traces de bois blond, mais rien de plus : ton projet pour abattre l'arbre avait totalement échoué, et même les blessures que tu lui avais infligées cicatriseraient avec le temps. De nouveau se posait la question : pourquoi l'avais-tu fait ? Tu n'arrives pas à te souvenir du motif – simplement le désir, le besoin de le faire –, mais tu soupçonnes un lien possible avec l'histoire de George Washington et du cerisier, ce mythe américain essentiel de ton enfance, ce conte inexplicable et déconcertant dans lequel le jeune George abat le cerisier sans aucune raison, agit ainsi parce qu'il en a envie, parce que ça lui est venu comme une bien bonne idée, ce qui était précisément ce que tu avais ressenti quand tu avais décidé de couper ton arbre, comme si chaque petit garçon, à un moment de son enfance, était destiné à abattre un arbre pour le simple plaisir de l'acte, mais évidemment George Washington était le père de son pays, de ton pays, il avait donc gardé la tête haute et confessé son méfait à son père – *Je ne peux pas mentir* –, démontrant ainsi que c'était un garçon honnête, un garçon dont la vertu et la force morale étaient louables, mais tu n'es le père d'aucun pays, et donc tu as parfois menti quand tu étais petit garçon, menti parce que, contrairement à George Washington, tu étais capable de dire un mensonge quand la situation l'exigeait, même si tu savais que Dieu finirait par te punir. Mais mieux valait que ce soit Dieu, te disais-tu, que tes parents.

Auguste et noble, d'un honneur irréprochable, vénéré par tous les Américains, Washington avait livré un certain nombre de batailles importantes sur les terres du New Jersey lors de la guerre d'Indépendance, et tous les ans ta classe se rendait en pèlerinage sur les lieux de Morristown où il avait établi son quartier général – sanctuaire tenu pour encore plus sacré que celui de Menlo Park, dédié à Edison. La lampe à incandescence et le phonographe étaient des objets merveilleux, mais ce manoir colonial de couleur blanche était le cœur même des États-Unis, le siège de la gloire de Columbia*, et, dans ces premières années de ton enfance, on t'avait appris que tout est bon dans les États-Unis. Aucun pays ne pouvait se comparer au paradis dans lequel tu vivais, te disaient tes enseignants, car c'était le pays de la liberté, le pays de l'opportunité, où chaque petit garçon peut rêver de devenir président. Les braves Pères pèlerins avaient traversé l'océan pour fonder une nation en transformant des terres sauvages vierges, et les hordes de colons qui les avaient suivis avaient étendu le paradis américain sur tout un continent, de l'Atlantique au Pacifique, du Canada au Mexique, car les Américains étaient industrieux et habiles, constituaient le peuple le plus inventif sur terre, et chaque petit garçon pouvait rêver de devenir riche et de réussir quand il serait grand. Il était vrai que l'esclavage n'avait pas été une bonne idée, mais Lincoln avait libéré les esclaves, et maintenant cette malheureuse erreur appartenait au passé. L'Amérique était parfaite. L'Amérique avait gagné la guerre et dirigeait le monde, et la seule mauvaise personne qu'elle eût jamais produite était Benedict Arnold**, l'ignoble traître qui s'était retourné contre son propre pays et dont le nom était honni par tous les patriotes. Tous les autres personnages historiques étaient bons, sages et justes. Chaque jour voyait la naissance de nouveaux progrès, et, tout extraordinaire qu'eût été le passé des États-Unis, leur avenir était encore plus prometteur. N'oublie jamais la

* Nom de la figure allégorique des États-Unis. *(N.d.T.)*

** Général américain qui, durant la guerre d'Indépendance, changea de camp et se mit au service des Anglais. *(N.d.T.)*

chance qui est la tienne. Être américain, c'est participer à la plus grande entreprise humaine depuis la création de l'homme.

Jamais un mot, évidemment, sur les pauvres Noirs dans les immeubles de ton père, jamais un mot non plus sur les chaussures portées par les soldats en Corée, mais longtemps après la fin de l'été tu as continué à songer à Lenny, et tu as été hanté maintes et maintes fois par l'image d'orteils noircis et amputés, par celle de dizaines de milliers de moignons qu'on jetait et qui formaient une montagne de phalanges coupées aux pieds gelés de soldats grelottants : montagne de mégots carbonisés qui débordaient d'un cendrier aussi grand et large qu'une maison.

Pendant l'automne de cette année-là, 1952, tu as connu ta première campagne présidentielle : Eisenhower contre Stevenson. Tes parents étaient des démocrates, ce qui voulait dire que tu soutenais toi aussi le démocrate de l'Illinois, mais le fait d'être pour Stevenson t'a causé des ennuis avec la fille trapue, au visage rond, dont tu étais tombé amoureux : Patty F., coiffée de deux charmantes tresses identiques qui lui descendaient au milieu du dos, jusqu'au jour où, brusquement, le charme s'est transformé en désenchantement car, un matin où tu étais assis près d'elle sur les marches de l'école en attendant l'ouverture des portes pour que votre maîtresse puisse vous faire entrer pour la journée, tu as été horrifié d'entendre ton amie entonner une chansonnette pro-républicaine, un couplet agressif et injurieux dont la violence t'a choqué : *Stevenson's a jerk, Stevenson's a* *jerk, Eisenhower has more power, Stevenson's a jerk*!* Comment était-il possible que celle que tu adorais et toi-même ne soyez pas parfaitement d'accord sur qui devait être le prochain président ? Tu t'es alors rendu compte que la politique était un vilain sport, une foire d'empoigne pleine d'incessantes querelles haineuses, et tu as eu le chagrin de constater qu'une chose aussi abstraite et lointaine que l'élection d'un président pouvait creuser un fossé entre toi et la rondelette petite Patty qui se révélait être une féroce partisane du parti opposé. Qu'en est-il alors du mythe de l'Amérique comme pays unifié et harmonieux, t'es-tu demandé, qu'en est-il de l'idée que tout le monde devrait agir de concert pour le bien commun ? Traiter quelqu'un de bouffon était une accusation grave. Elle détruisait les liens de civilité censés prévaloir dans ce pays si parfait, et elle prouvait que non seulement les Américains étaient divisés, mais que ces divisions étaient souvent accentuées par d'ignobles passions et des insultes calomnieuses. À cette époque, la guerre froide battait son plein, la peur des Rouges était entrée dans sa phase la plus toxique, mais tu étais trop jeune pour y comprendre quoi que ce soit, et tandis que ton enfance se poursuivait avec le début des années cinquante, le seul bruit de l'esprit du temps suffisamment fort pour atteindre tes oreilles était celui de la grosse caisse qui sonnait l'alarme au prétexte que les communistes cherchaient à détruire les États-Unis. Sans doute, te disais-tu, tous les pays ont des ennemis. Après tout, c'est pour ça qu'il y a des guerres, mais maintenant

* *Stevenson bouffon, Stevenson bouffon, Eisenhower a plus de pouvoir, Stevenson bouffon ! (N.d.T.)*

que les États-Unis avaient gagné la Seconde Guerre mondiale et démontré leur supériorité sur toutes les autres nations de la terre, pourquoi les communistes estimeraient-ils que l'Amérique était mauvaise, si mauvaise même qu'elle méritait d'être détruite ? Tu te demandais s'ils étaient idiots ou si leur animosité à l'égard des États-Unis laissait penser que d'autres peuples, dans différentes parties du monde, avaient d'autres idées sur comment on doit mener sa vie, *des idées non américaines,* et, si c'était le cas, est-ce que cela ne suggérait pas aussi que la grandeur des États-Unis, manifeste pour tous les Américains, était loin d'être évidente pour ces autres peuples ? Et s'ils ne pouvaient pas voir ce que nous voyions, qui pouvait affirmer que ce que nous voyions existait réellement ?

Rien sur les brodequins des soldats – mais également à peine un mot sur les Indiens. Tu savais qu'ils s'étaient trouvés là en premier, qu'ils avaient occupé le territoire appelé aujourd'hui Amérique deux mille ans avant que les Européens blancs ne commencent à arriver sur ces rivages, mais quand tes enseignants parlaient de l'Amérique, les Indiens entraient rarement dans leur récit. C'étaient les indigènes, nos prédécesseurs autochtones, le peuple aborigène qui avait jadis régné sur cette partie du monde, et, à leur sujet, deux opinions foncièrement opposées s'affrontaient aux États-Unis au milieu du siècle passé : chacune contredisait formellement l'autre et pourtant elles paraissaient de force égale, chacune prétendant avoir de bonnes raisons de détenir la vérité. Dans les westerns en noir et blanc que tu regardais à la télévision, les Peaux-Rouges étaient invariablement représentés comme des tueurs sans pitié, des ennemis de la civilisation, des pillards démoniaques qui attaquaient des colons blancs par pur plaisir sadique. À l'inverse, il y avait le portrait royal du chef indien sur la boîte de levure Calumet, celle-là même que tu avais décorée pour en faire un hochet de cérémonie quand tu avais cinq ans, et le spectacle indien auquel tu avais participé ne mettait pas en avant la brutalité des Indiens mais bien leur sagesse, une compréhension de la nature plus profonde que celle des Blancs, leur communion avec les forces éternelles de l'Univers, et le Grand Esprit auquel ils croyaient t'apparaissait comme une divinité chaleureuse et accueillante, contrairement au Dieu vengeur de ton imagination qui régnait par la terreur et des châtiments atroces. Plus tard, quand tu as joué le rôle du gouverneur William Bradford dans une pièce de théâtre montée par ta classe en deuxième ou troisième année d'école primaire, tu as présidé à une reconstitution du premier Thanksgiving avec les très généreux Squanto et Massasoit*, et l'on montrait que les Indiens étaient un peuple bon et bienveillant, que sans leur générosité et leur aide constante, sans la nourriture qu'ils avaient offerte en abondance, sans les conseils avisés qu'ils avaient prodigués sur la façon d'aborder cette région, les Pèlerins fraîchement débarqués n'auraient pas survécu à leur premier hiver dans le Nouveau Monde. Témoignages contradictoires, donc : à la fois démons et anges, êtres primitifs violents et nobles sauvages ; deux visions irréconciliables

* Indiens de la tribu des Wampanoag qui aidèrent les Pères pèlerins à passer leur premier hivernage dans la colonie de Plymouth. En 1621, les colons convièrent les Indiens à un dîner de remerciement *(Thanksgiving)* où ils leur offrirent des dindes. *(N.d.T.)*

de la même réalité, et pourtant quelque part dans cet imbroglio se dessinait un troisième terme, une expression qui avait nourri la partie la plus secrète de ton monde intérieur, et cela aussi loin que remontaient tes souvenirs : *Indien sauvage*. Tels étaient les mots que ta mère employait chaque fois que tu te conduisais mal, quand ton comportement, d'habitude sans éclat, virait à l'exubérance et à l'anarchie, car en vérité il y avait un endroit en toi qui voulait être sauvage, et tu exprimais cette envie en t'imaginant en Indien, en garçon capable de courir à moitié nu à travers d'immenses forêts de pins muni d'un arc et de flèches, capable de passer des jours entiers à galoper dans les plaines sur son étalon – un alezan doré à crins blancs – tout en chassant le bison avec les guerriers de sa tribu. *Indien sauvage* représentait tout ce qui était sensuel, libérateur, sans entraves, c'était le Ça donnant libre cours à ses désirs libidinaux par opposition au Surmoi représenté par les héroïques cow-boys en chapeau blanc, par opposition aussi au monde oppressif des chaussures inconfortables, des sonneries de réveil et des salles de classe surchauffées et mal aérées. Tu n'avais évidemment jamais rencontré d'Indien, tu n'en avais jamais vu ailleurs que dans des films et sur des photos, mais Kafka n'en avait jamais vu non plus, ce qui ne l'a pas empêché de composer une histoire en un seul paragraphe intitulée *Désir de devenir un Indien* : "Si on était un Indien, toujours prêt, monté sur un cheval au galop, penché contre le vent..." – une seule phrase qui dure et capture le souhait de se débarrasser des contraintes, de lâcher prise, de fuir les conventions abêtissantes de la culture occidentale. À l'époque où tu étais en troisième ou quatrième année de primaire, voici ce que tu avais déjà intégré : que les Blancs arrivés ici dans les années 1620 étaient si peu nombreux qu'ils n'avaient eu d'autre choix que de chercher la paix avec les tribus qui les entouraient, mais que, dès que leur nombre s'était accru, la situation s'était inversée et que, peu à peu, les Indiens ont été délogés, dépossédés, massacrés. Tu ne connaissais pas le mot *génocide,* mais quand tu voyais les Indiens et les Blancs s'affronter dans les vieux westerns de la télévision, tu savais qu'il y avait derrière ces histoires plus que ce qu'elles en disaient. Le seul Indien qu'on traitait avec respect était Tonto, le fidèle camarade du Lone Ranger, joué par l'acteur Jay Silverheels, et tu l'admirais pour son courage, son intelligence et ses longs silences méditatifs. Dans ta cinquième année de scolarité, c'est-à-dire quand tu as eu dix et onze ans, tu étais déjà un lecteur enthousiaste du magazine *Mad*, et, dans une parodie du Lone Ranger parue dans un de ses numéros et devenue aujourd'hui célèbre, le vengeur masqué et son loyal compagnon affrontent une bande de guerriers indiens menaçants. Le Lone Ranger se tourne vers son ami et lui dit : "Eh bien, Tonto, on dirait que nous sommes cernés." À quoi l'Indien répond : "Comment ça, *nous* ?" Tu as compris la blague, qui, à ton avis, était superbe et profondément drôle précisément parce qu'au bout du compte ce n'était pas une blague du tout.

Le Journal d'Anne Frank. L'Inde devient un pays indépendant. Mort de Henry Ford. Thor Heyerdahl va du Pérou jusqu'en Polynésie sur un radeau à voiles en cent un jours. *Ils étaient tous mes fils*, d'Arthur Miller. *Un tramway nommé Désir*, de Tennessee

Williams. Découverte des manuscrits de la mer Morte. Quelque part au-dessus d'un désert de l'Ouest des États-Unis, un avion à réaction américain franchit le mur du son. Truman nomme George C. Marshall secrétaire d'État, et le plan Marshall se met en place. *L'Homme qui pointe,* sculpture d'Alberto Giacometti. *La Peste*, d'Albert Camus. L'ONU annonce un projet de partage de la Palestine. Fondation de l'Actors Studio à New York. André Gide reçoit le prix Nobel. Pablo Casals fait vœu de ne plus jouer en public tant que Franco sera au pouvoir. Mort d'Al Capone. Le rationnement du sucre prend fin aux États-Unis au bout de cinq ans. Jackie Robinson devient le premier joueur de base-ball noir dans les ligues majeures. Truman signe l'Executive Order 9835, décret qui exige un serment d'allégeance de tous les employés de l'État, et il devient le premier président à s'adresser au peuple américain à la télévision. *J'aurai ta peau,* de Mickey Spillane. *Le Docteur Faustus,* de Thomas Mann. Le Huac* ouvre son enquête sur l'influence communiste dans l'industrie cinématographique. *Monsieur Verdoux,* par Charlie Chaplin. Les Yankees battent les Dodgers dans la World Series. Maria Callas fait ses débuts internationaux. Plus de soixante et onze centimètres de neige tombent sur New York : le plus grand blizzard de l'histoire de la ville. *La Griffe du passé*, film réalisé par Jacques Tourneur – mais aussi *Sang et or, Les Démons de la liberté, Feux croisés, Né pour tuer, En marge de l'enquête, Desperate, Traquée, Impact, Le Carrefour de la mort, La Dame du lac, Le Charlatan,*

* *House Un-American Activities Committee.* Commission d'enquête parlementaire (1938-1975). *(N.d.T.)*

Possédée, L'Engrenage fatal, Les Passagers de la nuit, Ils ne voudront pas me croire. Événements aléatoires, sans autre lien entre eux que le fait de s'être produits l'année de ta naissance, 1947.

Tu te souviens des avions, des supersoniques qui rugissaient en traversant le ciel bleu de l'été et filaient dans le firmament à des vitesses si prodigieuses qu'ils étaient à peine visibles, juste un éclair argenté miroitant brièvement dans la lumière, et puis, peu après sa disparition à l'horizon, un *bang* tonitruant qui résonnait à des kilomètres à la ronde, la grande détonation, la déflagration signifiant que le mur du son était franchi une fois de plus. Tes amis et toi étiez abasourdis par la puissance de ces avions qui arrivaient toujours sans prévenir, qui s'annonçaient par une clameur furieuse très lointaine et qui, en quelques secondes à peine, se trouvaient directement au-dessus de vous, et alors peu importait le jeu auquel tes camarades et toi étiez en train de jouer, vous vous arrêtiez tous en plein mouvement pour lever les yeux, regarder et attendre que ces machines hurlantes vous aient dépassés à toute vitesse. C'était l'époque des avions miracles, toujours plus rapides, capables de voler toujours plus haut, d'avions sans torse qui ressemblaient plus à des poissons exotiques qu'à des oiseaux, et ces machines volantes d'après guerre avaient pris une telle place dans l'imaginaire des enfants américains qu'on s'échangeait presque partout des cartes qui les représentaient : semblables aux cartes de base-ball ou de football américain, elles étaient conditionnées par paquets de cinq ou six avec, à l'intérieur, une plaquette de bubble-gum rose. Sur chaque carte, on trouvait au recto la photo d'un avion au lieu de celle d'un sportif et au verso des informations sur l'avion. Tes amis et toi avez collectionné ces cartes, vous aviez cinq et six ans, ces machines volantes vous obsédaient, vous éblouissaient, et à présent tu te revois (soudain, c'est parfaitement net) assis par terre avec tes camarades de classe dans un couloir de l'école pendant un exercice de protection contre une attaque aérienne, exercice sans aucune ressemblance avec les entraînements contre les incendies qu'on vous imposait aussi, ces évacuations ordonnées à l'improviste dans la chaleur ou le froid du dehors tandis que vous imaginiez l'école en train de brûler sous vos yeux, car dans le cas de la protection antiaérienne on gardait les enfants à l'intérieur – pas dans la classe mais dans le couloir –, sans doute pour les mettre à l'abri d'une attaque venue des airs, de missiles, de roquettes ou de bombes lancées depuis des avions communistes volant à haute altitude, et c'est pendant cet exercice que tu as vu pour la première fois les cartes représentant les avions, alors que tu étais assis dos au mur, silencieux et sans intention de rompre le silence, parce qu'il était interdit de parler durant ces entraînements solennels, ces préparations inutiles contre des destructions ou des morts éventuelles, mais ce matin-là un des garçons avait un paquet de cartes d'avion, et il les montrait à d'autres élèves, les faisait circuler en cachette le long de la rangée de corps assis en silence, et quand est venu ton tour de tenir une des cartes dans tes mains, tu as été stupéfait par le dessin de l'avion, son étrangeté, sa beauté inattendue, tout en aile, tout pour le vol, une bête de métal née dans l'empyrée, dans un royaume de feu éternel et pur, et il ne t'est pas une seule fois venu à l'esprit que l'exercice antiaérien auquel tu participais devait t'apprendre à te protéger contre une attaque d'un avion tel que celui-là, semblable à celui de la carte sauf qu'il aurait été construit par des ennemis de ton pays. Aucune peur. Tu n'as jamais craint que des bombes ou des roquettes te tombent dessus, et si c'était avec plaisir que tu entendais le signal marquant le début d'un exercice de protection antiaérienne, c'était seulement parce que ça te permettait de quitter la salle de classe pendant quelques minutes et d'échapper à la corvée de la leçon qu'on te faisait apprendre.

En 1952, l'année où tu as eu cinq ans, où il y a eu aussi l'été avec Lenny, où tu as commencé officiellement ta scolarité, où s'est tenue la campagne opposant Eisenhower à Stevenson, une épidémie de poliomyélite s'est déclarée dans l'ensemble des États-Unis, touchant 57 626 personnes, pour la plupart des enfants. Elle en a tué 3 300 et fait un nombre immense de paralysés à vie. Voilà la peur. Pas celle des bombes ou des frappes nucléaires, mais de la polio. En traînant dans les rues de ton quartier cet été-là, tu es souvent tombé sur des groupes de femmes qui échangeaient des chuchotements plaintifs, des femmes qui poussaient des landaus ou promenaient leur chien, des femmes dont la peur se lisait dans les yeux, dans le timbre éteint de la voix, et c'était toujours de la polio qu'elles parlaient, du fléau invisible qui s'étendait partout, qui était susceptible d'envahir le corps de n'importe quel homme, femme ou enfant à tout moment du jour ou de la nuit. Pire encore, il y avait le jeune homme en train de mourir de l'autre côté de la rue où vivait ton meilleur ami, un étudiant de Harvard prénommé Franklin, quelqu'un que ta mère disait brillant, qui était destiné à accomplir de grandes choses et qui maintenant dépérissait à cause d'un cancer, immobilisé, condamné, et chaque fois que tu rendais visite à ton ami Billy, la mère de Billy te recommandait de ne pas élever la voix quand tu sortirais pour ne pas déranger Franklin. Tu regardais de l'autre côté de la rue en direction de chez lui, une maison blanche où les stores de chaque fenêtre étaient baissés, une maison au silence sinistre où plus personne ne semblait vivre, et tu t'imaginais le grand et beau Franklin que tu avais vu à plusieurs reprises dans le passé, tu te le représentais allongé sur un lit blanc dans sa chambre à l'étage, en train d'attendre une mort lente et douloureuse. Malgré toute la peur déclenchée par l'épidémie de polio, tu n'as connu personne que cette maladie-là ait frappé, mais Franklin a fini par mourir comme ta mère l'avait prédit. Tu as vu les voitures noires alignées devant la maison le jour de l'enterrement. Soixante ans plus tard, tu vois encore ces autos noires et cette maison blanche. Dans ton esprit, ce sont toujours les emblèmes du deuil par excellence.

Tu n'arrives pas à te rappeler à quel moment précis tu as compris que tu étais un Juif. Il te semble que c'était peu de temps après que tu as été en âge de t'identifier comme un Américain, mais il est possible que tu te trompes, que cette compréhension ait fait partie de toi dès le tout début. Aucun de tes deux parents ne venait d'une famille pratiquante. On ne se livrait à aucun rite dans ta maison, pas de repas de shabbat le vendredi, pas de bougies qu'on allume, pas de visite à la synagogue les jours de grandes fêtes religieuses, sans parler des vendredis soir ou des samedis matin le restant de l'année, et pas un seul mot d'hébreu n'a été prononcé en ta présence. Deux ou trois *séder* de Pessah plutôt désinvoltes en compagnie de parents, des cadeaux de Hanoukkah tous les mois de décembre pour compenser l'absence de Noël, et un seul rituel sérieux auquel tu aies pris part, lequel s'est tenu quand tu avais huit jours, bien trop tôt pour que tu en aies le moindre souvenir : la cérémonie standard de la circoncision qu'on appelle *bris*, au cours de laquelle le prépuce de ton pénis a été coupé par un couteau aiguisé avec grand soin pour sceller l'alliance entre ton moi de nouveau-né et le Dieu de tes ancêtres. En dépit de leur indifférence à l'égard des détails de leur foi, tes parents se considéraient néanmoins comme juifs, se disaient juifs, étaient à l'aise avec ce fait qu'ils n'ont jamais tenté de cacher, contrairement à d'innombrables autres Juifs qui, au fil des siècles, ont fait tout ce qu'ils pouvaient pour se fondre dans le monde chrétien autour d'eux en changeant de nom, en se convertissant au catholicisme ou en rejoignant une secte protestante, se détournant ainsi d'eux-mêmes et effaçant discrètement leur passé. Non, tes parents sont restés fermes et n'ont jamais mis en question qui ils étaient, mais pendant les premières années de ton enfance ils n'ont rien eu à te proposer pour ce qui concernait ta religion ou tes origines. C'étaient simplement des Américains qui se trouvaient être juifs, complètement assimilés après les luttes de ces immigrants qu'avaient été leurs propres parents, et donc, dans ton esprit, la notion de judaïsme était avant tout associée à quelque chose d'étranger tel que l'avait incarné par exemple ta grand-mère, la mère de ton père, cette présence non américaine qui parlait encore le yiddish et lisait principalement dans cette langue, cette femme dont l'anglais t'était presque incompréhensible à cause de son fort accent, et puis il y avait l'homme qui venait de temps à autre dans l'appartement des parents de ta mère à New York, une sorte de cousin du nom de Joseph Stavsky, personnage élégant qui portait des costumes trois-pièces bien taillés et se servait d'un long fume-cigarette noir, homme cosmopolite et sophistiqué dont tu saisissais parfaitement l'anglais à l'accent polonais, et quand tu as été assez âgé pour comprendre ce genre de choses (sept ans ? huit ans ? neuf ans ?), ta mère t'a expliqué que ce cousin Joseph était venu en Amérique après la guerre grâce à ses parents à elle, qu'en Pologne il avait été marié et avait eu des jumelles, mais sa femme et ses filles avaient toutes été assassinées à Auschwitz, et il était le seul à avoir survécu, lui qui jadis avait été un avocat prospère à Varsovie et qui, à présent, vivotait en tant que représentant dans le commerce des boutons à New York. À ce moment-là, la guerre était terminée depuis quelques années, mais elle était pourtant encore présente, elle rôdait toujours autour de toi et de tous ceux que tu connaissais, se manifestant non seulement dans les jeux auxquels tu te livrais avec tes camarades, mais dans ce qu'on disait chez tel ou tel de ta famille, et si tu as connu tes premiers affrontements avec les nazis en tant que soldat américain imaginaire dans divers jardins de ta petite ville du New Jersey, il ne t'a pas fallu longtemps pour saisir ce que les nazis avaient fait aux Juifs, entre autres à la femme et aux filles de Joseph Stavsky, à des membres de ta famille pour la seule raison qu'ils étaient juifs, et maintenant que tu avais tout à fait compris le fait que tu étais toi-même juif, les nazis n'étaient plus seulement les ennemis de l'armée américaine, ils incarnaient un mal monstrueux, une force antihumaine de destruction globale, et même si les nazis avaient été battus, éradiqués de la surface du globe, ils vivaient toujours dans ton imagination, tapis en toi comme une légion mortifère toute-puissante, démoniaque et insidieuse, toujours prêts à l'attaque, et dès lors, c'est-à-dire depuis le moment où tu as compris que tu n'étais pas seulement américain mais aussi juif, tes rêves se sont peuplés de bandes de fantassins nazis, et nuit après nuit tu t'es retrouvé en train de les fuir, de courir éperdument pour sauver ta peau, poursuivi à travers des terrains découverts et des forêts sombres, labyrinthiques, par des meutes de nazis armés, de soldats allemands sans visage qui avaient l'intention de t'abattre, de t'arracher bras et jambes, de te brûler vif sur un bûcher et de te réduire en tas de cendres.

Dès l'âge de sept ou huit ans tu avais commencé à comprendre. Les Juifs étaient invisibles, ils n'avaient pas de rôle à jouer dans la vie des États-Unis, et ils ne figuraient jamais comme héros dans les livres, les films ou les programmes de télévision. Nonobstant *Le Mur invisible*, qui avait remporté l'Academy Award du meilleur film de l'année, on ne trouvait pas de cow-boy du nom de Bernstein ou de Schwartz, pas de détective privé du nom de Greenberg ou de Cohen, pas de candidat à la présidence dont les parents auraient émigré d'un *shtetl* de Pologne orientale ou de Russie. Certes, il y avait quelques boxeurs qui avaient fait une belle carrière dans les années trente et quarante, également le quarterback Sid Luckman en football américain, et, au royaume du base-ball, les trois mémorables (Hank Greenberg, Al Rosen et Sandy Koufax, qui avait débuté chez les Dodgers en 1955), mais c'étaient des exceptions tellement flagrantes par rapport à la norme qu'on peut les qualifier de hasards démographiques ou de pures aberrations statistiques. Les Juifs pouvaient jouer du violon et du piano, ils pouvaient parfois diriger des orchestres symphoniques, mais les chanteurs et musiciens populaires étaient tous italiens, noirs ou bien des campagnards du Sud. Acteurs de variétés, oui, comiques, oui (les Marx Brothers, George Burns), mais pas stars de cinéma, et même quand ils étaient nés juifs, ces acteurs changeaient invariablement de nom. George Burns a d'abord été Nathan Birnbaum, Emanuel Goldenberg s'est transformé en Edward G. Robinson. Issur Danielovitch est devenu Kirk Douglas et Hedwig Kiesler s'est donné une nouvelle naissance sous le nom de Hedy Lamarr. Même si le film *Le Mur invisible* manquait de force à cause de son intrigue artificielle et de ses positions moralisatrices (un journaliste non juif fait semblant d'être juif pour dénoncer les préjugés contre les Juifs), il est instructif de voir ce film aujourd'hui comme un instantané de la place des Juifs dans la société américaine de 1947. C'est le monde dans lequel tu es entré à ta naissance, et bien qu'il soit logique de supposer que la défaite allemande de 1945 aurait dû ou aurait pu annihiler pour de bon l'antisémitisme, pas grand-chose n'avait changé dans le pays. Les quotas de Juifs dans les institutions d'enseignement supérieur étaient toujours en vigueur, il y avait des clubs et d'autres organisations dans lesquels ils n'étaient pas admis, les blagues sur les Juifs faisaient toujours rire les gars du coin pendant la partie de poker hebdomadaire et Shylock régnait comme représentant principal de son peuple. Même dans la ville du New Jersey où tu as grandi existaient des barrières invisibles, des obstacles que tu étais trop jeune pour comprendre ou remarquer, mais quand ton meilleur ami, Billy, a déménagé en 1955 et que ton autre excellent copain, Peter, a disparu l'année suivante – départs déchirants qui te laissaient perplexe et triste –, ta mère t'a expliqué que trop de Juifs quittaient Newark pour s'installer dans les banlieues, qu'ils voulaient leur petit coin de verdure comme tout le monde, et que, par conséquent, la vieille garde décampait, fuyait ce flot soudain de nouveaux propriétaires non chrétiens. A-t-elle employé le mot *antisémites* ? Tu ne t'en souviens pas, mais les implications n'en étaient pas moins claires : être juif revenait à être différent de tous les autres, à se retrouver à part, à être vu comme étranger. Et toi qui jusqu'alors t'étais considéré comme complètement américain, aussi américain que les descendants des passagers du *Mayflower*, tu comprenais à présent qu'il existait des gens qui estimaient que tu n'étais pas à ta place ici, que même en ce lieu que tu appelais ton chez-toi, tu n'étais pas entièrement chez toi.

Faire partie des choses et néanmoins ne pas en faire partie. Être accepté par la plupart des gens et regardé cependant avec suspicion par d'autres. Après avoir embrassé, petit garçon, le récit triomphal de l'exceptionnalisme américain, tu as commencé à t'exclure de ce récit, à te rendre compte que tu appartenais à un autre monde en plus de celui dans lequel tu vivais, que ton passé était ancré dans un ailleurs, dans de lointains villages d'Europe orientale, et que si tes grands-parents paternels et tes arrière-grands-parents maternels n'avaient pas eu l'intelligence de quitter cette partie du monde quand ils l'avaient fait, presque aucun d'entre vous n'aurait survécu, vous auriez été pratiquement tous assassinés pendant la guerre. La vie était précaire. Le sol sous tes pieds pouvait céder à tout moment, et maintenant que ta famille avait atterri en Amérique, avait été sauvée par l'Amérique, ça ne signifiait pas pour autant que tu devais t'attendre à être le bienvenu. Tes sympathies se sont tournées vers les rejetés, les méprisés et les maltraités, les Indiens qui avaient été chassés de leurs terres et massacrés, les Africains qu'on avait expédiés ici enchaînés dans des bateaux, et même si tu n'as pas renoncé à ton attachement à l'Amérique – tu ne pouvais pas y renoncer parce qu'au bout du compte c'était quand même ta maison, ton pays – tu t'es mis à y vivre avec une nouvelle sensation de méfiance et de malaise. Dans ton petit univers, il y avait peu d'occasions de prendre position, mais tu as fait ce que tu pouvais chaque fois qu'une de ces occasions s'est présentée, tu t'es battu quand des brutes plus âgées, en ville, te traitaient de youpin et de raclure juive, tu as refusé de participer aux fêtes de Noël à l'école, de chanter des hymnes de Noël à la réunion annuelle d'élèves qui précédait les vacances, et par conséquent les instituteurs t'ont autorisé à rester seul dans la salle tandis que les autres élèves partaient bruyamment vers l'amphi pour répéter avec les classes du même niveau. Le silence soudain qui t'enveloppait tandis que tu restais assis à ton bureau, le tic-tac de l'aiguille des minutes de la vieille horloge aux chiffres romains pendant que tu lisais ton Poe ou ton Stevenson ou ton Conan Doyle, toi l'exclu autoproclamé qui s'entêtait à ne pas céder, fier malgré tout, fier dans ton obstination, dans ton refus de faire semblant d'être quelqu'un que tu n'étais pas.

Dans ta tête, ça n'avait que peu ou pas du tout à voir avec la religion. Tu te mettais dans les rangs de ceux qui sont sans pouvoir, et tu espérais trouver quelque force morale ou intellectuelle dans le fait de reconnaître ce qui te différenciait des autres, mais *Juif* signifiait une catégorie de gens plus qu'un système théologique, visait une histoire de lutte et d'exclusion qui avait culminé dans les désastres de la Seconde Guerre mondiale, et c'était seulement cette histoire qui te concernait. Pourtant, quand tu as eu neuf ans, tes parents sont devenus membres d'une des synagogues locales. Il va sans dire qu'il s'agissait d'une congrégation du judaïsme réformé, car cette variété de judaïsme simplifié et modéré convenait mieux aux intérêts de gens comme eux : Juifs américains indifférents, non pratiquants et non religieux, cherchant à renouer avec les traditions de leurs aïeux. Pour le dire crûment – mais c'est incontestablement vrai –, Hitler en a été responsable. La résurgence de la vie juive dans les États-Unis d'après guerre est une conséquence directe des camps de la mort, et le moteur qui a poussé des gens comme tes parents à rejoindre une congrégation, c'est la culpabilité, la crainte que si l'on n'apprenait pas à leurs enfants comment devenir des Juifs, la notion même de judaïsme s'amoindrirait aux États-Unis et finirait par disparaître. Ton père n'avait pas étudié l'hébreu quand il était petit garçon, n'avait pas subi les rigueurs de la préparation de la bar-mitsvah, et ta mère, fille d'un socialiste, n'avait jamais mis le pied dans une synagogue, mais ils ont conspiré ensemble pour t'obliger à faire ce qu'ils n'avaient jamais fait eux-mêmes, et c'est ainsi que le mois de septembre où tu entamais ta quatrième année de primaire tu as également commencé tes études judaïques, ce qui veut dire que tu te rendais à la synagogue pour y suivre des cours tous les mardis et jeudis après-midi de quatre heures à cinq heures trente, ainsi que tous les samedis matin de neuf heures et demie à midi. Il y avait mille autres choses que tu aurais préféré faire, mais trois fois par semaine pendant quatre longues années tu t'es traîné à contrecœur dans ce pénitencier de l'ennui où tu as haï chaque seconde de ton emprisonnement, et là tu as étudié les principaux récits de l'Ancien Testament qui, pour la plupart, t'ont horrifié jusqu'à la moelle, en particulier celui du meurtre d'Abel par Caïn (pourquoi Dieu avait-Il rejeté l'offrande de Caïn ?), celui de Noé et du déluge (pourquoi Dieu aurait-Il voulu détruire le monde qu'Il avait créé ?), celui du sacrifice d'Isaac qu'Abraham avait presque perpétré (quelle sorte de Dieu peut donc demander à un homme de tuer son fils ?) et celui de Jacob volant à Ésaü son droit d'aînesse (pourquoi Dieu bénirait-Il un tricheur, un individu sans conscience ?) qui, tous, te confortèrent dans ta mauvaise opinion de Dieu, celui-ci t'apparaissant tour à tour comme un psychopathe dément et colérique, un enfant de mauvaise humeur et un criminel ivre de sang et de rage – personnage encore plus effrayant et dangereux que le Dieu que tu imaginais dans ta petite enfance. Et ce qui aggravait encore les choses, c'est que tu te trouvais dans une classe composée uniquement de garçons qui, pour la plupart, avaient encore moins envie que toi d'être là et considéraient ces cours supplémentaires comme une punition injuste leur venant du simple péché d'être en vie, quinze ou vingt garçons juifs qui ne tenaient pas en place et manifestaient un mépris rebelle pour chaque mot que prononçait l'enseignant, un rabbin-adjoint malencontreusement nommé Fish, petit individu trapu au visage large et au front dégarni qui passait le plus clair de son temps à éviter les boulettes de papier mâché et à hurler aux garçons de la fermer en tapant du poing sur la table. Pauvre Rabbi Fish. On l'avait jeté dans une pièce remplie d'Indiens sauvages, et il se faisait scalper trois fois par semaine.

C'est à l'âge de huit ans que tu as quitté tes parents pour la première fois. L'idée est venue de toi, c'est toi qui les as suppliés de te laisser partir, car tu voulais de nouveau être avec Billy, ton meilleur ami depuis que tu avais cinq ans, et maintenant qu'avec sa famille il avait déménagé dans une autre ville, loin de l'endroit où vous aviez passé ensemble les trois années précédentes, ta seule chance de le revoir serait d'aller dans le camp de vacances du New Hampshire où il se rendrait avec son frère aîné. Pendant ce séjour, tu dormirais loin de chez toi depuis le début du mois de juillet jusqu'à la fin du mois d'août, soit huit semaines, ce qui faisait long pour un petit garçon qui n'avait jamais quitté sa maison plus d'une nuit. Ta mère hésitait, craignant que tu aies du mal à supporter cette longue séparation, mais au bout du compte, ne voulant pas te décevoir (ou peut-être ne sachant pas quoi d'autre te proposer pour l'été), elle et ton père ont donné leur accord. En 1955, pour se rendre depuis le New Jersey jusqu'au centre nord du New Hampshire – région connue sous le nom de montagnes Blanches –, le trajet en voiture était extrêmement long car il n'y avait pas encore d'autoroutes fédérales, en tout cas pas dans cette partie du pays, et tu te souviens d'un voyage interminable avec tes parents, assis sur le siège arrière pendant dix, onze, voire douze heures, et tu te demandes aujourd'hui si cette expédition n'a pas duré deux jours, avec un arrêt pour dormir dans un motel ou une auberge au milieu de votre parcours. Impossible pour toi de te souvenir de ce détail, de même que tu ne parviens pas à te rappeler avoir dit au revoir à tes parents quand ils t'ont laissé au camp et sont repartis en voiture, ce qui veut dire que ce que tu pensais ou sentais à ce moment-là t'est devenu inaccessible – chagrin ou joie, appréhension ou excitation, doutes ou fière détermination, tu n'en sais tout simplement rien. Ce qui te revient le plus nettement, à propos de ces huit semaines, ce sont les odeurs, l'arôme toujours présent des forêts de pins environnantes, la senteur sèche du soleil de l'après-midi en train de cuire la poussière sur le sentier souvent emprunté qui menait de votre pavillon à celui qui abritait le réfectoire, et puis l'odeur des latrines, construction rudimentaire en bois avec une longue gouttière pour pisser et une rangée de compartiments sans portes abritant des WC, et, chaque fois que tu entrais là-dedans, une puanteur d'urine semblable à une bouffée d'ammoniac te brûlait l'intérieur des narines, une odeur âcre et intense que tu n'as jamais oubliée. Nuits fraîches sous des couvertures de laine vertes, feux de camp pseudo-indiens pour célébrer les miracles de la nature et les bienfaits du Grand Esprit – tous les garçons avaient le front ceint d'un bandeau orné de plumes grises –, entraînement au base-ball, chevauchées, tir à l'arc, exercice au stand de tir avec des carabines 22 long rifle, natation dans le lac et baignades sur le mode nudiste parfois. Là, tu t'es senti loin de tout, plus loin de ce qui t'était familier qu'à aucun autre moment de ta vie, comme si le long trajet en voiture t'avait conduit jusqu'à l'ultime limite du monde. Bizarrement, tu n'as guère de souvenirs de Billy ou des autres garçons – les perpétuelles nouveautés qu'on t'imposait chaque jour semblent avoir effacé presque tous les autres détails –, et seuls deux événements se détachent avec une certaine clarté. Le premier a été la visite surprise, totalement inattendue, de ton grand-père maternel qui s'est arrêté alors qu'il se rendait dans le Maine pour sa semaine de vacances annuelle avec ses copains, vacances dont les journées étaient consacrées principalement à la "pêche à la langouste", terme légèrement trompeur étant donné qu'on ne "pêche" pas les langoustes mais qu'on fait descendre des paniers dans l'eau en espérant que les langoustes se glisseront à l'intérieur, et qu'en attendant on reste assis dans un canot – le tout t'apparaissant comme un passe-temps assommant, mais la "pêche à la langouste" devait sans doute être également un moment où ils buvaient, fumaient, jouaient au poker et racontaient des blagues grivoises, sans oublier de se livrer à un peu de gaudriole campagnarde, car ton grand-père était très doué non seulement pour les blagues mais aussi pour prendre du bon temps avec des femmes auxquelles il n'était pas marié ; c'était un vrai boute-en-train et tu l'aimais profondément. Le jour de sa visite, il est arrivé juste au milieu du temps de repos qui suivait le déjeuner, intervalle d'une heure précédant les activités de l'après-midi, et ce jour-là, au lieu de lire ou d'écrire des lettres selon ton habitude, tu t'étais endormi, et puisque depuis ta petite enfance tu étais quelqu'un qui dormait comme s'il était dans le coma, si profondément inconscient que presque rien, ni grêle ni tonnerre, ni nuées de moustiques ni fanfare, ne pouvait te tirer de ton sommeil, le jour de la visite de ton grand-père, quand un des moniteurs a finalement réussi à te réveiller à force de te secouer, tu as émergé de ta sieste tout groggy, encore à moitié endormi, sachant à peine qui tu étais – ou si même tu étais –, et c'est en chancelant que tu es sorti pour aller trouver ton grand-père qui t'attendait dans le bureau près de l'entrée principale. Tu as certes été heureux de le voir, mais comme tu n'étais pas encore tout à fait toi-même, que tu luttais pour te débarrasser de la confusion et du flou en toi, tu as eu du mal à parler, à répondre à ses questions par des phrases dépassant un ou deux mots, et pendant toute votre brève conversation tu t'es demandé si tu n'étais pas encore en train de dormir, si tu ne t'imaginais pas sa présence ici, car c'était la première fois que tu le voyais sans son costume-cravate et sa chemise blanche – quel air bizarre il avait, cet homme chauve et corpulent, ton grand-père, dans cette chemise à manches courtes, aux couleurs vives et au col ouvert, et avant que vous ayez pu vous lancer dans une de vos discussions à bâtons rompus sur le base-ball, sport qu'il suivait d'aussi près que toi, ton grand-père s'envoyait déjà une claque sur les genoux et se levait en disant qu'il lui fallait reprendre la route. Ici un instant puis disparu, telle une apparition étrange. Tu étais dégoûté de ne pas t'être mieux tenu, de t'être comporté comme un tas inerte et stupide, mais, quelques jours ou quelques semaines plus tard, ton dégoût envers toi-même s'est encore accru quand, te réveillant un matin, tu t'es aperçu que tu avais mouillé ton lit. Ce problème t'avait empoisonné la vie pendant toute ton enfance, c'était une malédiction que tu trimballais bien plus longtemps que ce que la décence permettait à un garçon de ton âge, au-delà de six ans et même de sept, et année après année tu connaissais l'humiliation d'une alèse en caoutchouc tendue sous ton corps pour protéger le matelas. Ce n'était pas dû à un problème psychologique ou à une faiblesse de la vessie, t'avait expliqué ta mère (qui saura si elle avait raison ou tort ?), mais tout simplement au fait que tu dormais trop profondément, car Morphée ne se contentait pas de t'envelopper dans ses bras, il t'écrasait, il t'étouffait, et bien souvent, pendant ces premières années, ta mère est entrée dans ta chambre sur la pointe des pieds au milieu de la nuit pour te réveiller et te conduire aux toilettes, bien souvent elle s'est démenée en vain pour te tirer hors du pays des rêves. À l'âge de six ou sept ans, tu avais en grande partie surmonté ce handicap, la honte de l'incontinence nocturne n'était plus pour toi une torture constante, mais de temps à autre tu retombais dans ton vieux travers, ça t'arrivait une ou deux fois par mois, et te réveiller avec la sensation écœurante de draps mouillés et froids était si démoralisant à ce moment-là de ta vie, c'était si scandaleusement juvénile et idiot qu'il t'arrivait de te demander si tu finirais un jour par grandir. Et voilà que maintenant, à l'âge avancé de huit ans, tu venais de recommencer. Pas dans le sanctuaire de la maison familiale où tout le monde connaissait ton état et n'en soufflait jamais mot, mais dans l'espace public d'une cabane de camp de vacances habitée par sept autres garçons et un moniteur qui avait un peu plus de vingt ans. Par bonheur, ça s'est produit un dimanche, le jour de la semaine où l'on sonnait le réveil plus tard que d'habitude, où le petit-déjeuner durait une heure et demie au lieu de trente ou quarante-cinq minutes, et tu as donc attendu que les autres garçons aient quitté la cabane pour se rendre au réfectoire avant de sortir du lit, prendre ton pyjama mouillé et le fourrer dans ton sac à linge sale. Quand tu as rejoint les autres à la table du petit-déjeuner, tu es resté assis sans bouger, en proie à une panique de plus en plus forte, en te demandant ce que tu allais faire maintenant. Pisser au lit avait déjà été suffisamment pénible : c'était une insulte à ton orgueil et à ta dignité de garçon, mais bien pire était la peur qu'on le découvre, que les autres garçons te ridiculisent et te cataloguent à jamais comme un bébé, un bouffon, un de ceux qui ne méritent même pas leur mépris. Le temps pressait, dans quinze ou vingt minutes tout le monde retournerait à la cabane, et comme tu ne savais vers qui d'autre te tourner, tu as décidé de prendre le risque d'en parler à votre moniteur, un jeune homme prénommé George, sérieux et calme, qui jusqu'ici t'avait toujours traité avec bienveillance – mais comment être sûr qu'il ne se moquerait pas de toi quand tu ferais ton aveu ? Et pourtant, qui d'autre que George avait le pouvoir de te laisser sortir du réfectoire pour que tu fonces jusqu'à la cabane ? Tu n'avais pas le choix, tu allais être obligé de lui parler, et donc tu t'es approché de George, assis au bout de la table, et tu lui as chuchoté à l'oreille que tu avais eu un accident, est-ce qu'il voulait bien te laisser partir tout de suite pour que tu laves ton drap et que tu le suspendes à la corde à linge derrière la cabane ? George a fait oui de la tête et t'a dit que tu pouvais y aller. Juste comme ça – un miracle de compassion et de compréhension inattendu, mais pas si étrange que ça au bout du compte, car plus tard ce matin-là il t'a confié qu'il avait souffert d'accidents semblables quand il avait ton âge. Un autre membre de la confrérie secrète des énurétiques honteux et culpabilisés ! Tu as couru, tu as piqué un sprint jusqu'à la cabane et ton lit où tu as arraché le drap de dessous, le drap blanc avec sa tache jaune accusatrice qui ressemblait un peu à la carte de France, puis tu as foncé vers les latrines puantes, vers la pissotière et son relent d'urine aussi corrosif qu'enveloppant, et là, dans un lavabo, tu as fait disparaître la tache en frottant. On ne t'a pas pris. La clémence de George t'avait épargné l'humiliation suprême, la honte mortifiante d'être découvert, mais il s'en était fallu de peu, de quelques minutes sinon de secondes, et ton cœur qui cognait à tout rompre prouvait bien à quel point tu avais eu peur.

Pourquoi revenir à présent sur cette histoire, cette vieille confrontation avec la peur qui s'est plutôt bien terminée pour toi – et même si bien, en réalité, que tu t'en es tiré sans subir une seule des conséquences que tu entrevoyais dans ta frayeur ? Car, de fait, il y a eu des conséquences, même si ce ne sont pas celles que tu craignais et qui faisaient battre ton cœur si vite. Tu avais un secret. En toi, il y avait une faille que tu devais tenir cachée au monde, et comme la seule pensée que cette imperfection puisse être découverte t'emplissait d'une détresse défiant l'imagination, tu étais obligé de dissimuler, de présenter au monde un visage qui n'était pas ton vrai visage. Plus tard ce matin-là, quand George t'a fait son aveu, quand il t'a confié que lui aussi avait jadis vécu avec le même secret, il t'est venu à l'esprit que la plupart des gens avaient des secrets, peut-être tout le monde, peut-être l'univers entier était-il composé de gens qui foulaient le sol de cette terre avec, dans le cœur, des épines de culpabilité et de honte, tous obligés de dissimuler, de présenter un visage qui n'était pas leur vrai visage. Qu'est-ce que cela nous disait sur le monde ? Que tous ses habitants restent plus ou moins cachés, et comme nous sommes tous différents de ce que nous paraissons, il est pratiquement impossible de connaître quiconque. Tu te demandes maintenant si ce sentiment de connaissance impossible n'a pas été ce qui a nourri ta passion pour les livres – car les secrets des personnages qui vivent dans les romans finissent, toujours, par être révélés.

Il serait exagéré de dire que cet été-là tu t'es ennuyé de ta famille. Tes parents ne t'ont pas manqué, tu n'as pas écrit de lettres pour te plaindre de ta situation ni éprouvé le moindre désir qu'on vienne te sauver ; non, tu t'es senti modérément content pendant tout ce long séjour dans les forêts de pins du New Hampshire, mais en même temps pas tout à fait à la hauteur, un peu vidé et seul, et quand l'année suivante ta mère t'a demandé si tu voulais retourner dans ce camp, tu as répondu que non, que tu préférais rester à la maison et passer l'été à jouer au base-ball avec tes amis. Ce qui s'est révélé ne pas être la plus avisée des décisions, car si tu jouais au base-ball avec tes camarades trois ou quatre heures par jour, il y avait ensuite les autres heures à remplir, sans parler des matinées noyées de pluie où tu ne pouvais pas jouer du tout, ce qui voulait dire que tu avais trop de temps libre, que tu restais oisif pendant de longues périodes sans savoir comment t'occuper, et même si ces périodes de solitude finissaient en réalité par nourrir ton esprit, tu t'es senti assez perdu pendant cet été 1956. Tu avais encore ton premier vélo, la vieille bicyclette orange dotée d'un frein à rétropédalage et de gros pneus que tes parents t'avaient achetée quand tu avais six ans (l'année suivante, tu allais passer à un vélo plus grand qui conviendrait mieux à ton corps en pleine croissance – un vélo noir et stylé, avec des poignées de frein et des pneus minces), et tous les matins tu montais sur cette bicyclette trop petite et pédalais jusqu'à la maison de ton ami Peter J., à quelque quatre cents mètres de chez toi. Le terrain de base-ball se trouvait dans le jardin derrière la maison, et ce n'était évidemment pas un terrain réglementaire mais un espace recouvert d'herbe fanée et de terre nue, qui, à l'époque, te paraissait vaste ou du moins assez grand pour que des enfants de neuf ans puissent s'y livrer à des parties où les bases étaient figurées par des pierres et le marbre par un triangle tracé dans la terre. La plupart des matins, vous vous retrouviez à huit ou dix dans ce jardin avec vos gants, vos battes et vos balles, et vous vous divisiez en deux équipes dont les membres occupaient tour à tour divers postes parce que tous voulaient avoir la chance d'être lanceur au moins pendant une manche par partie, et les parties étaient nombreuses, deux par jour, parfois trois, et vous preniez tous la chose très au sérieux, vous jouiez avec détermination, chacun retenait bien le nombre de coups de circuit qu'il avait frappés (c'était une balle haute atterrissant dans les buissons au-delà du champ gauche), et c'est ainsi que se sont déroulées les heures les plus plaisantes de cet été, à jouer sur un terrain improvisé dans le jardin de ton copain, à frapper des coups de circuit – cent, cinq cents – qui atterrissaient dans les buissons.

Tu aimais Peter plus que n'importe quel autre garçon de ta classe ; il était devenu ton meilleur ami, remplaçant ainsi Billy, désormais absent, mais dans moins d'un an il serait parti à son tour, il aurait déménagé dans une autre ville et disparaîtrait à jamais de ta vie. Comme tu ne sais pas pourquoi sa famille est partie, tu ne vas pas affirmer que c'est parce que trop de Juifs s'installaient dans le quartier – même si c'est l'interprétation que ta mère avait tendance à attribuer à tous les départs de ce genre –, mais il était hors de doute que les parents de ton ami te considéraient comme quelqu'un venu d'un autre monde, surtout son grand-père suédois, un vieillard aux cheveux blancs qui parlait anglais avec un fort accent et qui, dans un accès de colère, un après-midi, t'a banni de sa maison en t'interdisant d'y jamais remettre les pieds. La chose a dû se produire quelque temps après l'été du base-ball dans le jardin, peut-être au début du mois de septembre, environ un mois avant que tu ne rencontres le vrai ou le pseudo-Whitey Ford, et donc un jour, à la sortie de l'école, Peter et toi êtes allés chez lui, et comme il pleuvait cet après-midi-là, vous êtes restés tous les deux à l'intérieur et vous avez fini par descendre explorer la cave. Parmi les cartons de déménagement, les toiles d'araignée et les meubles mis au rebut, vous avez trouvé un vieil assortiment de clubs de golf, et vous avez tous les deux jugé cette découverte importante car vous n'aviez jamais, ni l'un ni l'autre, tenu de club de golf dans vos mains, et donc, pendant les quelques instants qui ont suivi, vous avez manié à tour de rôle un fer 7 dans l'humidité de cette pièce souterraine – à tour de rôle parce que la cave était encombrée et qu'il n'y avait pas assez de place pour que vous puissiez tous les deux faire des swings en même temps. À un moment, sans que tu ne t'en rendes compte, juste quand tu amorçais un swing, Peter s'est glissé derrière toi pour mieux voir et s'est trop rapproché, pénétrant dans la zone balayée par le mouvement de recul de ton club, et comme tu ne l'avais pas entendu et ne pouvais pas le voir, tu as lancé tes deux bras bien tendus vers l'arrière en tenant le club à deux mains, ne t'attendant pas à rencontrer la moindre résistance, certain que ton fer traverserait les airs sans trouver d'obstacle ; mais comme Peter avait franchi le seuil invisible de ce qui aurait dû être de l'air et rien d'autre, le mouvement de ton club a été interrompu en plein milieu par une collision avec quelque chose de solide, et à peine ton swing avait-il été stoppé que tu as entendu un hurlement, un cri soudain poussé à pleins poumons qui résonnait contre les murs de la cave. Le bout du fer était entré droit dans le front de Peter, crevant la peau, et du sang coulait de la blessure tandis que ton ami hurlait de douleur. Tu t'es senti horrifié, malade de peur, innocent et pourtant envahi de culpabilité, mais avant que tu aies pu esquisser le moindre geste pour venir en aide à ton camarade, le grand-père de Peter avait déjà dévalé l'escalier de la cave, t'avait poussé de côté et ordonné de quitter la maison. Même alors, tu as saisi ce qui pouvait susciter chez lui une telle colère : il semblait tout à fait naturel qu'il s'emporte en un moment pareil, car son petit-fils était là à pleurer et à saigner après avoir reçu un grand coup de club sur la tête, et, que ce soit ta faute ou pas, tu étais responsable d'avoir blessé son garçon adoré. Il s'est donc déchaîné contre toi. Mais sa fureur avait beau t'être compréhensible, il faut bien dire que tu n'avais que rarement, voire jamais, assisté à une crise d'une telle ampleur. C'était une colère monumentale, un accès de rage digne du Dieu de l'Ancien Testament, du Yahvé vengeur et homicide de tes rêves les plus sombres, et, en écoutant le vieux te crier dessus, il t'est vite apparu que non seulement il te renvoyait chez toi, mais qu'il te bannissait de chez lui à jamais en te disant que tu ne valais rien, que tu étais méchant, et qu'*on n'a aucun besoin de gens dans ton genre*. Tu es sorti de là en chancelant, comme assommé de coups, malheureux à cause de ce que tu avais fait à Peter, mais le pire, c'étaient les paroles du vieux qui résonnaient dans ta tête. Et tu te demandais : Qu'a-t-il voulu dire par *dans ton genre ?* Le genre de garçon qui tape sur la tête de ses copains avec des clubs de golf et les fait saigner – ou pointait-il quelque chose d'encore plus sinistre, une tache sur ton âme qu'on ne pourrait jamais effacer ? Est-ce que *ton genre* était simplement une autre manière de te traiter de sale Juif ? Peut-être. Mais, d'un autre côté, peut-être pas. Ce soir-là, quand tu as parlé à ta mère du fer 7, du sang et du grand-père de ton ami, le mot *peut-être* n'a pas une seule fois franchi ses lèvres.

L'été suivant, retour au camp de vacances du New Hampshire. Comme ton expérience de temps déstructuré n'avait connu qu'une réussite partielle, c'est-à-dire qu'elle avait été en grande partie un échec, tu as redemandé à aller dans le Nord pendant les mois de juillet et d'août, et tes parents, qui n'étaient ni riches ni pauvres mais avaient assez d'argent pour dépenser les quelques centaines de dollars qu'il en coûterait pour t'envoyer là-bas, ont donné leur consentement. Le pipi au lit appartenait désormais au passé, mais au-delà de cet accomplissement aussi douteux que nécessaire, presque tout en toi avait changé. L'écart entre huit et dix ans allait bien au-delà d'une simple distance de deux ans : c'était un abîme couvrant des décennies, un bond gigantesque d'une période de ta vie à une autre qui équivalait à la distance que tu allais parcourir, disons, entre vingt et quarante ans ; et maintenant qu'on était en 1957, tu étais plus fort, plus grand et plus malin qu'en 1955, beaucoup plus à même de négocier tous les aspects de ta vie, un garçon de plus en plus indépendant, capable de prendre ses distances avec ses parents sans le moindre sentiment de crainte ou de regret. Pendant les deux mois qui ont suivi, tu as vécu au pays du base-ball, tu as connu ton moment d'attachement le plus fort, le plus fanatique, à ce sport : tu y as joué tous les jours, non seulement durant les périodes qui lui étaient normalement dévolues le matin et l'après-midi, mais aussi pendant les heures de temps libre après le dîner. Tu travaillais consciencieusement pour devenir un meilleur arrêt-court, un frappeur plus discipliné, mais ton enthousiasme était tel que tu te proposais souvent pour remplacer le receveur en savourant le défi posé par ce poste qui ne t'était pas familier, et petit à petit les moniteurs chargés de l'entraînement ont remarqué la vitesse à laquelle tu t'améliorais, les progrès que tu avais accomplis en l'espace de quelques brèves semaines, tant et si bien que dès le milieu de l'été tu as été promu dans l'équipe des grands, celle des garçons de douze, treize et quatorze ans qui faisait le tour de l'État pour jouer contre les équipes d'autres camps de vacances, et bien qu'au début tu aies eu du mal à t'adapter à la nouvelle taille du champ intérieur (c'étaient maintenant les mesures réglementaires de tous les terrains professionnels : 27,43 mètres au lieu de 18,30 mètres entre deux bases ; 19 mètres au lieu de 13,72 mètres entre le monticule du lanceur et le marbre), les entraîneurs t'ont soutenu : tu jouais en position d'arrêt-court et de premier frappeur, tu étais le plus petit joueur de l'équipe mais tu réussissais à tenir ta place et tu étais tellement déterminé à bien faire que tu avais chassé de ton esprit toute idée d'échec, que tu te punissais chaque fois que tu commettais une erreur de lancer ou que tu subissais un retrait sur trois prises, et même si tu n'as pas particulièrement brillé parmi ces garçons plus âgés, tu ne t'es pas non plus déshonoré. Puis est arrivé le banquet de clôture, la cérémonie du grand repas qui marquait la fin de l'été, le dîner de récompenses où l'on décernait divers trophées aux garçons désignés meilleur nageur, meilleur cavalier, meilleur citoyen, meilleur campeur en général et ainsi de suite, et soudain tu as entendu le moniteur chef prononcer ton nom, annoncer que tu avais remporté le trophée du base-ball. Tu n'étais pas sûr de l'avoir bien entendu, parce qu'il était impossible que tu aies été le gagnant, tu étais trop jeune, et tu savais pertinemment que tu n'étais pas le meilleur joueur de base-ball de la colonie – peut-être le meilleur de ton âge, mais loin d'être le meilleur de tous. Néanmoins le moniteur chef t'appelait sur le podium, on te décernait le trophée, et comme c'était la première fois que tu gagnais un prix, tu étais fier d'être là-haut et de serrer la main du moniteur chef, même si tu te sentais un brin gêné. Quelques instants plus tard, tu t'es esquivé du réfectoire pour aller aux toilettes, ce lieu puant, nauséabond qui ne s'effacera jamais de ta mémoire, et là, debout en train de discuter entre eux, se trouvaient quatre ou cinq de tes coéquipiers plus âgés, qui tous te regardaient avec animosité et dégoût, et tandis que tu vidais ta vessie dans la gouttière, ils t'ont dit que tu ne méritais pas le trophée, qu'il aurait dû être attribué à l'un d'entre eux, et que, comme tu n'étais rien de plus qu'une petite merde de dix ans, ils devraient peut-être te foutre sur la gueule pour te remettre à ta place ou alors réduire ton trophée en miettes, ou, encore mieux, casser d'abord le trophée et ta gueule ensuite. Tu commençais à te sentir un peu intimidé par ces menaces, mais la seule réponse que tu as pu leur donner a été la vérité : tu n'avais pas demandé à recevoir ce prix, leur as-tu dit, tu ne t'attendais pas à être le gagnant, et même si tu étais d'accord avec eux pour dire que tu n'aurais pas dû l'être, qu'est-ce que tu pouvais y faire maintenant ? Sur ce, sortant des latrines, tu es retourné au dîner. Entre ce soir-là et le départ du camp deux jours plus tard, personne ne t'a tabassé et personne n'a brisé ton trophée.

Très lentement, tu progressais vers la fin de ton enfance. Les années entre dix et douze ans t'ont lancé dans un voyage non moins gigantesque que celui que tu avais connu entre huit et dix ans, mais, les jours passant, tu n'as jamais eu l'impression d'avancer vite, tu ne t'es pas senti projeté vers le seuil de ton adolescence, car les années se déroulaient alors avec lenteur, contrairement à maintenant, où il te suffit de cligner les yeux pour t'apercevoir que demain c'est de nouveau ton anniversaire. À onze ans, c'est en créature de troupeau que tu te transformais, et tu traversais malaisément cette période grotesque de dislocation prépubère où chacun se voit catapulté dans le microcosme d'une société fermée, ce moment où bandes et cliques se forment peu à peu, où il y a ceux qui sont acceptés et ceux qui ne le sont pas, où *populaire* devient synonyme de *désirable*, où prennent fin les guerres enfantines entre garçons et filles et où commence la fascination pour le sexe opposé, période pendant laquelle on devient extrêmement conscient de son image, où l'on se regarde sans cesse de l'extérieur, où l'on se demande, souvent avec inquiétude, comment les autres vous perçoivent, ce qui en fait nécessairement une période de grand tumulte et de sottise où l'écart entre le soi intérieur et le soi qu'on présente au monde n'est jamais aussi grand, où l'âme et le corps connaissent leur désaccord le plus fort. Dans ton cas, tu t'es mis à te préoccuper de ton aspect, à t'inquiéter de savoir si tu avais la bonne coupe de cheveux, les bonnes chaussures, les bons pantalons, les bonnes chemises et les bons pulls – jamais au cours de ta vie tu ne t'es autant soucié de vêtements qu'à l'âge de onze et douze ans, quand tu participais au jeu de qui est accepté et de qui ne l'est pas avec un désir désespéré de l'être, et lors des fêtes des vendredis et samedis soir entre filles et garçons, fêtes qui ont commencé pour toi pendant ta cinquième année d'école, tu voulais toujours être le plus beau possible pour les filles, ces jeunes filles qui elles aussi connaissaient bouleversements et tourments, étalant des mini-soutiens-gorges sur leurs poitrines plates ou leurs pointes de sein à peine enflées, se parant de robes de fête avec des jupons raides et des combinaisons de soie froufroutantes, portant pour la première fois des porte-jarretelles et des bas, et maintenant, bien des années plus tard, tu te rappelles ce qu'il y avait de pathétique à voir ces bas se détendre et s'affaisser sur leurs jambes maigrichonnes à mesure que la soirée avançait, même si, d'un autre côté, tu te rappelles aussi leur parfum que tu respirais lorsque tu les tenais dans tes bras en dansant. Brusquement, le rock-and-roll s'est mis à t'intéresser, à te passionner. Chuck Berry, Buddy Holly et les Everly Brothers étaient tes chanteurs préférés, et tu as commencé à collectionner leurs disques pour pouvoir les écouter seul dans ta chambre au premier étage. Tu empilais les petits 45 tours sur le gros cylindre qui servait de changeur de disques, tu mettais le volume à fond quand il n'y avait personne à proximité, et les jours où tu n'avais rien à faire après l'école, tu courais à la maison pour regarder *American Bandstand,* l'émission qui répandait quotidiennement dans les salons du pays le nouvel univers du rock-and-roll. Mais, dans cette émission, ce n'était pas seulement la musique qui t'attirait : ce qui te rivait à l'écran, c'était le spectacle d'une salle pleine d'adolescents en train de danser sur cette musique, car ton désir le plus grand à ce moment-là était de devenir un adolescent, et tu étudiais ces gamins sur l'écran pour apprendre quelque chose sur la prochaine étape, imminente, qu'allait aborder ta vie. L'année précédente, tu en étais aux Trois Stooges ;

à présent, c'était Dick Clark et sa bande de rockers juvéniles. L'ère des boutons d'acné et des appareils dentaires avait commencé. Fort heureusement, ces jours-là ne se vivent qu'une fois.

Néanmoins tu as continué à lire tes livres et à écrire tes petites histoires et tes poèmes sans te douter une seule seconde que c'est ce que tu allais faire le restant de ta vie, et si tu le faisais si jeune, c'était simplement par plaisir. À onze ans, tu as réalisé un achat important : ton deuxième livre de la collection Modern Library, à savoir un choix de nouvelles de O. Henry, et pendant quelque temps tu t'es délecté de ces contes aussi ingénieux que mécaniques avec leurs chutes surprenantes et leurs chocs narratifs (c'est en grande partie de la même façon que, l'année suivante, tu as été conquis par les premiers épisodes de la série *La Quatrième Dimension*, car l'imagination de Rod Serling n'était rien de plus qu'une version pour les années cinquante de celle de O. Henry), mais au fond tu savais qu'il y avait dans ces histoires quelque chose de facile, de bien inférieur à ce que tu considérais comme de la littérature de premier ordre. En 1958, quand on a décerné le prix Nobel à Boris Pasternak, les médias ont abondamment décrit sa situation, et, les uns après les autres, les articles racontaient comment la police soviétique avait empêché cet écrivain génial de se rendre à Stockholm pour y recevoir son prix, et donc, maintenant que *Le Docteur Jivago* avait été traduit en anglais, tu es allé en acheter un exemplaire (ton grand achat suivant), désireux de lire l'œuvre du grand homme, certain que c'était à coup sûr de la littérature de premier ordre – mais comment un enfant de onze ans aurait-il pu absorber les complexités d'un roman russe symboliste, comment un garçon dépourvu de réelles bases littéraires aurait-il pu lire une œuvre aussi longue et aussi nuancée ? Tu n'as pas pu. Tu as essayé avec la meilleure volonté du monde, tu as obstinément relu des passages trois, quatre ou cinq fois, mais tu n'avais pas la capacité de saisir plus d'un dixième de ce qu'il y avait dedans, et après un nombre incalculable d'heures de lutte et de frustration grandissante, tu as accepté ta défaite à contrecœur et mis le livre de côté. Ce n'est pas avant l'âge de quatorze ans que tu as été prêt à affronter les maîtres, mais à onze et douze ans, les livres que tu étais capable de comprendre étaient beaucoup moins difficiles. C'étaient par exemple *La Citadelle*, d'A. J. Cronin, qui t'a un moment donné envie de devenir médecin, ou *Vertes demeures*, de William Henry Hudson, qui a titillé tes gonades par la sensualité exotique de ses jungles – deux de tes livres préférés à cette époque, ceux dont tu te souviens le mieux. Quant à tes propres tentatives juvéniles de gribouillage, elles se plaçaient encore sous l'influence de Stevenson, et la plupart de tes histoires débutaient par des phrases immortelles comme : "En l'an de grâce 1751, je me suis trouvé à tituber à l'aveuglette dans la fureur d'une tempête de neige alors que je tentais de regagner ma demeure ancestrale." À onze ans tu adorais ce noble verbiage, mais à douze ans tu es tombé sur deux ou trois romans policiers (tu as oublié lesquels) et tu as compris que tu ferais mieux d'employer une prose plus simple, moins grandiloquente, et quand pour la première fois tu as essayé de produire quelque chose dans ce style nouveau, tu as écrit ton propre roman policier. Il n'a guère pu dépasser quelque vingt ou trente pages écrites à la main, mais il te donnait l'impression d'être si long que tu l'as appelé roman. Tu ne te souviens pas du tout du titre et peu de l'histoire même (quelque chose à voir avec deux paires de jumeaux identiques, crois-tu, et un collier de perles volé et caché dans le cylindre d'une machine à écrire), mais tu te rappelles l'avoir montré à ton instituteur – c'était la première fois que tu avais un homme comme enseignant, et quand il a affirmé qu'il aimait ton texte, tu t'es senti encouragé par ses paroles. Cela aurait suffi, mais il est allé plus loin : il a suggéré que tu lises ton petit livre au reste de la classe par tranches de cinq ou dix minutes, tous les jours, avant que retentisse à trois heures la sonnerie de fin des cours, et donc te voilà soudain projeté dans le rôle d'*écrivain*, debout devant tes camarades en train de leur lire tes mots à haute voix. Les critiques ont été bienveillantes. Tout le monde a semblé apprécier ce que tu avais écrit – ne serait-ce que comme une occasion de s'évader de la routine et de sa monotonie –, mais c'en est resté là, et plusieurs années se sont écoulées avant que tu essaies à nouveau d'écrire quelque chose d'aussi long. Malgré tout, même si cette tentative juvénile ne t'a pas paru importante à l'époque, quand tu la vois rétrospectivement aujourd'hui, comment ne pas la considérer comme un début, un premier pas?

En juin 1959, quatre mois après ton douzième anniversaire, toi et tes camarades de sixième année avez terminé votre scolarité dans la petite école primaire que tu fréquentais depuis la dernière année du jardin d'enfants. Après l'été, tu as entamé un cycle de trois ans dans un collège au milieu de mille trois cents élèves, soit la population totale des enfants sortis des diverses écoles primaires de quartier disséminées dans toute la ville. Là, tout était différent : tu ne restais plus dans la même salle de classe toute la journée ; il n'y avait plus un seul enseignant mais plusieurs – un par matière étudiée –, et quand la sonnerie retentissait au bout des quarante-six minutes que durait chaque cours, tu devais te lever et emprunter les couloirs pour te rendre dans la salle où aurait lieu le cours suivant. Le temps des devoirs à la maison a commencé, des devoirs quotidiens dans toutes les disciplines écrites (anglais, maths, sciences, histoire et français), mais il y avait aussi la gym avec son vestiaire agité et bruyant, ses suspensoirs réglementaires et ses douches prises en commun, ainsi qu'un atelier où enseignait un vieux fossile à moitié chauve et couvert de pellicules, un certain Mister Biddlecombe, qui semblait sorti de Dickens non seulement à cause de son nom mais aussi de ses manières, qui traitait les enfants dont il avait la charge d'andouilles et de gredins et punissait les turbulents en les enfermant à clé dans le placard. Ce qu'il y avait de mieux dans ce collège était aussi ce qu'il y avait de pire. On avait mis en place un système d'aiguillage rigide selon lequel chaque élève était membre d'un groupe désigné par une lettre de l'alphabet prise au hasard – pour déguiser le fait que ces regroupements impliquaient une hiérarchisation –, mais seuls les aveugles et les sourds ne se rendaient pas compte de ce que représentaient ces lettres : voie rapide, voie moyenne, voie lente. Pédagogiquement, ce système offrait des avantages clairs – la progression des élèves doués n'était pas freinée par la présence de cancres, les lanternes rouges n'étaient pas intimidées par ceux qui filaient à toute vitesse, chacun pouvait avancer à son allure –, mais il était socialement assez désastreux car il créait des communautés prédésignées de gagnants et de perdants, ceux qui étaient destinés à réussir et ceux qui étaient destinés à échouer, et comme tout le monde comprenait ce que signifiait cette répartition en groupes, les rapides pouvaient se montrer dédaigneux et snober ceux qui étaient dans un circuit lent, tandis que les lents éprouvaient une dose de ressentiment et manifestaient une certaine animosité à l'égard des rapides – forme subtile de guerre des classes qui parfois éclatait en bagarres réelles –, et s'il n'y avait pas eu les zones neutres de la gym, de l'atelier et du cours d'économie familiale où les groupes étaient mélangés, le collège aurait ressemblé au Berlin découpé de l'après-guerre : Zone lente, Zone moyenne, Zone rapide. Tel était l'établissement dans lequel tu es entré dans les derniers mois des années cinquante, un bâtiment récent aux briques roses pourvu des équipements et des installations éducatives les plus modernes, la fierté de ta ville, et tu étais tellement excité à l'idée d'y aller, de poursuivre ainsi ton ascension dans le monde, que tu as réglé ton réveil exactement sur sept heures du matin le soir avant le premier jour d'école, et quand tu as ouvert les yeux le lendemain matin – avant que le réveil n'ait sonné –, tu as vu qu'il était exactement sept heures du matin, que l'aiguille des secondes était en train de dépasser le neuf pour aller vers le douze, ce qui signifiait que tu t'étais réveillé dix secondes avant le moment désigné et que donc, toi qui avais toujours dormi si profondément, toi qui ne pouvais pas t'extraire de ton sommeil sans que retentisse une sonnerie, tu t'étais réveillé en silence pour la première fois depuis aussi loin que remontaient tes souvenirs, comme si tu avais compté les secondes dans tes rêves.

Les nouveaux visages étaient nombreux, il y en avait des centaines, mais celui qui t'intriguait le plus appartenait à une fille du nom de Karen, membre elle aussi de ta brigade de la voie rapide. Ce visage était sans aucun doute joli, peut-être même beau, mais en plus Karen avait l'esprit vif, elle était rayonnante, vibrait au monde qui l'entourait, débordait d'humour et de confiance en elle. Quelques jours à peine après l'avoir rencontrée, tu étais fou d'elle. Une semaine ou deux après le début des cours, un bal du vendredi soir a été organisé dans le gymnase pour les élèves de septième année. Tu y es allé comme pratiquement tout le monde – soit au total trois ou quatre cents d'entre vous – et tu t'es débrouillé pour danser avec Karen aussi souvent que possible. Vers la fin de la soirée, le principal a annoncé une compétition, un concours de danse : les couples souhaitant y participer devaient se rendre au milieu de la piste. Karen avait envie d'essayer, et comme tu étais heureux de faire tout ce qu'elle voulait, tu es devenu son partenaire. C'était le premier concours de danse de ta vie, et c'est d'ailleurs resté le seul, mais même si tu étais un danseur quelconque, tu n'étais pas non plus totalement nul, et comme Karen était bonne, en fait excellente, avec des pieds agiles et un sens inné de la musique, tu t'es rendu compte que tu devais faire un effort pour elle, donner tout ce que tu avais. Dans le rock-and-roll des débuts, les danseurs se touchaient encore. Le twist n'allait venir qu'un ou deux ans plus tard, et la révolution des partenaires isolés n'avait pas encore pris ; les danseurs de 1959 ressemblaient assez à ceux qui pratiquaient le *jitterbug* des années quarante, même si, à cette époque, le *jitterbug* avait changé de nom pour s'appeler le *lindy*. Les couples s'enlaçaient donc avec force tournoiements et virevoltes, et les pieds étaient plus importants que les hanches : un jeu de pieds rapide était la clé de tout. Quand Karen et toi êtes allés au centre de la piste, vous avez décidé d'un commun accord de danser aussi vite que vous le pourriez, de doubler ou de tripler l'allure normale en espérant tenir ainsi assez longtemps pour impressionner les juges. Oui, Karen était une fille enthousiaste, prête à tous les défis ; vous vous êtes donc lancés tous les deux dans un numéro endiablé où vous voliez sur la piste comme un couple de singes dans un film muet accéléré, vous riiez secrètement de la démesure de votre performance, de son hilarante gaîté, vous étiez infatigables dans vos corps de douze ans, et ce dont tu te souviens le plus, c'est de la force avec laquelle Karen serrait ta main, ne lâchant jamais prise tandis que tu la projetais loin de toi et l'attirais de nouveau à toi dans des séries de pirouettes folles, et comme aucun autre couple ne pouvait suivre votre cadence – ou en avait même envie – et que vous aviez tous deux à moitié perdu la tête, vous avez remporté le concours. Scène absurde mais mémorable de tes jeunes années. Le principal vous a gratifié chacun d'un trophée, et une fois le bal fini, Karen et toi, vous tenant par la main, êtes allés jusque chez un marchand de glaces en centre-ville – *gloria, gloria,* le ravissement de marcher main dans la main avec Karen le soir du bal quand tu avais douze ans –, et puis, à quelques rues de la maison du marchand de glaces, le trophée de

Karen a glissé de sa main libre et s'est brisé sur le trottoir. Tu as bien vu à quel point elle était touchée – la petite désolation provoquée par le côté brusque de l'affaire, le bruit soudain, la déflagration inattendue du trophée qui heurte la chaussée et se fracasse, et comme on ne pourrait jamais le réparer et que, pour toi, remporter un trophée de danse n'avait aucune importance (le base-ball, c'était autre chose), tu lui as tendu le tien en lui disant de le garder. Dès l'année suivante, tu n'as plus guère vu Karen. Vous fréquentiez des cercles différents, vous n'étiez plus dans les mêmes classes, elle était presque une femme alors que tu étais encore un jeune garçon, et à partir de là jusqu'à ce que vous soyez sortis du lycée en 1965, vous avez à peine échangé quelques paroles. Quand tu t'es rendu à la vingtième réunion de ta classe de lycée, pourtant, vingt-six ans après la nuit du trophée réduit en miettes, Karen était là, jeune veuve de trente-huit ans, et tu as de nouveau dansé avec elle, sur un morceau lent cette fois, et elle t'a dit qu'elle se souvenait de chaque détail de cette soirée où vous aviez douze ans – elle s'en souvenait, a-t-elle ajouté, comme si c'était hier.

M. S., ton professeur d'anglais lors de ta septième année de scolarité, voulait inciter les élèves à lire autant de livres que possible. Objectif louable, mais le système qu'il avait mis en place pour l'atteindre n'était pas sans défauts puisque M. S. s'intéressait davantage à la quantité qu'à la qualité et que, pour lui, un livre médiocre de cent pages valait autant qu'un bon livre de trois cents. Chose encore plus troublante, il avait organisé son projet sous forme de compétition. Il avait accroché un grand tableau à trous sur le mur au fond de la classe et attribué une colonne à chaque élève, c'est-à-dire un chemin vertical dans cette grille de trous circulaires. Les élèves avaient reçu des chevilles avec la consigne de les sculpter pour en faire quelque chose qui ressemblerait à des vaisseaux spatiaux (c'était le début de la course entre les États-Unis et l'Union soviétique pour la suprématie dans l'espace), puis M. S. a demandé aux enfants d'enfoncer leur cheville dans le trou le plus bas de leur colonne. Chaque fois que vous lisiez un livre, vous deviez remonter votre cheville d'un cran. Il comptait poursuivre ce jeu pendant deux mois, puis il examinerait le résultat et verrait où en était chacun. Tu savais que son idée n'était pas bonne, mais c'était le début du premier semestre dans ton nouvel établissement, et comme tu voulais bien faire, te distinguer d'une façon ou d'une autre, tu es entré dans le jeu, tu t'es mis à lire avec diligence autant d'ouvrages que tu pouvais, ce qui ne t'a pas posé de problèmes puisque tu étais déjà un ardent lecteur et que tu n'étais pas non plus opposé au principe d'une compétition, tes années passées à jouer au base-ball, au football américain et à d'autres sports ayant déjà développé en toi l'esprit de compétition, et ainsi tu as décidé que non seulement tu allais bien te placer, mais que tu gagnerais. Les deux mois passant, tous les deux ou trois jours tu avançais ta cheville d'un cran, et au bout de quelque temps tu t'es retrouvé très en avance, t'échappant loin de tous. Quand est arrivé le matin où M. S. a examiné le résultat, il a été stupéfait par la grande distance qui te séparait des autres. Quittant le tableau, il est revenu à l'avant de la classe, t'a regardé dans les yeux (tu étais assis au deuxième rang, assez près de lui) et, d'un air agressif et hostile, t'a accusé de tricher. Il était impossible pour quiconque, a-t-il affirmé, de lire autant de livres, ça défiait toute logique, toute raison, et si tu croyais pouvoir t'en tirer avec ce genre de combine, tu n'étais qu'un imbécile. C'était insulter son intelligence, insulter le dur travail fourni par les autres élèves, et lui qui enseignait depuis tant d'années n'avait jamais vu dans sa classe menteur plus effronté que toi. Ses paroles t'ont atteint comme des balles de fusil : il te mitraillait à mort devant les autres enfants en t'accusant publiquement d'être un imposteur, un délinquant. Jamais personne ne t'avait attaqué aussi brutalement, toi qui avais été si consciencieux, si avide de prouver que tu étais un bon élève, et alors même que tu tentais de réfuter ses accusations en lui disant qu'il se trompait, que tu avais lu ces livres, que tu avais lu chaque page de chacun d'entre eux, l'ampleur de sa colère t'est devenue insupportable et tu as brusquement éclaté en sanglots. La sonnerie a retenti, ce qui t'a épargné une humiliation plus longue, mais tandis que les autres élèves sortaient à la queue leu leu, M. S. t'a demandé de rester, il voulait te parler, et un instant plus tard tu t'es retrouvé en face de lui à côté de son bureau en train de hoqueter sous une avalanche de pleurs et d'affirmer avec insistance entre deux respirations hachées et étranglées que tu avais dit la vérité, que tu n'étais ni un tricheur ni un menteur, et que s'il voulait voir la liste des livres que tu avais lus, tu la lui donnerais le lendemain matin, que tu prouverais ton innocence, et petit à petit M. S. a commencé à faire machine arrière, comprenant lentement qu'il s'était peut-être trompé. Il a sorti son mouchoir de sa poche et te l'a tendu. En l'approchant de ton visage pour te moucher et essuyer tes larmes, tu as respiré l'odeur de ce mouchoir récemment lavé, et même si le tissu était propre, il y avait dans son odeur quelque chose d'aigre et d'écœurant, un relent d'échec, de quelque chose qui avait servi une fois de trop, et chaque fois que tu songes à ce qui t'est arrivé ce matin-là il y a un demi-siècle, tu tiens de nouveau ce mouchoir et tu le presses contre ton visage. Tu avais douze ans. C'était la dernière fois que tu fondais en larmes devant un adulte.

DEUX COUPS SUR LA TÊTE

1

1957. Tu as dix ans, tu n'es plus un petit garçon mais pas encore un grand, et le terme qui te décrirait le mieux serait celui de "garçon moyen", c'est-à-dire de garçon dans la phase avancée du milieu de son enfance. En cette année de Spoutnik 1 et 2, un mur te sépare encore du monde, mais moins que l'année précédente, et tu comprends vaguement que la crise de Suez est terminée, qu'Eisenhower a envoyé des troupes fédérales à Little Rock dans l'Arkansas pour arrêter les émeutes et aider à supprimer la ségrégation raciale dans les écoles, que l'ouragan Audrey a tué plus de cinq cents personnes au Texas et en Louisiane, qu'un livre qui parle de la fin du monde et s'intitule *Le Dernier Rivage* vient de paraître, mais tu ne sais rien de la publication de *Fin de partie,* de Samuel Beckett, ou de *Sur la route,* de Jack Kerouac, et même moins que rien sur la mort du sénateur Joseph McCarthy ou sur le syndicat de camionneurs que préside Jimmy Hoffa et qui vient d'être expulsé de la confédération syndicale AFL-CIO. On est en mai, un samedi après-midi, tu te trouves avec un ami du collège, Mark F., un de tes nouveaux camarades qui joue aussi avec toi au base-ball en Petite Ligue. Un de vos parents vous a conduits au cinéma et vous a laissés assister seuls à la séance. Le film que vous voyez cet après-midi-là s'appelle *L'Homme qui rétrécit* et, fort semblable en cela à *La Guerre des mondes* qui t'avait tant affecté quatre ans auparavant, il te bouleverse et transforme radicalement ta vision du monde. L'expression la meilleure pour qualifier le coup que tu avais reçu à six ans est celle de "choc théologique" – brusque prise de conscience des limites du pouvoir de Dieu avec l'effrayante énigme que cela entraîne, car comment est-il possible que la puissance du Tout-Puissant soit limitée de quelque façon ? Mais le choc de *L'Homme qui rétrécit* est philosophique, métaphysique, et le pouvoir de ce sombre petit film en noir et blanc est tel qu'il te plonge dans un état d'exaltation haletante où tu as l'impression qu'on t'a greffé un nouveau cerveau*.

* *L'Homme qui rétrécit.* Titre original : *The Incredible Shrinking Man.* Société de production : Universal Pictures. Noir et blanc, 81 minutes. Dates de sortie : États-Unis, avril 1957 ; France, 17 mai 1957. Réalisation : Jack Arnold. Scénario : Richard Matheson, d'après son roman *The Shrinking Man*. Production : Albert Zugsmith. Distribution : Grant Williams (Scott Carey), Randy Stuart (Louise Carey), April Kent (Clarice), Paul Langton (Charlie Carey), Raymond Bailey (le Dr Thomas Silver), William Schallert (le Dr Arthur Bramson), Frank J. Scannell (l'homme qui hurle), Helene Marshall (une infirmière), Diana Darrin (une infirmière), Billy Curtis (Midget, le nain), Luce Potter (Violet), John Hiestand (présentateur TV), Joe La Barba (Joe le laitier), Orangey (Butch le chat). Musique : Irving Gertz, Earl E. Lawrence, Hans J. Salter, Herman Stein. Photographie : Ellis W. Carter. Montage : Al Joseph. Décors : Russell A. Gausman, Ruby R. Levitt. Costumes : Jay A. Morley Jr., Martha Bunch, Rydo Loshak. Maquillage : Bud Westmore. Coiffure : Joan St. Oegger. Accessoires : Floyd Farrington, Ed Keyes, Whitey McMahon, Roy Neel. Son : Leslie I. Carey, Robert Pritchard.

Aux sons inquiétants de la musique de générique du début, tu comprends qu'on va t'embarquer dans un voyage sombre et menaçant, mais une fois que l'action commence, tes craintes sont un peu apaisées par la présence d'une voix off, celle-là même de l'homme qui rétrécit. Il s'adresse au public à la première personne, et cela signifie qu'aussi terribles que puissent être les aventures qui l'attendent, il réussira à s'en tirer vivant, car comment pourrait-il raconter sa propre histoire s'il était mort ? *L'histoire étrange, presque incroyable de Robert Scott Carey a commencé un jour d'été ordinaire. Je connais cette histoire mieux que quiconque – parce que Robert Scott Carey, c'est moi.*

Allongés côte à côte en maillot de bain, Carey et Louise, sa femme, bronzent sur le pont d'un yacht de croisière. Le bateau dérive avec langueur sur les eaux du Pacifique, le ciel est dégagé et tout va bien. Ils sont tous les deux jeunes et séduisants, amoureux l'un de l'autre, et quand ils ne sont pas en train de s'embrasser ils échangent des propos sur le mode enjoué, badin et taquin d'âmes sœurs se connaissant depuis toujours. Louise descend sous le pont chercher de la bière pour tous les deux, et c'est à ce moment-là que ça se produit, qu'un nuage épais – ou une brume dense – apparaît à l'horizon et se met à foncer vers le bateau ; c'est une vaste couche de brume qui enveloppe tout et file à la surface de l'océan avec un sifflement étrange et puissant, si

Effets sonores : Cleo E. Baker, Fred Knoth. Effets optiques : Everett H. Broussard, Roswell A. Hoffman. Effets photographiques spéciaux : Clifford Stine. *(N.d.A.)*

bruyant que Carey, en train de somnoler sur le pont, se redresse puis se lève pour regarder le nuage arriver à toute allure et engloutir le bateau. Il lève les bras en geste instinctif de défense, faisant ce qu'il peut pour se protéger de cette attaque vaporeuse, c'est-à-dire rien, mais presque aussitôt le nuage l'a dépassé dans sa course et, au bout de quelques secondes, le ciel est de nouveau dégagé. Quand Louise émerge de la cabine, elle aperçoit le nuage qui s'en va, flottant au loin. Qu'est-ce que c'est ? demande-t-elle. Je ne sais pas, répond-il, une sorte de… brume. Louise se retourne vers lui et remarque qu'il a le torse couvert de petites taches de poussière phosphorescentes, de particules quasi métalliques qui miroitent à la lumière, des taches anormales, troublantes, inexplicables, mais dont l'éclat commence à ternir, et la scène se termine sur le couple en train d'enlever les particules en les frottant avec des serviettes.

Six mois s'écoulent. Un matin, alors que Louise met la table du petit-déjeuner, Carey l'appelle depuis leur chambre à l'étage pour lui demander si son bon pantalon est revenu du nettoyage. On passe à la chambre : debout devant un miroir en pied, Carey tire la ceinture de son pantalon vers l'avant. Il y a cinq ou six centimètres de vide, ce qui signifie que ce vêtement est trop grand pour lui et, un instant plus tard, quand il enfile sa chemise, sa chemise blanche habillée ornée de son *monogramme*, elle se révèle trop large elle aussi. La métamorphose a commencé, mais elle en est encore à ses tout débuts, et ni Carey ni Louise n'ont la moindre idée de ce qui les attend. Ce matin-là, en fait, Louise, toujours gaie et prompte à plaisanter, émet l'idée que Carey perd tout simplement du poids, et elle trouve que *ça lui va très bien.*

Mais Carey s'inquiète. Sans le dire à sa femme, il se rend chez un médecin pour un contrôle, et c'est dans le cabinet du Dr Bramson qu'il apprend qu'il mesure désormais un mètre quatre-vingts et pèse soixante-dix-neuf kilos. Au-dessus de la moyenne dans les deux cas, mais comme Carey l'explique à Bramson, il a toujours mesuré un mètre quatre-vingt-cinq et il vient aussi de perdre mystérieusement presque cinq kilos. Le médecin écarte calmement ces chiffres en disant à Carey que s'il a perdu du poids c'est probablement une affaire de stress et de surmenage, et que, s'agissant des cinq centimètres manquants, il doute qu'ils soient vraiment manquants. Il demande à Carey combien de fois on l'a mesuré. Seulement trois fois, s'avère-t-il, une fois lors du recrutement pour le service militaire, une autre fois dans la marine et puis lors d'un examen pour une assurance vie. Il est possible que des erreurs aient été commises les trois fois, déclare Bramson, les erreurs sont fréquentes, et le résultat peut varier selon le moment où l'on fait l'examen (c'est le matin que les gens sont le plus grand, observe-t-il, puis ils se tassent un peu au cours de la journée parce que la pesanteur comprime les disques intervertébraux, les articulations des os et ainsi de suite), et, en plus, il ne faut pas négliger le fait de se tenir trop droit qui peut donner à quelqu'un l'air d'être plus grand qu'il ne l'est en réalité, et donc, au bout du compte, une différence de cinq centimètres n'a rien d'inquiétant. Vous avez vraisemblablement perdu du poids à cause d'un régime alimentaire insuffisant, dit Bramson, mais (avec un petit rire pour clore le débat), les gens ne rapetissent pas, M. Carey. Ils ne rapetissent pas, c'est tout.

Une semaine supplémentaire s'écoule. Debout un soir sur la balance de la salle de bains, Carey s'aperçoit qu'il a encore perdu deux kilos. Chose encore plus troublante, quand il embrasse Louise quelques instants plus tard, elle est à hauteur d'yeux, signe irréfutable du lent rapetissement de Carey puisque, dans le passé, elle se mettait toujours sur la pointe des pieds quand ils s'embrassaient : elle devait s'étirer pour poser ses lèvres sur celles de Carey. Je rapetisse, Lou, dit-il – tous les jours. Elle le sait, à présent, elle l'accepte, mais en même temps elle reste incrédule comme le serait n'importe qui, comme tu l'es, toi aussi, assis dans la pénombre de cette salle de cinéma où tu regardes le film, car ce qui arrive à Scott Carey ne peut quand même pas se produire. La peur commence à te nouer l'estomac. Tu peux déjà deviner où mène cette histoire, et c'en est presque insupportable. Tu pries pour que survienne un miracle, tu espères te tromper, tu espères qu'un scientifique génial va intervenir et trouver un moyen d'arrêter le rétrécissement de l'homme qui rétrécit, car maintenant Scott Carey n'est plus seulement un personnage de film : Scott Carey, c'est toi.

Il retourne au cabinet du Dr Bramson, s'y rend même plusieurs fois pendant la semaine qui suit, et Bramson, qui a cessé de sourire et d'avoir l'air sûr de lui, qui n'est plus ce septique rassurant qui avait répondu à Carey d'un ton moqueur lors de la première consultation, est en train d'examiner deux radiographies, l'une prise au début de la semaine et la seconde à la fin – des vues identiques de la cage thoracique de Carey montrant en détail la structure de sa colonne vertébrale et de ses côtes –, et quand Bramson pose la première radio sur la seconde, il est évident que même si les images sont pour l'essentiel identiques, l'un des deux squelettes est plus petit que l'autre. C'est la preuve médicale, le test ultime qui met fin à tout doute sur la nature du mal qui frappe Carey, et Bramson est à la fois ébranlé et perplexe, brusquement dépassé et donc sombre, presque en colère, quand il se dirige vers Carey et Louise pour leur annoncer ce qu'il a découvert. C'est une chose qui n'a pas de précédent, déclare-t-il, et il n'y a aucun moyen de l'expliquer, mais le fait est que Carey rapetisse.

Sur les conseils de Bramson, Carey se rend au California Medical Research Institute, équivalent sur la côte Ouest d'un établissement tel que la clinique Mayo, et il y passe les trois semaines suivantes dans les mains de divers spécialistes qui le soumettent à une intense batterie de tests. Ces explorations et autres sondages font ensuite l'objet d'un bref montage, et tandis que les images se succèdent rapidement, la voix de Carey revient pour expliquer ce qui se passe : J'ai avalé une solution au baryum et on m'a mis derrière un écran fluoroscopique. On m'a donné de l'iode radioactif… on m'a examiné avec un compteur Geiger. On a placé des électrodes sur ma tête. Tests de restriction hydrique. Tests de structuration des protéines. Tests oculaires. Cultures de cellules sanguines. Radiographies toujours et encore. Des examens, des analyses sans fin. Et puis l'examen ultime, un test de chromatographie sur papier…

Le Dr Silver, celui qui s'est chargé de ce cas, déclare à Carey et à Louise qu'en plus d'une perte graduelle d'azote, de calcium et de phosphore, le test de chromatographie a révélé une réorganisation de la structure moléculaire des cellules du corps de Carey. Lorsque celui-ci lui demande s'il parle là de cancer, Silver répond que non, que ça ressemble plutôt à de l'anticancer : c'est un processus chimique qui provoque la diminution proportionnelle de tous les organes de Carey. Silver pose ensuite deux questions décisives. D'abord, Carey a-t-il jamais été exposé à des pulvérisations antimicrobiennes, en particulier à des jets d'insecticide, à de grandes quantités d'insecticide ? En fouillant dans ses souvenirs, Carey finit par se rappeler qu'en effet, un matin il y a de cela plusieurs mois, en se rendant à son travail, il a pris un raccourci par une ruelle et tandis qu'il la longeait, un camion y est entré en sulfatant les arbres. Silver hoche la tête. Ils en étaient à peu près sûrs, dit-il, mais ça ne suffit pas, ce n'était que le début, et quelque chose doit avoir altéré cet insecticide après qu'il a pénétré dans l'organisme de Carey, quelque chose qui a transformé un spray antimicrobien modérément virulent en *force mortelle.* Vient alors la deuxième question : a-t-il été exposé à quelque forme de radioactivité au cours des six derniers mois ? Bien sûr que non, répond Carey, il n'est jamais en contact avec ce genre de choses, il travaille dans… Avant qu'il puisse finir sa phrase, Louise l'interrompt. Scott, dit-elle, Scott, ce jour où on était sur le bateau. Cette brume…

Tout est clair, désormais. La cause de cette horreur vient d'être découverte, ses effets ont été rigoureusement établis, et tandis que les Carey s'installent dans leur voiture pour rentrer chez eux, Louise écarte les remarques sinistres et dépressives de son mari avec un optimisme sans faille et presque gai, disant qu'elle est sûre que les médecins trouveront le moyen de lui venir en aide, qu'il ne faudra pas longtemps avant que le Dr Silver découvre une antitoxine pour inverser ce qui est en train de se produire. Ils peuvent bien chercher, répond Carey, mais il n'est pas dit qu'ils trouveront. Puis : Je ne peux plus continuer comme ça, à perdre du poids, à rétrécir... Et ça ne répond pas à la question : combien de temps me reste-t-il ? À quoi Louise réplique d'une voix ferme et passionnée : Ne redis pas ça, Scott, ne le redis jamais. Il détourne son regard de Louise et poursuit son argumentation : Je veux que tu commences à penser à nous. À notre mariage. Des choses assez moches peuvent arriver. Il y a une limite à tes obligations. Secouée par les paroles de Carey, presque au bord des larmes, Louise serre son mari dans ses bras et l'embrasse sur la bouche. Je t'aime, dit-elle. Tu ne le sais pas ? Tant que tu porteras cette alliance, je serai avec toi.

On passe à un plan rapproché de l'alliance sur le quatrième doigt de la main gauche de Carey. Un instant plus tard, l'anneau glisse et tombe par terre.

Jusque-là, tu as regardé le film avec une attention extrême, tu as déjà décidé que c'était le meilleur film que tu avais jamais vu, peut-être le meilleur que tu verras de ta vie, et même si tu ne comprends pas le langage scientifique ou pseudo-scientifique du Dr Silver, tu as le sentiment que des mots tels que *chromatographie*, *phosphore*, *iode radioactif* et *structure moléculaire* ont donné un air de plausibilité au malheureux état de Carey. Et tu as beau avoir été très impliqué jusqu'alors, impressionné par les séquences d'ouverture du film, tu n'es pas préparé au choc de ce qui va suivre, car c'est seulement maintenant, avec la deuxième partie du film et ses effets visuels simples mais tout à fait ingénieux, que l'histoire de cet homme qui rétrécit se hisse à un niveau inégalé de virtuosité et se grave à jamais dans ton cœur.

On passe dans le salon des Carey, dans leur maison moderne peu meublée, maison de banlieue tellement dénuée d'objets personnels et de détails intimes qu'on peut la qualifier de maison générique, d'endroit sans personnalité ni confort, de logement standard américain en forme de boîte des années cinquante, neutre et vide, froid alors même que le soleil californien y entre à flots par les fenêtres. Aucune indication du temps qui s'est écoulé depuis que l'alliance est tombée du doigt de Carey, mais la scène suivante commence avec un nouveau personnage debout au milieu de l'image. Il s'agit de Charlie, frère aîné et employeur de Scott, et, tandis que Louise l'écoute, assise sur le canapé, il s'adresse à une personne sur un fauteuil, mais comme le dossier du fauteuil est tourné vers la caméra et cache la tête de la personne, il est impossible de savoir qui est assis là. Charlie parle d'un client perdu, de problèmes commerciaux et d'ennuis financiers, puis déclare : Je ne peux tout simplement plus te verser ton salaire – c'est-à-dire celui de la personne dans le fauteuil. Il devient vite assez clair que cette personne qu'on ne voit pas n'est autre que Scott, mais la caméra reste sur Charlie, qui rapporte à présent que des journalistes sont venus à l'usine poser des questions, sans doute parce que quelqu'un, au centre médical, a laissé filtrer des infos sur ce cas, et selon un homme qui travaille pour le syndicat de la presse américaine, ajoute Charlie, il y a de bonnes chances que Scott touche de l'argent pour écrire son histoire. Comme, de toute façon, l'histoire ne pourra pas rester secrète, pourquoi Scott ne se ferait-il pas payer pour la livrer lui-même au public ? Louise est écœurée par la bassesse de cette proposition, mais Charlie est un homme pragmatique et il demande à Scott d'y réfléchir. C'est alors que la caméra finit par changer d'angle pour révéler Carey – mais seulement son visage, en gros plan très rapproché. S'il paraît hagard et angoissé, avec des cernes sombres sous les yeux, il a en revanche toujours le même visage, c'est toujours la même personne. Lentement, cependant, la caméra recule, et ce que tu vois alors te secoue depuis le sommet du crâne jusqu'au bout des orteils dans tes chaussettes, t'envoie un choc électrique à haute tension qui te traverse le corps avec une telle force et une telle vitesse que tu as l'impression d'avoir été électrocuté. Car là, assis dans le fauteuil, c'est Carey, ce même Carey, qui brusquement, atrocement, n'est pas plus haut que toi, qu'un "garçon moyen" d'un mètre cinquante, avec des vêtements d'un enfant de dix ans et des tennis aux pieds, c'est Scott Carey en miniature dans ce qui semble être le plus immense fauteuil du monde. Très bien, dit-il à son frère, je vais y réfléchir.

Tu es assez grand pour comprendre que Grant Williams, l'acteur qui joue l'homme qui rétrécit, n'a pas rapetissé, que cet effet a été créé par un chef décorateur habile qui a fait construire un fauteuil énorme dans lequel pourrait s'asseoir un géant de quatre mètres, mais l'impact sur toi est néanmoins extraordinaire et troublant. Il n'y a là rien de compliqué, c'est juste une affaire d'ajustement d'échelle, et pourtant l'étonnement et la sensation de dislocation te submergent, te fascinent, te dérangent, comme si toutes les représentations du monde physique que tu avais supposées vraies jusqu'ici venaient d'être brutalement remises en question.

Petit à petit, à mesure que tu t'adaptes à la taille réduite de Carey, que tu sens la bizarrerie de son état se transformer en quelque chose de familier, l'action progresse. L'histoire, en effet, n'est pas restée secrète et Carey n'a pas tardé à devenir un personnage national, sujet d'articles de magazines et de reportages télévisés, sa maison est cernée par les journalistes, les badauds et les caméramans, et cet homme jadis normal est maintenant transformé en phénomène de cirque et pourchassé avec une telle constance qu'il ne peut plus sortir de chez lui. Sa seule activité, c'est d'écrire : il rédige un livre sur ce qu'il a vécu, un journal dans lequel il enregistre la progression de son mal, et tu es stupéfait de le voir, avec son corps de petit garçon, manier un crayon gigantesque, tu es stupéfait par l'énormité du combiné téléphonique qu'il tient dans sa main, chaque truc visuel continue à te surprendre et à t'émouvoir, mais ce qui t'affecte encore plus, c'est le portrait de l'état mental de Carey, la description dure, dénuée de sentimentalisme, d'un homme au bord de l'effondrement émotionnel, car Carey ne parvient pas à se résoudre à ce qui lui arrive, il ne veut pas l'accepter, et, maintes et maintes fois, il s'abandonne à sa fureur et, tel un fou hurlant son amertume, crie son mépris du monde et parfois se retourne même contre Louise, l'inébranlable Louise, toujours aussi patiente et aimante, qui vit encore avec l'espoir que les médecins sauveront Scott. En attendant, celui-ci continue à rétrécir. Le dix-sept octobre, il ne mesure plus que quatre-vingt-treize centimètres et pèse vingt-trois kilos cinq cents. Il est désespéré. Puis se produit quelque chose d'aussi soudain que miraculeux. Le centre médical téléphone pour lui annoncer que l'antitoxine est prête.

Les jours qui suivent sont tendus, incertains. Le Dr Silver a injecté à Carey le remède potentiel en l'avertissant que les chances de réussite ne sont que de cinquante pour cent, mais après une semaine de tourments et d'attente, les chiffres de Carey se maintiennent à quatre-vingt-treize centimètres et vingt-trois kilos cinq cents. C'est fini, Scott. Tu vas t'en tirer… s'exclame une Louise ravie. Mais quand Carey demande à Silver combien de temps il lui faudra pour revenir à la normale, le médecin fronce les sourcils, hésite et finit par dire que stopper le processus dégénératif est une chose, mais le renverser en est une autre. La capacité de croissance de Carey est aussi limitée que celle de tout adulte, poursuit-il, et pour l'aider encore, il faudra résoudre toute une nouvelle série de problèmes scientifiques – ce qui signifie que Carey, selon toute probabilité, mesurera quatre-vingt-treize centimètres le restant de sa vie. On continuera à travailler, dit le médecin, on poussera la connaissance aussi loin qu'on peut, et peut-être, mais seulement peut-être, un jour viendra où l'on aura la réponse ; mais, pour l'heure, rien n'est certain.

C'est une nouvelle à la fois bonne et mauvaise, donc, et si tu es déçu que rien de plus ne puisse être fait pour Carey, si tu es triste de savoir qu'il devra demeurer dans cet état diminué, une autre partie de toi est grandement soulagée, car le rétrécissement de son corps a été stoppé et tu ne seras pas obligé de supporter l'horreur de le voir se dissoudre dans le néant. Personne ne souhaite être un nain, bien sûr, mais ça vaut quand même mieux, te dis-tu, que de disparaître totalement.

De retour chez lui, Carey continue à broyer du noir. Même si le pire semble passé, il a encore du mal à accepter son état, il est toujours en colère, toujours incapable de trouver le courage de se comporter en mari avec Louise, et parce que, sous l'effet de la honte, il s'est retranché et éloigné d'elle, il sait qu'il la fait souffrir, ce qui accroît sa propre souffrance. Louise, dit-il, elle qui est si forte, si courageuse – qu'étais-je en train de lui faire ? Je me haïssais comme je n'avais jamais haï créature vivante ! Ne pouvant plus supporter cette situation, il se précipite une nuit hors de sa maison – c'est un homme adulte dans un corps d'enfant encore chaussé de ses tennis ridicules et infantilisantes, un personnage perdu et pitoyable qui arpente sans but les rues sombres de son quartier, qui marche rien que pour marcher. Il tombe peu après sur un carnaval, le bruit et le brouhaha d'une fête foraine populaire. Ces sons l'attirent, il entre dans le périmètre de la foire et il ne lui faut pas longtemps avant de s'arrêter devant une exhibition de monstres. *Oui, m'sieur, oui, mesdames et messieurs,* crie l'aboyeur, *la grande attraction ! Venez voir la femme à barbe, la femme serpent, le garçon alligator ! Venez voir tous les monstres de la nature !* Carey recule, dégoûté, malheureux et suant, incapable d'en voir davantage, puis il se glisse vers un café tout proche où il va au comptoir commander un café. Tu remarques à quel point il paraît minuscule dans cet environnement, tu notes le gigantisme grotesque de la tasse et de la soucoupe quand il les emporte dans un box, tu perçois son isolement au milieu des autres, l'implacable douleur d'être celui qu'il est. Mais quelques instants à peine après qu'il s'est assis, quelqu'un s'approche du box, une jolie jeune femme, très jolie, à vrai dire, qui justement a elle aussi une tasse de café à la main – et se trouve être également minuscule, également naine. Elle lui demande si elle peut s'asseoir à sa table.

À ton grand soulagement, Carey ne lui dit pas non. Il semble déconcerté, comme s'il ne lui était jamais venu à l'esprit qu'il n'est pas le seul au monde à être de petite taille, et pourtant, même s'il commence par se montrer timide et gauche avec elle, tu sens aussi qu'elle l'intrigue, non seulement parce qu'elle est belle à voir, mais parce qu'il sait qu'il a trouvé une *semblable, une sœur**. Elle s'appelle Clarice. Gentille et affable, elle réussit par son amabilité à faire lentement tomber les barrières de Carey, et ils sont sur le point de se lancer dans ce qui promet d'être une conversation agréable quand il lui révèle son

* En français dans le texte. *(N.d.T.)*

nom complet, et alors elle se fige. Il n'était certes pas obligé de faire ça, il aurait pu se contenter de donner son prénom ou inventer un nom de famille, mais il l'a fait exprès, il voulait qu'elle sache que le célèbre homme qui rétrécit n'est autre que lui, car il lui paraît déjà évident – même s'il n'en a pas encore la confirmation – que Clarice est *la* personne à qui il peut se confier. Ne comprenant pas ce qu'il souhaite, Clarice lui demande avec délicatesse s'il préférerait rester seul. Non, non, ce n'est pas ça, dit Carey, il a envie de lui parler, et soudain elle se détend de nouveau en se rendant compte qu'elle l'a mal jugé. La conversation se poursuit, et petit à petit Clarice tente de l'amener à se considérer autrement, elle lui explique qu'être petit n'est pas la pire des tragédies, que même s'ils vivent au milieu de géants, le monde peut être un endroit où l'on est bien, que pour les gens comme eux le ciel est tout aussi bleu que pour les autres, les amis tout aussi chaleureux et l'amour tout aussi merveilleux. Carey écoute avec attention, reste sceptique tout en voulant la croire, mais voilà qu'elle doit partir, elle ne peut pas être en retard pour son numéro, et quand il se lève pour lui dire bonsoir, il lui demande s'il peut la revoir. Si vous voulez, dit-elle avant d'ajouter en le regardant dans les yeux : Vous savez, Scott, vous êtes plus grand que moi.

On passe sans transition à la salle de séjour de la maison où Carey travaille dur à son livre. Cette nuit-là, j'ai de nouveau pris ma vie en mains, dit-il. J'ai raconté au monde ce que je vivais, et, en le racontant, c'est devenu plus facile.

Tu commences à trouver cela encourageant. Pour la première fois depuis les premières minutes du film, quelque chose de positif vient de se produire, les forces de désintégration inéluctable viennent de se réorienter vers l'acceptation et l'espoir, et en regardant Carey se plonger dans l'écriture de ses Mémoires, tu te prépares à ce qui pourrait être une conclusion optimiste de l'histoire, voire une fin heureuse. Carey va tomber amoureux de la petite Clarice et vivre le restant de ses jours en nain satisfait. Louise et lui devront se séparer, bien sûr, mais sa bonne et honorable épouse comprendra que la vie conjugale n'est plus possible pour eux et ils se sépareront en toute amitié, car Carey doit désormais vivre parmi des personnes de son genre. C'est le point crucial. Il ne sera plus seul, il n'aura plus le sentiment d'avoir été rejeté hors de la société. Il aura une place, et il y trouvera son épanouissement.

Tu t'accroches à cette vision du destin de Carey à cause de la voix off, parce que le héros de l'histoire continue à raconter au public ce qui lui est arrivé, et maintenant qu'il écrit son livre, tu supposes que les mots qu'il prononce sont identiques à ceux qu'il a écrits. Dans ton esprit, le livre a déjà été publié (pourquoi, sinon, parlerait-il au passé ?), ce qui ne peut signifier qu'une seule chose : il a survécu à son horrible supplice et connaît à présent une existence normale.

Lorsque la scène suivante commence, il semble que ta prédiction soit sur le point de se réaliser, car on voit Carey assis avec Clarice sur un banc, dans un parc. Il la regarde lire le manuscrit de son livre, et si ce livre est maintenant terminé, s'il n'y a plus de mots à écrire, cela ne porterait-il pas à croire que la partie "rapetissement" de la vie de *L'Homme qui rétrécit* est elle aussi terminée ?

Émue par ce qu'elle vient de lire, Clarice lève les yeux et dit à Carey qu'il a fait un excellent travail. Carey lui prend la main. Il veut qu'elle sache tout ce que leur rencontre a signifié pour lui, l'énorme différence qu'implique le fait de se trouver avec *quelqu'un qui comprend,* et elle répond : Tu vas tellement mieux, maintenant. Ils donnent l'image de deux âmes en harmonie, d'un homme et d'une femme qui jouissent d'un moment d'amitié sereine, et même si tu n'as que dix ans, il est clair à tes yeux qu'ils sont tombés amoureux. Tout se vérifie, tout ce que tu avais prédit est en train de devenir vrai, mais quand ils se lèvent, la joie sur le visage de Carey se transforme aussitôt en vive inquiétude. Deux semaines auparavant, il était plus grand qu'elle, mais à présent *(horribile dictu),* il est plus petit. Ça recommence ! crie-t-il. Ça recommence ! Terrifié, il s'écarte de Clarice dans un mouvement de panique et de dégoût, puis, sans dire un mot de plus, fait demi-tour et part en courant.

C'était la dernière chose à laquelle tu t'attendais – un rebondissement si imprévu que tu n'en avais même pas envisagé la possibilité. Tu avais cru que l'antitoxine était infaillible, qu'à partir du moment où elle s'était montrée efficace elle garderait cette efficacité pour toujours, mais à présent que son pouvoir s'est épuisé, quel avenir peut-on entrevoir hormis une atroce plongée dans le vide ? Tu t'armes de courage en prévision de quelque chose d'horrible, tu t'efforces d'imaginer ce qui va arriver maintenant en acceptant le fait qu'il n'y a plus d'espoir, mais bien que tu te croies préparé à tout ce qui pourrait survenir, les cinéastes sont bien en avance sur toi et entament la troisième et dernière partie de l'histoire par un bond étonnant vers l'avenir, et ils dépassent tellement ce que ton imagination enfantine aurait jamais pu concevoir que tu en as le souffle coupé – à partir de là tu vas haleter et tu auras du mal à respirer jusqu'à la fin du film.

La scène suivante commence par un plan sur Carey debout tout seul dans une pièce. Il porte ce qui ressemble à un pyjama très ample en gros tissu fait maison, et tu trouves que c'est un costume étrange, mais quand même pas assez bizarre pour t'empêcher de remarquer le mobilier, qui est parfaitement proportionné à la taille du corps de Carey. Il n'est plus écrasé par ce qui l'entoure, il ne détonne plus dans un monde trop grand pour lui, et ça te rend perplexe parce que tu es certain qu'il ne peut pas avoir grandi depuis la dernière scène qui, elle, s'est terminée par la découverte qu'il rapetissait de nouveau. Pourtant tout a l'air parfaitement normal, te dis-tu, comme si tous les éléments de l'environnement physique avaient été rééquilibrés de la manière qui convient. Mais comment les choses pourraient-elles être normales alors qu'on vient de te dire qu'elles ne l'étaient pas ? Quelques instants plus tard, la réponse arrive.

C'est parce qu'il vit dans une maison de poupée. Parce qu'il ne mesure pas plus de huit centimètres.

Louise descend l'escalier, et ses pas font un bruit de tonnerre : ils secouent si violemment la petite maison que Carey doit s'accrocher à la rampe pour ne pas tomber. Lorsqu'elle ouvre la bouche pour parler, sa voix tonne si fort qu'il a mal aux oreilles et les couvre de ses mains. Il sort sur le balcon pour lui reprocher ce tintamarre, et tu comprends alors qu'il a perdu la tête, qu'il s'est transformé en tyran, que cet homme qui diminue toujours domine sa femme par une agressivité de plus en plus venimeuse, par du terrorisme mental. Si seulement, dit-il au public, j'avais eu le pouvoir de lui rendre sa liberté – si seulement j'étais parvenu à trouver le courage de mettre fin à ma misérable existence. Mais je me disais chaque jour : peut-être demain. Demain, les médecins me sauveront.

Louise sort faire quelques courses, et au moment où elle ouvre la porte pour s'en aller, leur chat se glisse dans la maison. Il a déjà fait son apparition dans plusieurs scènes, mais Carey était alors plus grand, trop grand pour que le chat puisse représenter une menace pour lui, tandis que maintenant il est réduit à la taille d'une souris. Et comme Louise vient soudain de quitter les lieux, le film entre dans son dernier acte, le plus atroce.

Pendant la demi-heure suivante, c'est dans un état d'horreur éblouie que tu regardes le film en t'émerveillant de chaque nouvelle astuce de perspective, de chaque nouvelle distorsion d'échelle, à commencer par la scène de l'attaque brutale du chat qui se rue sur la maison de poupée et envoie Carey piquer un sprint sur la moquette du séjour : un homme pas plus haut que le pouce court éperdument pour échapper à la mort sur un sol qui ressemble à un immense champ nu, à une plaine vide s'étendant tout autour de lui sur des centaines de mètres, et il est poursuivi par un chat féroce et gigantesque qui miaule avec la force de douze tigres fous et qui réussit à le larder de quelques coups de griffe, lui arrachant une partie de la chemise et lui ensanglantant le dos. Mais Carey, en sautant, s'accroche à un cordon électrique qui pend du socle d'une lampe de table, et quand la lampe se renverse et s'écrase au sol, le chat prend peur et s'éloigne momentanément. Carey se précipite alors vers la porte de la cave – encore une course effrénée à travers l'immense plaine nue de la moquette –, parvient tant bien que mal à se glisser derrière la porte, debout sur la plus haute marche de cette montagne qu'est l'escalier en bois de la cave. Là, il va pouvoir se dissimuler au chat, désormais remis de sa frayeur, mais juste au moment où il semble que ses contorsions l'aient tiré d'affaire, Louise rentre à la maison, un courant d'air balaie la pièce quand elle ouvre la porte d'entrée, et la porte de la cave se referme violemment, heurtant Carey au passage et le déséquilibrant. Aussitôt, le voilà précipité dans le vide : il tombe la tête la première dans les profondeurs du sous-sol, tel un homme qu'on aurait poussé du toit d'un immeuble de vingt étages.

Il atterrit dans une caisse remplie de divers objets au rebut et (par chance) d'une grosse pile de chiffons. Même si ces étoffes amortissent sa chute, l'impact l'ébranle néanmoins de part en part : il est assommé, sans connaissance, et il lui faut quelques instants avant de reprendre conscience. Pendant ce temps, là-haut dans la salle de séjour, Louise vient de tomber sur le spectacle alarmant de la maison de poupée détruite, et de constater la présence du chat ainsi que l'absence de son mari. Quand elle découvre un petit bout de la chemise ensanglantée de Carey par terre, une seule conclusion s'impose à elle. Aussi grotesque et impensable que puisse être cette conclusion, l'image glaçante qu'offre le chat assis dans un coin en train de se lécher les pattes ne laisse aucun doute dans l'esprit de Louise. Elle gémit de douleur, incapable de dépasser cette évidence. Carey est mort. Elle en a la preuve, et sous peu l'information sera rapportée à la télévision, la nouvelle de la mort tragique de l'homme qui rétrécit sera diffusée d'un bout à l'autre du pays, et Louise, en proie à une crise de nerfs, se retirera dans sa chambre.

Mais dans la cave il y a Carey toujours en vie, meurtri et secoué, mais bien vivant et, assis dans la caisse en bois, il se demande ce qu'il va faire maintenant. Il est sûr que Louise finira par descendre au sous-sol pour le sauver, et comme il croit qu'il reste un espoir, il est déterminé à tout tenter pour survivre alors même qu'il continue à rapetisser. À partir de là, le film devient un autre film, plus profond ; c'est l'histoire d'un homme dénué de tout, ne pouvant compter que sur lui-même, d'un homme seul aux prises avec les obstacles qui l'entourent, d'un minuscule Ulysse ou Robinson Crusoé qui ne vit que grâce à son astuce, son courage et son ingéniosité, qui se débrouille avec les objets et la nourriture qui lui tombent sous la main dans ce sous-sol de banlieue froid et humide devenu à présent tout son univers. C'est cela qui te fascine tant : la banalité même de son environnement et la façon dont chaque chose ordinaire, qu'il s'agisse d'une boîte de cirage vide ou d'une bobine de fil, d'une aiguille à coudre ou d'une allumette en bois, d'un morceau de fromage dans un piège à souris, d'une goutte d'eau tombant d'un chauffe-eau qui fuit, revêt la dimension de l'extraordinaire, de l'impossible, car chacune de ces choses a été réinventée, métamorphosée en raison de sa taille énorme par rapport au corps de Carey, et plus Carey rapetisse, moins il se prend en pitié, plus ses commentaires se font pénétrants, et alors même qu'il enchaîne les épreuves physiques, il donne l'impression de vivre une purification spirituelle, de s'élever à un autre niveau de conscience.

Escalader des murs à l'aide de pointes de deux centimètres de long qu'il a tordues pour en faire des grappins, dormir dans une boîte d'allumettes vide, enflammer une allumette aussi longue que lui afin de couper un petit bout de fil à coudre qui, à son échelle, est aussi épais et dur qu'un cordage de chanvre, manquer de se noyer dans un déluge lorsque de l'eau se met à fuir du chauffe-eau – s'il n'est pas emporté dans la canalisation des eaux usées c'est parce qu'il a pu se raccrocher à un énorme crayon flottant –, fouiller dans les détritus pour dénicher quelques miettes de pain durci, tout cela se poursuit par sa quête effrénée pour remporter le prix le plus important de tous, à savoir un morceau à moitié mangé d'un biscuit de Savoie rassis que vient de capturer son nouvel ennemi, le seul autre animal avec lui dans le monde esseulé de ce sous-sol, une araignée répugnante de taille monstrueuse, trois ou quatre fois plus grande que lui. Le combat qui se déroule alors entre eux, combat plein de rebondissements délirants où l'avantage passe sans cesse de l'un à l'autre, est encore plus saisissant à tes yeux qu'une scène semblable que tu as vue un ou deux ans auparavant dans un autre cinéma et qui montrait Ulysse enfonçant son épée dans l'œil du cyclope, scène jouée en Technicolor dans le film *Ulysse* (avec l'ex-Issur Danielovitch dans le rôle éponyme), car l'homme qui rétrécit n'a ni l'assurance ni la force du héros grec, c'est l'homme le plus petit sur terre, et ses seules armes sont une épingle qu'il a retirée d'une pelote et le cerveau qu'il a dans sa tête. Depuis ta plus tendre enfance, tu es un observateur passionné des fourmis, des mouches et autres petits insectes, et tu as souvent songé à la taille que le monde devait avoir pour ces minuscules créatures, à la grande différence qu'il y avait sans doute avec la façon dont toi-même tu percevais le monde ; or voilà que maintenant, pendant les dernières minutes de *L'Homme qui rétrécit,* tu vois tes rêveries portées à l'écran, car, lorsque Carey réussit enfin à tuer l'araignée, il n'est en effet pas plus grand qu'une fourmi.

Tu as beau être cloué sur place par ces séquences habilement orchestrées, par ces inventions, ces tropes visuels ensorcelants qui transforment l'espace réel en espace imaginaire et parviennent pourtant à rendre réel ce qu'on a imaginé, ou en tout cas plausible, convaincant, fidèle à la géométrie de l'expérience vécue – tu as donc beau être ébloui par l'action à l'écran, c'est la voix de Carey qui, pour toi, maintient la cohésion de l'ensemble : ses paroles donnent son sens à l'action, et au bout du compte ces paroles ont sur toi un effet encore plus fort et plus durable que les images en noir et blanc qui vacillent devant tes yeux. Par miracle, il continue à parler, il raconte encore son histoire au public, et bien que cela te déstabilise – d'où vient sa voix ? comment est-il possible qu'il commente sa situation actuelle si ses lèvres ne bougent plus ? – tu l'acceptes par un acte de foi, tu accèdes aux présupposés du film en réinterprétant le rôle de la narration, en te disant qu'en fait Carey ne parle pas mais qu'il pense, que tout au long du film les mots que tu as entendus sont en réalité les pensées qu'il a dans sa tête.

Louise est déjà venue et elle est repartie. Carey l'a suivie des yeux tandis qu'elle descendait l'escalier de la cave, et il a crié, il l'a appelée, essayant de toutes ses forces d'attirer son attention, mais sa voix était trop ténue pour qu'elle l'entende, son corps trop petit pour qu'elle l'aperçoive, et voilà qu'elle est remontée et qu'elle a quitté la maison pour de bon. Maintenant, dans un ultime sursaut de volonté qui a rassemblé toutes les forces demeurant dans son corps affaibli encore en train de rétrécir, au terme d'une action menée avec une ténacité et une inventivité sans pareilles, il s'est emparé de l'unique source de nourriture dans la cave, il a tué l'araignée, et juste au moment où tu te dis qu'il a triomphé de nouveau, qu'il a accompli ce qui constitue peut-être sa plus grande victoire, ses pensées le mènent au stade de compréhension suivant, et c'est là que la victoire se révèle n'être rien du tout, n'avoir absolument aucune importance.

Mais alors même que je touchais les miettes desséchées et effritées de cette nourriture, c'était comme si mon corps avait cessé d'exister. Plus de faim – finie, la terrible peur de rétrécir…

Ainsi commence son monologue de conclusion, une interrogation quasi mystique sur ce qui se joue entre le divin et l'humain, une interrogation qui te remue et te déconcerte, et pourtant, même si tu ne saisis pas complètement ce que dit Carey, ses paroles semblent aborder ce qu'il y a de plus important – qui sommes-nous ? que sommes-nous ? comment nous insérons-nous dans un cosmos qui défie notre compréhension ? – et te donnent l'impression de te conduire vers un endroit où tu pourras entrevoir une nouvelle vérité sur le monde, si bien qu'aujourd'hui, quand tu transcris ces paroles et que tu constates à quel point elles sont maladroites, à quel point leurs propositions philosophiques sont confuses, tu es obligé de te resituer dans l'esprit qui était le tien à dix ans pour éprouver de nouveau le pouvoir qu'elles ont exercé sur toi, car même si elles te paraissent à présent bancales, elles t'ont frappé, il y a cinquante-cinq ans, avec toute la force d'un coup sur la tête.

Je continuais à rétrécir. Pour devenir quoi ? L'infinitésimal ? Qu'étais-je alors ? Encore un être humain ? Ou bien l'homme de l'avenir ?

S'il se produisait de nouvelles émissions de radiations, si d'autres nuages dérivaient à travers les mers et les continents, d'autres créatures me suivraient-elles dans ce vaste monde nouveau ?

Ils sont si proches, l'infini et l'infinitésimal, mais soudain j'ai compris que c'étaient les deux extrémités d'un même concept. L'incroyablement petit et l'incroyablement grand finissent par se rencontrer, comme pour refermer un cercle gigantesque.

J'ai levé les yeux comme si cela me permettrait de comprendre les cieux. L'Univers, les mondes innombrables. La tapisserie argentée de Dieu s'étendait sur la nuit, et à cet instant j'ai trouvé la réponse, l'énigme de l'infini.

J'avais raisonné selon la dimension limitée de l'homme. J'avais été présomptueux vis-à-vis de la nature. La notion que l'existence a un début et une fin vient de l'homme, pas de la nature.

Et j'ai senti mon corps diminuer jusqu'à n'être rien, devenir rien. Mes peurs se sont évanouies, l'acceptation les a remplacées.

Toute la vaste majesté de la création. Elle avait forcément un sens. Et donc j'en avais un moi aussi. Oui, même si j'étais le plus infime des infimes, j'avais moi aussi un sens.

Pour Dieu il n'y a pas de zéro.

J'existe encore !

À la fin, Carey ne mesure pas plus qu'une fraction de centimètre, il est si minuscule qu'il peut traverser les mailles de l'écran grillagé d'une fenêtre et sortir dans la nuit. La caméra bascule alors vers le haut et révèle un ciel immense rempli d'étoiles et le tourbillon de lointaines constellations, ce qui signifie que Carey, à la fin de son monologue, n'est plus visible. Tu tentes d'intégrer ce qui se passe. Il va continuer à devenir de plus en plus petit, il va rétrécir jusqu'à avoir la taille d'une particule subatomique, il poursuivra son involution jusqu'à n'être plus qu'une monade de conscience pure, et pourtant cela signifie qu'il ne disparaîtra jamais complètement – aussi longtemps qu'il sera en vie, il ne pourra pas être réduit à néant. Où ira-t-il à partir de là ? Quelles nouvelles aventures l'attendent ? Tu te dis qu'il va se fondre dans l'Univers et que même alors son esprit continuera à penser, sa voix à parler, et lorsque tu sors du cinéma avec ton ami Mark, vous vous sentez tous les deux réduits au silence, écrasés par la fin du film, et tu sens qu'à l'intérieur de toi le monde a changé de forme, que celui dans lequel tu vis à présent n'est pas celui qui existait il y a deux heures, qu'il n'est pas et ne pourra jamais plus être le même.

2

1961. Tu n'arrives pas à te souvenir du mois, mais tu penses que c'était pendant l'automne. Tu avais quatorze ans. L'adolescence avait frappé, l'enfance était bien derrière toi, à présent, et le tourbillon de la vie sociale qui t'avait tant captivé quand tu avais onze et douze ans avait perdu de son charme. Tu évitais les soirées ou les fêtes dansantes, et même si tu raffolais des filles, plus que jamais engagé à parfaire ton éducation érotique, tu n'éprouvais plus le désir de t'intégrer au groupe, déterminé que tu étais à suivre ton propre chemin, et pour ce qui était du monde – autant le petit monde de ta ville du New Jersey que le grand monde de ton pays –, tu te considérais comme un contestataire, comme quelqu'un qui n'était pas d'accord avec l'état actuel des choses. Tu te consacrais encore beaucoup au sport (football américain, basket et base-ball – avec toujours plus de savoir-faire et de détermination dans tes objectifs), mais ces jeux n'occupaient plus le centre de ta vie, et le rock-and-roll était mort. L'année précédente, tu avais passé des centaines d'heures à écouter du folk, des disques des Weavers et de Woody Guthrie, attiré par les paroles protestataires de leurs chansons, mais ton intérêt pour ces messages simples commençait déjà à faiblir, et, allant de l'avant, tu t'es installé pendant une saison ou deux dans le royaume du jazz jusqu'à ce que, à l'âge de quatorze ans ou quatorze ans et demi, tu te plonges dans la musique classique – Bach, Beethoven, Haendel et Mozart, Schubert et Haydn –, que tu te nourrisses de ces compositeurs d'une façon qui aurait été inimaginable pour toi seulement un ou deux ans plus tôt, découvrant ainsi la musique qui a continué à te soutenir pendant toutes les années qui ont suivi. Tu lisais également davantage, à ce moment-là : la barrière qui autrefois te séparait de ce que tu considérais comme la littérature de premier ordre était tombée, et tu t'es lancé à toute allure dans cet immense pays qui est encore aujourd'hui le tien, en commençant par des auteurs américains du XXe siècle tels que Hemingway, Steinbeck, Sinclair Lewis et Salinger, mais faisant aussi la connaissance de Kafka et d'Orwell pour la première fois cette année-là, puis allant camper avec le *Candide* de Voltaire – tu n'avais jamais lu de livre qui te fasse autant rire –, serrant les mains d'Emily Dickinson et de William Blake, et il n'a pas fallu longtemps avant que tu ne prennes un billet pour la Russie, la France, l'Irlande et l'Allemagne, en même temps que tu remontais dans le passé américain. C'est aussi l'année où tu as lu pour la première fois le *Manifeste du parti communiste,* l'année du procès d'Eichmann à Jérusalem, du discours d'Eisenhower sur le complexe militaro-industriel, de l'investiture de John Kennedy, du Peace Corps, de la baie des Cochons, l'année où Alan Sheperd a été le premier Américain à être lancé dans l'espace et celle du mur de Berlin. Tu étais vigilant, désormais, tu étais devenu une créature politique pourvue d'opinions, d'arguments et de contre-arguments, tu étais horrifié par la course à l'armement atomique entre Américains et Soviétiques, et par conséquent tu soutenais ardemment la campagne antinucléaire *Ban the Bomb*, tu étais un de ces jeunes qui suivaient avec avidité chaque rebondissement du mouvement des droits civiques, lesquels, pour toi, se ramenaient à une question d'équité, à savoir l'abolition de vieilles injustices, et faisaient naître le rêve doré d'un monde aveugle aux distinctions de race. Cet été-là, les Freedom Riders* qui parcouraient le Sud dans des cars ont été tabassés par des bandes de Blancs, Hemingway s'est suicidé, et, lors d'une sortie en camp de vacances d'été dans les forêts de l'État de New York, un garçon de ton groupe a été atteint et tué par la foudre – Ralph M., âgé de quatorze ans, qui ne se trouvait pas à plus de trente centimètres de toi quand un éclair a jailli du ciel et l'a électrocuté –, et bien que tu aies déjà écrit de façon assez détaillée sur cet événement (*Pourquoi écrire ?*, histoire numéro 3), tu n'as jamais cessé de penser à ce qui s'est produit ce jour-là, à ce qui a continué, depuis, à modeler la manière dont tu vois le monde, car telle a été ta première leçon sur l'alchimie du hasard, ton introduction aux forces inhumaines qui, en un instant, peuvent faire basculer la vie vers la mort. Quatorze ans, l'âge terrible de quatorze ans où tu es encore prisonnier des circonstances dans lesquelles tu es né et où tu es pourtant prêt à les abandonner, où tu ne rêves que de t'échapper.

* Groupes de militants de races diverses qui montaient dans les cars longue distance, où la ségrégation raciale avait encore cours malgré la loi. *(N.d.T.)*

Parmi les films que tu as vus cette année-là, il y a *Jugement à Nuremberg*, *Les Deux Cavaliers* et *L'Arnaqueur*, tous des films populaires qui sont arrivés jusqu'aux cinémas de banlieue du comté d'Essex, mais pour voir des films étrangers ou plus anciens il fallait aller à New York – un trajet de quarante-cinq minutes –, et comme c'est seulement l'année suivante, en deuxième année de lycée, que tu t'es mis à prendre l'habitude de filer à Manhattan chaque fois que tu en avais l'occasion, ton éducation cinématographique n'avait pas encore sérieusement commencé quand tu avais quatorze ans. Le seul endroit où tu pouvais voir de vieux films, c'était à la télé – utile à sa façon –, mais ceux qui passaient sur les chaînes locales étaient souvent mutilés pour être adaptés à des horaires préétablis et, d'abominable façon, immanquablement interrompus par des pubs. Une série de films télévisés, pourtant, a été mieux programmée que les autres : dans une émission appelée *Million Dollar Movie,* qui passait sur Channel 9, on diffusait un classique américain chaque jour pendant toute une semaine, le même film trois fois par jour, le matin, l'après-midi et le soir, ce qui voulait dire qu'on pouvait le regarder vingt et une fois en 168 heures – à supposer qu'on en ait envie. C'est grâce à *Million Dollar Movie* que tu as pu voir *Je suis un évadé,* qui a représenté le nouveau tremblement de terre cinématographique de ta vie, le nouveau film qui a fait explosion en toi et modifié la composition de ton monde intérieur. Produit par la Warner Brothers en 1932, réalisé par Mervyn LeRoy, avec Paul Muni (né Muni Weisenfreund) dans le rôle principal, c'est un des films américains les plus sombres jamais conçus, une histoire sur l'injustice qui refuse la convention hollywoodienne du dénouement plein d'espoir ou du *happy end*, et comme tu avais quatorze ans et que tu brûlais d'indignation contre les injustices du monde, tu étais mûr pour une telle histoire. Ce film est entré dans ta vie au moment précis où tu en avais besoin, et tu l'as donc regardé de nouveau le lendemain ainsi que le surlendemain, peut-être même chaque jour jusqu'à ce que la semaine soit écoulée*.

La guerre est finie. Les soldats américains rentrent d'Europe, de grands vaisseaux sillonnent les eaux glacées de l'Atlantique, les sifflets de vapeur sonnent à tue-tête pour célébrer le retour, et lorsque la division Sunset arrive au port, le pont grouille d'hommes en uniforme, de centaines de soldats qui, avec de grands gestes, saluent la foule exubérante qui les attend à terre. On est en 1919, et les garçons qui sont partis là-bas vont débarquer ici, l'armistice est signé, la Grande Guerre

* *Je suis un évadé.* Titre original : *I Am a Fugitive from a Chain Gang.* Société de production : Warner Bros. Pictures. Date de sortie (États-Unis) : novembre 1932. Durée : 93 minutes. Réalisateur : Mervyn LeRoy. Scénario : Howard J. Green, Brown Holmes et Sheridan Gibney, d'après le récit de Robert E. Burns. Production : Hal B. Wallis. Distribution : Paul Muni (James Allen), Glenda Farrell (Marie), Edward Ellis (Bomber Wells), Helen Vinson (Helen), Noel Francis (Linda), Preston Foster (Pete), Allen Jenkins (Barney Sykes), Berton Churchill (le juge), David Landau (le gardien), Hale Hamilton (révérend Clint Allen), Sally Blane (Alice), Louise Carter (la mère), Willard Robertson (le directeur de la prison), Robert McWade (Ramsay), Robert Warwick (Fuller), William Le Maire (Texan). Photographie : Sol Polito. Montage : William Holmes. Direction artistique : Jack Okey. Costumes : Orry-Kelly. Musique : Leo F. Forbstein. *(N.d.A.)*

devient un chapitre d'histoire, et dans les entrailles du bateau une bande de jeunes soldats – bientôt ex-militaires – chante bruyamment en jouant aux dés par terre. On perd et on gagne de l'argent, les dés cliquettent sur le sol dur, et puis voilà le sergent de leur unité qui entre et, un sourire d'excuse aux lèvres, dit aux soldats d'arrêter de jouer parce que le *vieux* a ordonné une inspection des couchettes dans une heure. Un Texan à la voix traînante déclare que si un jour quelqu'un lui parle encore une fois d'*inspection,* il se fera un plaisir de le dégommer avec son six-coups, et quelques instants plus tard les soldats se mettent à discuter de leurs projets d'après guerre. Le sergent, type trapu à l'air aimable qui a manifestement gagné le respect de ses hommes, déclare qu'il a l'intention de trouver une place dans le bâtiment, qu'avoir travaillé dans le génie militaire a été une *expérience formidable,* et il a l'intention d'en tirer tout le parti possible. Un des soldats lui dit : Je parie qu'on lira des choses sur vous dans les journaux, du genre M. James Allen est en train de construire un nouveau canal de Panamá – ou quelque chose comme ça. À quoi Allen réplique : Vous pouvez parier votre casque que M. James Allen n'ira pas retravailler dans l'usine d'autrefois.

On est en 1919, mais le film que tu regardes a été tourné treize ans plus tard, dans l'année qui a été sans doute la pire de la Grande Dépression, et comme tu connais maintenant deux ou trois choses sur l'histoire des États-Unis, tu sais que juste avant qu'on ait réalisé ce film, pendant le printemps et l'été 1932, la Bonus Army campait dans les plaines marécageuses d'Anacostia Flats, dans la partie sud de Washington,

DC. Ils étaient là trente mille, presque tous des vétérans de la Grande Guerre descendus dans la capitale pour soutenir un projet de loi porté par le député Wright Patman et destiné à permettre aux vétérans de toucher dès cette année les mille dollars de leur bonus de guerre au lieu de devoir attendre 1945 comme le stipulait la loi alors en vigueur. Et comme ces désespérés sans emploi traînaient mois après mois dans leur misérable campement de tentes et de cabanes en carton, ils devenaient pour le gouvernement Hoover une gêne de plus en plus considérable. Le projet de loi Patman avait été voté par la Chambre des représentants mais repoussé par le Sénat, ce qui avait provoqué quelques batailles sans grande ampleur mais chargées de hargne entre des membres de la Bonus Army et la police locale, et ces échauffourées avaient persuadé Hoover qu'il était temps d'en finir avec cette horde de mendiants déguenillés aux idées de gauche, avec cette légion des soi-disant Oubliés. Il décida de demander à l'armée américaine de faire ce travail-là pour lui, choix politiquement grotesque puisqu'il ordonnait à des soldats d'employer la force contre d'autres soldats, ironie si cruelle que la majorité des habitants du pays s'en indignèrent. Il est intéressant de relever que parmi les acteurs principaux de ce drame se trouvaient Douglas MacArthur, chef d'état-major des armées, le commandant Dwight D. Eisenhower, aide de camp de MacArthur, et le commandant Patton, soit trois hommes qui devaient devenir les généraux américains les plus célèbres de la Seconde Guerre mondiale. Contre l'avis d'Eisenhower *(J'ai dit à ce connard qu'il n'avait rien à faire là-bas)*, MacArthur prit le commandement de l'action et chargea Patton de déployer une unité de chars autour du camp, et le 28 juillet, en grand uniforme avec toutes ses nombreuses décorations étalées sur sa poitrine, il prit la tête du corps armé qui délogea la Bonus Army de son misérable bidonville, expulsant les occupants illégaux sous la menace des fusils pendant que des dizaines de cabanes étaient détruites par le feu. Un peu plus de cent jours plus tard, Hoover, chassé par le raz-de-marée électoral portant Roosevelt au pouvoir, devenait le président d'un unique mandat.

Après les parades célébrant la fin de la guerre avec leurs fanfares et leurs drapeaux américains géants, le film passe à un plan sur un train qui file à toute allure, et pendant quelques secondes on ne sait pas bien où va ce train, comme si la locomotive fonçant sur les rails n'était qu'une représentation abstraite du temps en mouvement, le passage furieux et brutal d'Hier à Aujourd'hui alors que le monde d'Aujourd'hui se lance dans l'avenir. Oubliez la guerre. La guerre est finie, peu importe combien ils ont été à mourir là-bas dans ces tranchées boueuses remplies de sang, Aujourd'hui n'appartient qu'aux vivants.

Changement de plan : cette fois pour montrer la gare d'une petite ville appelée Lynndale, manifestement pas grand-chose sur la carte, un endroit américain quelconque, et quatre personnes sont sur le quai : une femme d'âge mûr dans des vêtements sombres de style classique, une jeune et jolie blonde, un pasteur portant un col d'ecclésiastique, des lunettes cerclées de fer et un chapeau noir, et puis un homme plus âgé en costume-cravate, coiffé d'un canotier. La femme d'âge mûr demande à la blonde si elle pense qu'il aura mis sa médaille (on suppose que ce *il* désigne son fils), et la jeune fille répond : Comment ça, bien sûr que oui, mais un instant plus tard le train s'arrête et le sergent Allen en descend, vêtu d'un costume civil ordinaire – pas de médaille, pas d'uniforme, rien pour suggérer qu'il vient de combattre à la guerre. Sa mère l'accueille en l'embrassant avec joie, puis Allen serre la main de la jeune fille – ce qui dissipe aussitôt toute idée qu'il puisse s'agir de sa sœur, de sa petite amie ou de sa femme – en disant qu'il ne l'aurait jamais reconnue, à quoi Alice, la jeune fille, répond sans tact qu'il a l'air différent lui aussi, et elle ajoute qu'elle aurait préféré le voir en uniforme parce que ça le rend plus grand et plus distingué, façon de lui dire qu'il a été ramené au rang d'un rien du tout en dépit de toutes les médailles qu'il aurait pu gagner outre-mer. Aggravant encore les choses, le pasteur, qui s'avère être le frère aîné d'Allen, lui annonce triomphalement que M. Parker, le monsieur au canotier, va le reprendre dans son usine, puis ledit Parker serre abondamment la main d'Allen et lui tape sur le dos en lui confirmant qu'en effet on lui a gardé son poste. *Vous avez fait votre part, votre patron ne va pas vous oublier.* Tout cela est bien beau, mais après avoir entendu les remarques d'Allen sur le bateau nous savons qu'il n'a nullement l'intention de reprendre son vieux boulot à l'usine. Le film a commencé depuis environ trois minutes, et déjà tu peux voir le nuage qui se forme au-dessus de la tête de James Allen.

Dîner d'accueil dans la *bonne vieille maison*, une maison étouffante du XIXe siècle aux intérieurs encombrés, sans Alice en vue, rien que les trois membres de la famille Allen : l'indulgente maman ; Clint, le grand frère moralisateur et tatillon (un beau parleur casse-pieds qui a la désagréable habitude de joindre les mains en parlant) ; et le remuant Allen, dévoré d'ambition, prêt à en découdre avec le monde. La discorde surgit en quelques secondes. À peine Clint a-t-il mentionné l'aimable et généreuse proposition de M. Parker qu'Allen lui réplique qu'il ne veut pas de ce travail. Maman et grand frère en restent tous deux interdits. Éclatant alors de rire, Allen leur explique que l'armée l'a changé, qu'il ne veut pas passer le restant de sa vie à obéir à un sifflet d'usine au lieu d'un clairon, qu'il veut faire quelque chose *qui en vaut la peine,* et il ne peut pas s'imaginer demeurer confiné toute la journée dans une salle d'expédition.

Néanmoins, comme il ne veut pas décevoir sa mère, Allen reprend malgré lui son ancien boulot dans la manufacture Parker, LA MAISON DES CHAUSSURES KONFORT, mais le cœur n'y est pas, l'esprit non plus, et jour après jour il passe l'heure du déjeuner à rôder autour du chantier de construction d'un nouveau pont, perdant souvent le fil du temps et arrivant ainsi souvent en retard au travail l'après-midi. Son mécontentement finit par éclater lors d'un autre dîner de famille où son frère lui explique à quel point M. Parker est déçu par la qualité de son travail. Allen exprime alors avec passion son désir d'une vie nouvelle et déclare à Clint et à sa mère que la routine mécanique et bornée de l'usine est encore plus abrutissante que l'armée et qu'il a besoin d'aller ailleurs, n'importe où, là où *Je pourrai faire ce que je veux.* Opérant une brusque volte-face, sa mère se laisse fléchir et lui donne sa bénédiction s'il veut partir de son côté, et quand Clint proteste, elle balaie les objections du pieux pasteur par une simple affirmation de soutien maternel, la formule sacrée de toutes les bonnes mères : *Il faut qu'il soit heureux,* dit-elle, *il faut qu'il se trouve.*

D'après Allen, c'est en Nouvelle-Angleterre qu'il y a du travail dans la construction, et, quelques instants plus tard, on voit une carte apparaître à l'écran – en fait une carte du New Jersey (ce New Jersey d'où tu regardes le film) – et elle est accompagnée par le bruit d'un train qui roule à toute allure – encore un –, puis la carte se dissout dans l'image du train, laquelle, à son tour, se dissout dans une carte qui montre le Connecticut… le Rhode Island… et Boston.

Allen est seul dans la cabine d'un lourd engin de terrassement, assis aux commandes de ce qui semble être une grande pelleteuse, et donc, apparemment, il a trouvé le travail qu'il cherchait, le monde tourne rond. Un homme vient le trouver, le contremaître, le chef d'équipe, le responsable, et il demande à Allen d'arrêter, il a une mauvaise nouvelle à lui annoncer. On réduit les effectifs, dit-il, et deux des hommes doivent s'en aller. Sans exprimer beaucoup d'inquiétude ni d'étonnement, Allen saute au bas de la machine et dit : *D'accord.* Tu es impressionné par la façon dont il prend ce revers, ce licenciement arbitraire, le fait d'être viré sans avoir commis de faute, mais Allen semble confiant, encore plein d'espoir en l'avenir, et il a l'air de quelqu'un qui est préparé à tout.

Une carte de plus : celle-ci commence à Boston et indique le trajet d'un bateau qui va vers le sud, qui navigue le long de la côte atlantique jusqu'au golfe du Mexique, où il s'arrête enfin à La Nouvelle-Orléans.

Un peu moins frais, les vêtements en plus mauvais état, une barbe de deux jours qui lui assombrit le visage, les épaules qui se voûtent un peu, Allen pénètre dans une usine pour demander du travail. Il est allé dans le Nord du pays, il est allé dans le Sud, et après tous ces kilomètres le voilà exactement là où il a commencé – ou plutôt, le voilà qui essaie de revenir là où il a commencé, car il est à présent sans emploi et il accepterait avec joie un boulot semblable à celui qu'il qualifiait de *stupide* et d'*insignifiant* quand il est rentré de la guerre. Est-ce qu'un bon ouvrier vous serait utile ? demande-t-il au patron, qui lui répond : La semaine dernière, vous auriez pu m'être utile, mais maintenant je suis au complet. Allen secoue la tête, serre le poing de sa main droite et puis doucement, tout doucement, baisse ce poing jusque sur la table car il ne veut pas perdre tout contrôle sur lui-même, il n'est pas encore au bout du rouleau, mais ce poing est le signe d'un espoir qui se réduit à toute vitesse, et quand il pivote sur ses talons et s'en va, il a l'air d'un homme désormais à court d'idées.

De nouveau la carte, et de nouveau les bruits du train rapide. Allen remonte en direction du nord, et il se dirige vers une destination inattendue : Oshkosh, dans le Wisconsin.

Le voilà portant une combinaison et une chemise de travail, au volant d'un camion de transport de bois, sur une route qui descend à travers une forêt de grands pins. Allen se tourne vers l'homme assis près de lui et lui explique qu'il effectue un remplacement de quelques jours seulement. Crois-moi, dit-il, je suis content d'avoir de nouveau du travail. Mon premier boulot depuis longtemps. Oshkosh n'est donc qu'un bref sursis, une pause trompeuse qui remonte un instant le moral d'Allen, mais il est clair, désormais, qu'on ne trouve nulle part d'emploi permanent, qu'Allen peut se déplacer aussi loin qu'il veut pour en chercher un, il finira toujours bredouille et, de fait, quand la carte suivante le montre en train de voyager de nouveau vers le sud, vers Saint Louis, accompagné du bruit de la locomotive qui lance à tue-tête sa mélodie à présent familière, tout a brusquement changé ; car, au moment où la caméra révèle la source de la mélodie, Allen n'est pas assis dans une voiture bondée au milieu d'autres passagers, mais il s'avère qu'il a pris un train de marchandises où il est tout seul et dort sur le plancher d'un wagon couvert. L'ancien combattant optimiste qui devait laisser sa marque en construisant le prochain canal de Panamá est devenu un vagabond qui monte en fraude dans les trains, un trimardeur fauché, un oublié. Certes, c'est censé se passer en 1919, mais en fait on est en 1932 et tu te rends compte alors que ce que tu regardes est une histoire sur la Grande Dépression, une histoire sur ce que signifie vivre dans un pays sans travail.

Allen entre chez un prêteur sur gages en tenant quelque chose dans sa main, un objet trop petit pour qu'on le voie. Maintenant, il a l'air d'un clochard. Vêtements déguenillés, visage pas rasé, chapeau plissé et cabossé. Le propriétaire lui demande ce qu'il veut et Allen ouvre la main pour lui montrer une médaille militaire. Combien pouvez-vous me donner pour la Croix de guerre belge ? demande-t-il. Au lieu de lui dire un prix, le propriétaire fait un geste du doigt pour inviter Allen à jeter un coup d'œil dans la vitrine posée sur le comptoir. Allen regarde et il voit des médailles, des dizaines de médailles semblables à celle qu'il tient dans sa main : il y en a là des vingtaines, trop pour qu'on les compte, et chacune témoigne de l'histoire malchanceuse d'un futur membre de la Bonus Army. Sans dire un mot, Allen hoche la tête avec résignation, regarde sa médaille au creux de sa main et s'en va. Il s'est peut-être battu pour les États-Unis pendant la guerre, mais à présent il est citoyen du pays de la Déveine.

Encore une carte sur laquelle on suit le trajet qu'effectue Allen vers l'est en quittant Saint Louis, sauf que cette fois la carte se déploie en silence, sans les bruits d'accompagnement de l'éternel train, et quand elle disparaît lentement dans un fondu enchaîné, on voit Allen marcher le long d'une voie ferrée, ce qui explique la carte silencieuse, car à présent il voyage à pied et s'approche de la caméra en plan frontal. C'est une figure solitaire au milieu de nulle part, et tu remarques que son pas est resté fort et résolu, que malgré les coups encaissés cet homme n'est pas encore battu, mais cependant, en dépit de tout son courage, il a l'air affamé et fatigué, anxieux et perdu, et tu remarques quelque chose d'étrange dans ses yeux, une sorte de stupéfaction et de meurtrissure, comme si Allen n'arrivait pas tout à fait à croire ce qui lui est arrivé, comme si, au cours de ses pérégrinations, il avait été frappé par la foudre.

Il arrive dans un asile de nuit, logement approprié pour un laissé-pour-compte au pays de la Déveine, dans une grande salle remplie d'hommes dans la dèche et silencieux – quinze cents le lit, quinze cents le repas, cinq cents le bain –, et il ne faut pas longtemps à Allen avant de se mettre à parler à un type grisonnant prénommé Pete, un mec qui semble être au courant de ces ficelles qu'Allen avoue candidement ne pas connaître. Pete décrète qu'il a faim et demande à Allen ce qu'il dirait d'un hamburger, et Allen répond : Ce que j'en dirais ? Plutôt ce que je *lui* dirais : je serrerais la main de M. Hamburger et je lui dirais : Mon pote, ça fait un sacré bail qu'on s'est pas vus, toi et moi. Son sens de l'humour est intact, ce qui t'apparaît comme un signe encourageant, une preuve qu'Allen est loin d'être fini. Selon Pete, l'homme qui tient la cantine roulante, un peu plus loin sur la route, est une *bonne pâte*, et il y a de fortes chances qu'ils arrivent à lui soutirer deux hamburgers. Les voilà donc en route pour la cantine roulante, et, exactement comme l'avait prédit Pete, l'homme derrière le comptoir finit par céder, peut-être à contrecœur, mais il se trouve que la bonne pâte ne peut se résoudre à renvoyer ces hommes qui ont faim, et il jette deux disques de viande hachée sur sa plaque de cuisson. L'œil d'Allen s'allume. Un sourire joyeux, plein d'attente, s'étale sur son visage, et tout en se mettant un cure-dents dans la bouche (la prépare-t-il à la nourriture qui s'annonce ?), il contemple la viande qui grésille comme s'il regardait une belle femme. Pas M. Hamburger – Miss Hamburger.

Et puis tout déraille soudain. Pete sort un revolver de sa poche, dit à la bonne pâte de mettre ses mains sur le comptoir et ordonne à Allen de vider le tiroir-caisse. Allen est atterré. Le seul mot qu'il parvient à faire sortir de sa bouche est un *Hé!* effrayé qui veut dire non, je vais pas le faire, qu'est-ce qui se passe ici, bordel? Mais Pete braque le revolver sur lui et menace de l'abattre s'il ne fait pas ce qu'il lui dit. Allen a-t-il le choix? Pas vraiment, pas dans ces circonstances ; il s'approche donc du tiroir-caisse où il prend l'argent qui se monte à un total de cinq dollars. Allez, allez, lui dit Pete tandis qu'Allen, l'esprit embrouillé, traîne encore près de la caisse, puis Pete commence à sortir à reculons de la cantine en gardant son arme braquée sur la bonne pâte. Il arrache du mur le câble du téléphone à pièces et prévient la bonne pâte de ne pas se mettre à hurler pour ameuter les flics, ouvre ensuite la porte, mais à peine celle-ci s'ouvre-t-elle que Pete fait partir un coup de feu. Un flic déboule dans la roulante et réplique par un autre coup de feu, si bien qu'un instant plus tard Pete tombe mort.

Allen est terrifié, trop paniqué pour réfléchir avec assez de clarté à ce qu'il devrait faire en de telles circonstances – entre autres rendre l'argent à la bonne pâte, ou s'asseoir et raconter calmement son histoire aux flics –, et comme la première impulsion d'un individu en proie à la panique est de fuir, c'est ce que fait Allen : il pique un sprint éperdu en essayant désespérément de s'échapper par la porte latérale. Le policier qui a tué Pete se précipite à sa poursuite, et dès qu'Allen est dehors un deuxième policier lui colle un revolver sur le ventre et lui dit : Les mains en l'air! Allen s'exécute.

Fondu au noir et, un instant plus tard, un juge prononce depuis son siège la condamnation d'Allen. Je ne vois aucune raison d'être clément, déclare-t-il, étant donné qu'on a trouvé l'argent sur vous. De plus, quand on vous a découvert, vous avez tenté de fuir, ce qui accroît nécessairement la gravité de votre crime. Je vous condamne – (coup de marteau) – à dix ans de travaux forcés.

Tu as du mal à regarder la partie du film qui vient alors. On a envoyé Allen purger sa peine dans une chaîne de forçats, et c'est une forme de punition si barbare, si loin de la civilisation, à cause des dégradations et des cruautés qu'elle comporte, que tu es tenté d'éteindre la télévision et de quitter la pièce, et si tu persistes à suivre la transformation systématique d'hommes jadis libres en animaux brutalisés et effrayés, c'est uniquement parce que le titre du film te suggère qu'Allen finira par trouver un moyen de se glisser hors de là. Les prisonniers ne sont pas mieux traités que des esclaves. Les jambes entravées, fouettés et battus au hasard, ils sont nourris de pâtées fétides et immangeables (petit-déjeuner : mélange de graisse, de pâte frite, de gras de porc et de sorgho), s'arrachent du lit à quatre heures du matin et travaillent sans relâche jusqu'à huit heures du soir, blancs comme noirs, vieux comme jeunes, tous épuisés, à la limite de leur endurance, cassant des cailloux à l'aide de masses dans un paysage désertique et torride, et malheur à celui qui se relâche ou qui tombe malade, le fouet sert de remède à ceux qui ne travaillent pas assez dur, même le geste innocent de s'essuyer la sueur sur le front ne peut être accompli sans la permission d'un gardien, et si vous oubliez de demander cette permission une crosse de fusil viendra s'écraser sur votre visage et vous enverra par terre. Tel est le monde dans lequel Allen est entré pour avoir commis l'horrible crime de *regarder un hamburger*.

Un homme est gravement malade. Lors du petit-déjeuner du premier matin d'Allen dans le camp, un plan rapproché montre cet homme qui laisse tomber sa tête sur la table, qui est trop faible pour porter sa cuillère jusqu'à sa bouche, et plus tard, quand les forçats sont dehors à casser des cailloux, c'est à peine s'il peut tenir la masse entre ses mains, il vacille en proie au vertige et à ses douleurs, tout près de s'effondrer. Un gardien lui dit : Allez, allez, reprends le travail, mais cet homme malade qu'on connaît sous le nom de Red répond faiblement : Il faut que j'arrête… mon ventre…, à quoi le gardien en colère réplique : Travaille, sinon je vais te filer quelques coups de pied qui te feront remonter ton mal de ventre jusqu'aux oreilles. Red fait deux ou trois tentatives pitoyables pour soulever sa masse, qu'il ne parvient à décoller du sol que de quelques centimètres, et il tombe à la renverse, évanoui. Le gardien lui jette de l'eau au visage en lui répétant de se lever, mais Red ne bouge pas. Ce soir-là, lorsque les camions rentrent au camp avec les hommes à bord, Red n'a pas repris connaissance, il gît inerte sur le plateau du camion quand les autres en descendent en sautant. Il apparaît au dîner (encore une horrible mixture mise en évidence dans un plan rapproché du prisonnier qui est assis à côté d'Allen et qui, en engloutissant cette nourriture, laisse pendre de sa bouche de gros morceaux de graisse), mais Red n'en peut plus, il se lève, quitte la table et part en chancelant vers le bâtiment-dortoir où il se jette sur son lit. Quelques instants plus tard, quand les autres hommes ont également rejoint le dortoir et qu'ils sont tous allongés sur leurs lits, deux gardiens accompagnés du surveillant-chef pénètrent dans la salle. Un des gardiens porte un fouet, un abominable instrument terminé par une lanière de cuir. Bon, lui dit l'autre surveillant, indique-nous un de ceux qui ont pas voulu faire une bonne journée de travail. On désigne quelqu'un. Aussitôt on lui arrache sa chemise et on l'emmène recevoir ses coups de fouet. Quelqu'un d'autre? demande le surveillant-chef. Un des gardiens : Ce mec-là, Red, a essayé de nous faire croire qu'il s'évanouissait. Le surveillant-chef (il s'approche de Red) : Alors, on fait semblant de s'évanouir? Red : Je me fous de ce que vous allez me faire, pas d'importance. Le surveillant-chef brandit son fouet contre le visage de Red et dit : Regarde-le, celui-là. Pendant tout ce temps, Allen n'a pas arrêté d'observer la scène depuis son lit et d'étudier de près ce rituel nocturne de punitions arbitraires, et quand il voit le surveillant-chef menacer Red alors que celui-ci est mourant, il est tellement indigné qu'il ne peut s'empêcher de grommeler : *L'ordure*. Remarque presque inaudible mais que le surveillant-chef entend tout de même, et comme personne n'a le droit de répondre, le chef repousse Red pour s'occuper d'Allen. C'est ton tour, dit-il en montrant du doigt le nouveau détenu, et il ordonne à ses gardiens de lui ôter *sa saleté de chemise*. Ils la lui arrachent aussitôt, l'obligent à se mettre debout et le poussent dans le couloir entre les deux rangées de lits – les chaînes de ses entraves en fer cliquettent tandis qu'il avance d'un pas traînant. Le premier prisonnier à être fouetté se trouve derrière un drap ou un rideau, silhouette au torse nu exposé au-dessus de laquelle l'ombre d'un fouet fend l'air ; mais, avant que ne s'abatte le premier coup, la caméra s'est dirigée vers les yeux d'Allen : horrifié, il regarde la flagellation et grimace chaque fois qu'un hurlement jaillit de la bouche de l'homme fouetté. Vient ensuite le tour d'Allen, et là aussi le supplice a lieu hors champ, ce qui rend la chose encore plus pénible car à présent la caméra observe les autres hommes, les observe dans un lent travelling qui suit les rangées de lits et montre les détenus tournant la tête pour regarder la flagellation d'Allen hors champ, et ce que leurs visages sont unanimes à exprimer, c'est un manque d'expression, une sorte de curiosité vide et indifférente tandis que leur codétenu se fait pratiquement écorcher vif – des hommes tellement écrasés, tellement endurcis aux souffrances d'autrui que c'est à peine s'il leur reste des sentiments. Ce sont les morts-vivants.

Gros plan sur un calendrier : on est le 5 juin. Allen et quatre autres prisonniers regardent dehors par une fenêtre du dortoir. Un des détenus vient d'être relâché, et tandis qu'ils suivent des yeux leur camarade Barney qui s'avance vers le portail du camp, la caméra s'attarde sur les chevilles et les pieds de Barney. Il n'a plus ses chaînes, mais l'habitude des chaînes est toujours inscrite dans son corps et il continue donc à marcher du pas court et maniéré des prisonniers – enfin libéré, mais pour l'instant pas encore libre. Ils lui font tous au revoir de la main et Barney répond de même. Allen dit alors à Bomber

Wells, le vieux taulard avec qui il s'est lié d'amitié dès son premier jour chez les forçats : Ça prouve au moins quelque chose : on peut vraiment sortir d'ici. Il calcule qu'il a purgé quatre semaines de sa peine, ce qui signifie qu'il lui reste neuf ans et quarante-huit semaines à accomplir, et au moment où il baisse les yeux vers les fers qu'il a aux pieds, un des hommes près de la fenêtre déclare : Oh, Red s'en va, lui aussi. Plan sur l'extérieur : on charge sur un chariot le cercueil de bois nu qui contient le cadavre du malade. Bomber remarque : Il n'y a que deux façons de sortir d'ici : par le travail ou par la mort. Allen demande si quelqu'un a déjà réussi à s'évader. Un des hommes répond qu'il y a trop de choses en ta défaveur – les chaînes, les chiens de chasse, les gardiens et leurs fusils –, mais Bomber, le prenant à part, lui dit que ça a été fait mais qu'il faut mettre au point une combine parfaite. Il te faut observer, il te faut attendre. Peut-être un an, peut-être deux, et puis (avec un haussement d'épaules), *tu te fais la belle*. Pendant qu'Allen réfléchit au conseil de l'ancien, l'image se fond dans un autre gros plan d'un calendrier dont les pages tombent et flottent dans l'air : juin, juillet, août, septembre, octobre, novembre.

La combine d'Allen est-elle parfaite ? Peut-être pas, peut-être ne traduit-elle qu'un sombre désespoir, une impulsion qui va le précipiter vers une mort certaine ou vers sa capture, mais c'est un risque qu'Allen doit prendre : il a été jeté en prison pour presque rien, pour avoir enfreint la loi alors qu'il était obligé de l'enfreindre malgré lui, et même la mort vaudrait mieux que neuf ans et demi de plus dans cette chaîne de forçats. Même si ce n'est pas la combine parfaite, Allen a néanmoins un plan, en tout cas la première partie d'un plan, ce qui en est la partie la plus importante, car s'il ne trouve pas le moyen de se glisser hors de ses entraves pour libérer ses jambes, il n'a aucune chance de réussir. Un des détenus appelé Sebastian est un gigantesque Noir qui a la force de cinq hommes normaux, et il manie la masse avec une telle adresse et une telle puissance que lorsque Allen l'a aperçu le premier matin de sa détention, Bomber a déclaré avec ironie : Ils aiment tellement son travail qu'ils vont le garder ici le restant de sa vie. Par un après-midi de grande chaleur, de temps lourd avec trop de soleil et pas assez d'air, alors que même les gardiens ont commencé à faiblir, à s'enfoncer dans la torpeur de la fatigue et à devenir inattentifs, Allen s'approche de Sebastian et lui demande de donner des coups de marteau sur ses fers pour les déformer – pas trop, pour qu'on ne le remarque pas, mais assez pour qu'il puisse en extraire ses pieds en les tortillant. D'abord Sebastian hésite parce qu'il ne veut pas d'ennuis, mais il cède rapidement, la solidarité l'emportant sur la peur, en déclarant qu'il a vraiment envie de voir Allen sortir de *cette misère.* Ils sont en train de travailler le long d'une voie ferrée abandonnée où ils défont les rails pour nettoyer le terrain, et lorsque Allen se place à califourchon sur un rail de façon à ce que sa chaîne soit bien tendue au-dessus de la barre d'acier, Sebastian se met en action et frappe les entraves en déployant jusqu'à la dernière parcelle de son énorme force. C'est une opération insoutenable où les coups de masse douloureux se succèdent, mais Allen la subit en serrant les dents et en frissonnant, presque en pleurs, réprimant l'envie de crier, et sa détermination est telle que lorsque Sebastian semble avoir fini, il demande au colosse de lui donner un dernier coup de masse. Cette nuit-là, dans son lit, Allen teste les fers modifiés. Avec beaucoup d'efforts, il peut désormais glisser ses pieds hors de leur étreinte. Il les remet ensuite dans les fers avant d'étendre de nouveau la couverture sur son corps. Depuis le lit voisin, Bomber chuchote : Quand est-ce que tu vas le faire ? Lundi, répond Allen en chuchotant lui aussi, et c'est alors que Bomber lui tend sept dollars, tout l'argent qu'il a au monde. Allen ne veut pas les prendre, mais son ami insiste en lui disant d'aller immédiatement voir Barney quand il se sera évadé (il écrit l'adresse sur un bout de papier), car il pourra compter sur son aide. Bomber : T'es à cran ? Allen : Un peu. Bomber : Eh bien, quoi qu'il arrive, ça vaudra mieux qu'ici.

Cette séquence a été jouée dans des dizaines de films américains depuis 1932 – l'évasion, la chasse à l'homme, la fuite du détenu solitaire qui fonce à corps perdu à travers bois et marais, poursuivi par des agents armés et les aboiements de leurs limiers que l'odeur des traces rend fous – mais c'était la première fois, ou l'une des premières fois, qu'elle apparaissait dans un film parlant, et un demi-siècle après être tombé sur cette émission de *Million Dollar Movie,* tu trouves que la manière dont LeRoy l'a tournée est parfaite, que c'est la meilleure de toutes les séquences de ce genre que tu as vues au cinéma. Les prisonniers sont encore en train de démanteler des rails par une de ces chaudes journées typiques du Sud profond, lorsque Allen crie à un des surveillants : Besoin de sortir, ce qui est l'expression consacrée pour demander l'autorisation d'aller se soulager, et quand le surveillant répond : D'accord, vas-y par là, Bomber tapote la main d'Allen pour lui souhaiter bonne chance en silence. Allen s'éloigne alors pour se diriger vers les buissons d'une petite colline en contrebas. Dès qu'il est à l'abri des regards, il s'assied, ôte ses chaussures et se met à travailler sur ses entraves en essayant de les faire glisser de ses pieds. Il s'y efforce désespérément, il s'y efforce sans y parvenir, il s'y emploie bien plus longtemps qu'il ne lui avait fallu dans le dortoir, ce qui laisse penser que l'évasion commence mal, que rien ne se déroule comme prévu, et brusquement le plan suivant montre le surveillant qui se retourne en cherchant Allen des yeux. Le temps presse, jamais il n'a tant pressé, et quand Allen parvient enfin à se défaire de ses entraves, puis à remettre ses chaussures et qu'il commence à ramper dans les buissons, tu as plus ou moins la certitude que trop de temps a été perdu, qu'il ne s'en sortira pas. Le gardien crie : Allez, Allen, reprends le travail ! C'est à ce moment-là qu'Allen se relève et se met à courir, formant une cible à découvert qui sprinte à travers une clairière. Le gardien vise avec son fusil, fait feu une fois, deux fois, trois, quatre, cinq fois, mais maintenant c'est le bout de la clairière et Allen vient de disparaître à nouveau dans les bois. Les gardiens se regroupent et se lancent à sa poursuite avec leurs limiers qui aboient, follement excités par l'odeur des traces ; on entend un train siffler au loin, et Allen court, court encore et toujours éperdument tandis que les images vont et viennent entre l'homme pourchassé et ses poursuivants. La caméra est devenue un instrument qui mesure la panique. Le rythme saccadé des images collées les unes aux autres sont des incarnations de la peur, elles miment le pouls agité d'un cœur humain cognant à l'intérieur de la poitrine : *obscurité visible* (John Milton), car le cœur de l'homme est invisible, et pourtant l'action ressemble tellement à ses battements qu'on a l'impression de le voir, comme si le corps entier était devenu le cœur. Au bout d'un certain temps, Allen s'arrête pour reprendre haleine, il s'appuie contre un arbre pour éviter de tomber, et là, pas loin de lui, un jardin à l'arrière d'une maison, et dans ce jardin il y a une corde ou sèche le linge d'une lessive. Allen fonce vers la maison, s'empare de quelques vêtements sur la corde à linge et se précipite de nouveau sous le couvert des arbres. Un coup de chance, oui, en admettant qu'il réussisse à distancer les gardiens, mais pour ôter son uniforme rayé de prisonnier et mettre les nouveaux vêtements, il a besoin d'un peu de temps, ce qui va réduire l'écart qui le sépare de ses poursuivants. Or il doit absolument se débarrasser de l'uniforme, c'est sa seule chance ; il l'enlève donc et enfile les autres vêtements, mais quand enfin il est prêt à se remettre à courir, les chiens se sont rapprochés dangereusement, leurs aboiements frénétiques se font plus bruyants à chaque seconde. Allen a pourtant encore un peu d'avance, juste assez pour rester hors de leur champ de vision, et le voilà qui court à présent dans de hautes herbes, et au-delà de ces herbes il y a une rivière, un ruisseau, un cours d'eau. Sans s'arrêter pour se demander ce qu'il doit faire, Allen entre dans le courant et, un instant plus tard, alors qu'il a déjà de l'eau jusqu'à la taille, il coupe un roseau dans un bouquet qui émerge de la surface, souffle fort dans ce roseau pour le déboucher, puis il s'assoit, s'enfonce au-dessous de la surface de l'eau en se servant du roseau comme d'un tuyau pour respirer, et de toutes les prises de vue du film, c'est celle-là qui est restée le plus solidement ancrée en toi, celle-là qui te revient d'abord chaque fois que tu songes à voir le film, une prise de vue qui porte en elle tout le poids de quelque chose de cauchemardesque, *une image hantée* : Allen sous l'eau avec le roseau dans la bouche, et tout est silencieux, pas un seul bruit n'émane du film, le corps d'Allen garde une immobilité absolue, figé dans l'horreur de ce qui pourrait soudain lui arriver, et alors que les gardiens et les chiens s'approchent de la rivière, un des hommes entre dans l'eau et, pendant un bref moment, ses jambes ne sont qu'à quelques centimètres du corps immobile d'Allen, s'il fait un pas de plus il tombera sur lui, mais il ne le fait pas, et quand les gardiens décident de poursuivre leurs recherches ailleurs, Allen peut enfin se relever et passer de l'autre côté de la rivière. Un rapide coup d'œil derrière lui pour voir si on le suit encore – mais il n'y a personne, rien que la terre, le ciel et l'eau. Fondu au noir.

Une grande ville la nuit. Boulevard brillamment éclairé avec des flots de voitures dans toutes les directions. Bruit et foules. Nouveau plan : une paire de chaussures, celles d'un homme qui avance d'un pas lent et traînant. Contre-plongée de la caméra, et on voit Allen – sale, pas rasé, épuisé, un moins-que-rien anonyme déambulant sur un trottoir. Il s'arrête devant une boutique de vêtements pour hommes, et quelques instants plus tard le voilà à l'intérieur : il se regarde dans un miroir en pied, en train d'examiner son nouveau costume. Ensuite, il entre dans un salon de coiffure pour se faire raser, et là passe tout près du désastre, pour ainsi dire à un poil près, quand un flic arrive, s'assied sur une chaise vide et se met à bavarder avec le coiffeur, à parler d'un évadé du nom de James Allen – *environ un mètre soixante-dix-huit, cheveux noirs épais, yeux marron, râblé, dans les trente ans* – et à prédire qu'il sera forcément appréhendé sous peu parce qu'on les attrape toujours avant qu'ils puissent filer hors de la ville. Le rasage terminé, Allen se frotte la joue pour cacher son visage au policier, mais le coiffeur interprète à tort ce geste comme un commentaire sur son travail et demande : C'était comment ? Assez près ? Allen (en hochant la tête alors qu'il ouvre la porte) : Bien assez. Plan suivant : Allen arpente une autre rue le même soir, quelques secondes ou quelques minutes après avoir quitté le salon de coiffure, et il examine un bout de papier dans sa main : l'adresse de Barney, qui ne correspond pas à une maison ou à un immeuble mais à un petit hôtel miteux. L'ancien camarade d'Allen au bagne, exubérant et débrouillard, l'accueille chaleureusement et propose de le cacher, de *lui dénicher ce qu'il lui faut*, de faire son possible pour l'aider. On ne sait pas très bien quelle est l'activité de Barney, mais il semble qu'il gère une sorte de bordel ou un commerce d'alcool clandestin, à moins que ce ne soient les deux puisqu'il a une abondante provision de boissons alcoolisées (très tendu, Allen refuse le verre que Barney vient de lui servir en prétextant qu'il a une journée bien remplie le lendemain) et que des femmes sont disponibles à la minute. Barney doit sortir ce soir-là, il a du travail, mais avant de partir il déclare à Allen qu'il va lui *envoyer quelqu'un qui fera en sorte que tu te sentes bien*, et c'est alors qu'entre Linda, une jeune femme entre vingt-cinq et trente ans, attirante, triste, langoureuse et compatissante, manifestement une *fille perdue*. Barney la présente à Allen en lui annonçant allègrement que son *pote* vient de s'évader de chez les forçats (ce qui fait grimacer Allen) et puis, au moment où il se dirige vers la porte, il lui donne ses instructions : Eh, mignonne, prends bien soin de lui ; c'est mon invité personnel. Silence gêné après le départ de Barney. Allen n'est pas préparé, il est hors de son élément et trop distrait par la pression du moment pour laisser tomber ses défenses face à cette femme. Il faut que vous en ayez vraiment là-dedans pour vous évader de cet endroit, lui dit-elle, exprimant son admiration pour son courage et souhaitant qu'il comprenne qu'elle est de son côté. Mais quand elle fait un geste pour l'embrasser, il la repousse. Il n'y a rien que vous puissiez faire, explique Allen. Mais quand Linda s'approche de la table pour se verser un verre, il scrute son corps, apprécie ses jambes, sa taille et ses hanches, et il se sent attiré vers elle, incapable de résister à sa bonté douce et mélancolique. Elle lève le verre pour lui porter un toast. Un mec qui a des tripes comme vous force la chance, dit-elle, puis elle s'approche encore, s'assied sur le bras du fauteuil d'Allen, lui caresse l'épaule. Elle dit : Je sais ce que vous pensez. Je comprends. Mais vous êtes avec des amis… Le tact et la grâce d'une femme perdue qui parle à un homme perdu. On suppose qu'ils finissent au lit ensemble (le code de production hollywoodien n'était pas encore en vigueur), mais la force de cette scène a très peu et même rien à voir avec le désir sexuel. Il s'agit de tendresse, et si l'on considère la dure route qu'Allen doit parcourir dans toute cette histoire, ce bref échange avec Linda est sans doute le passage le plus tendre du film.

Le lendemain, Allen finit par avoir son hamburger. C'est le matin ou le début de l'après-midi, et il vient d'acheter un billet pour prendre le train qui le mènera de l'autre côté de la frontière de cet État, au-delà de l'emprise de la loi et vers une nouvelle vie, mais voilà que le train est en retard, et comme il n'a rien d'autre à faire que tuer le temps, Allen s'offre un hamburger à un stand extérieur et l'avale promptement, si promptement, même, qu'il en commande un deuxième. Il va sans dire qu'il n'aura jamais le loisir de le manger, car il est désormais clair que les hamburgers, dans cette histoire, ont pour fonction de ne rien présager de bon, qu'ils servent de prélude aux pires déveines, et avant qu'Allen ait pu prendre une bouchée de son hamburger numéro deux, le chef de la police fait son apparition. Avec ses hommes, il cherche quelqu'un, un criminel qui a pris le large, et comme Allen n'a aucun doute sur le fait d'être le criminel recherché, il repose son hamburger et s'écarte du stand. Le train est presque prêt à partir. Pour ne pas prendre de risques, Allen fait le tour jusqu'à l'autre côté : il a l'intention de monter par là pour éviter d'être repéré par les policiers, mais juste au moment où il grimpe sur le marchepied d'une des voitures, une voix s'écrie : C'est lui, là ! – et soudain les forces de l'ordre se précipitent dans sa direction. Il semble qu'il ait été rattrapé, que son évasion finisse là en eau de boudin, mais ce n'était qu'une fausse alerte car le criminel en question se révèle être un clochard débraillé, un oublié qui se terrait sous le train à quelques mètres à peine de l'endroit où se tient Allen, et tandis que les agents entraînent le malfaiteur inconnu vers la voiture de police, Allen saute dans le wagon. Encore une fois il a frôlé le désastre, et ça se répète juste une minute plus tard. Quand le contrôleur poinçonne le billet d'Allen, il lui dit que la police recherche toujours le prisonnier évadé. Le contrôleur s'assoit ensuite à côté d'un de ses collègues, et il ne faut pas longtemps avant que les deux hommes ne jettent des regards soupçonneux en direction d'Allen et se chuchotent des choses à l'oreille en se demandant, il en est presque certain, s'il correspond à la description du fugitif. Transition rapide : gros plan sur les chaussures poussiéreuses d'Allen. Il est descendu du train et il chemine à pied. Nouvelle séquence, avec cette fois une voiture qui fonce à toute allure. Une carte apparaît en surimpression sur la voiture, qui elle-même se transforme en train et, sur cette carte, le train roule vers le nord et sa destination finale, Chicago. Ensuite la carte et le train s'évanouissent dans le néant, et c'est la ville. De grands immeubles, des lumières qui clignotent, du tumulte et la liberté.

La vie d'Allen recommence, et d'abord on le voit debout devant le bureau de recrutement de la société Tri-State Engineering. Pas très loin de là il y a un pont en chantier et, à gauche d'Allen, un panneau sur un mur annonce : EMPLOIS À POURVOIR. C'est le genre de travail qu'il voulait faire quand il était rentré de la guerre, le genre de travail qu'il cherchait sans pouvoir le trouver, et tu t'attends à le voir également éconduit à Chicago pour la simple raison que tu en es venu à considérer Allen comme un être maudit, quelqu'un pour qui tout ira toujours mal. À ton immense étonnement, l'homme derrière le comptoir du bureau de recrutement lui dit : Je suppose qu'on peut vous employer, oui – et aussitôt l'espoir jaillit en toi, tu commences à te dire que peut-être la guigne vient enfin de lâcher Allen. Votre nom ? demande l'homme, et, sans réfléchir, Allen répond Allen, mais quand l'autre veut savoir si c'est son prénom ou son nom de famille, Allen hésite un instant car il se rend compte qu'on vient de lui donner une chance de se réinventer, de prendre une nouvelle identité, et il dit que c'est son *prénom*, que son nom complet est *Allen James.* Pas très astucieux, penses-tu d'abord, personne ne se laisserait prendre à un renversement aussi transparent, mais à mesure que tu y réfléchis et tentes de te rappeler diverses personnes dont le nom complet est fait de deux prénoms, tu te dis qu'après tout ça pourrait marcher. Si on transforme Henry James en James Henry, y aurait-il quelqu'un pour songer à M. James au moment où on lui présenterait M. Henry ? Probablement pas. Malgré tout, tu aurais préféré une mutation plus radicale, quelque chose d'analogue à la renaissance d'Edmond Dantès en comte de Monte-Cristo, par exemple – encore l'histoire d'un homme jeté injustement en prison et qui s'évade (tu as lu le roman et ce comte t'est familier), mais Dantès avait eu le bonheur peu plausible de découvrir un trésor, de sorte que quand il est retourné dans le monde des vivants, c'était l'homme le plus riche de France. Allen, lui, est plus pauvre que pauvre, il ne possède rien du tout. Dantès voulait se venger, mais tout ce que souhaite Allen, c'est de construire des ponts.

L'homme derrière le comptoir dit à Allen de se présenter le lendemain matin à huit heures. La scène se termine par un plan rapproché en plein cadre de la carte d'employé d'Allen. *Date : 1924. Statut : Manœuvre. Salaire par jour : $4,00.*

Du temps a passé, on ne sait pas combien au juste, mais on voit Allen en plein air, en train de travailler dur avec une équipe sous un chaud soleil d'après-midi, et il creuse des tranchées dans le sol. L'outil qu'il tient est une pioche, il ne casse plus de cailloux et il ne manie plus une masse, mais à part l'absence de chaînes, la scène a pour toi une familiarité déprimante : ce sont les travaux forcés sous une autre forme, sans fouets ni fusils ni gardiens malveillants, mais un labeur éreintant et misérablement rémunéré, et tu commences à désespérer, à te dire que jamais Allen ne sera capable de s'extirper de la gadoue. Il te semble que c'est ce que te dit le film : le monde est une prison pour ceux qui ne possèdent rien, les démunis au bas de la pyramide ne sont pas mieux lotis que des chiens, et qu'un homme travaille dans une chaîne de forçats ou qu'il ait un emploi rémunéré dans la société Tri-State Engineering, il n'a aucune maîtrise sur son existence. C'est ce qui semble se dégager des premiers moments de cette séquence, mais tu découvres rapidement que tu te trompes, que cette mise en scène est une ruse, car peu de temps après que tu en es arrivé à cette sinistre lecture des événements, le chef d'équipe s'approche d'Allen et lui dit : Hé, James. C'est une idée formidable que t'as eue pour le coude, là-bas. J'ai dit au patron que ça venait de toi. Allen : Ah bon ? C'est sympa. Le chef d'équipe : Je crois pas que tu vas rester encore longtemps à la pioche. Suit alors un gros plan sur la nouvelle carte d'employé d'Allen. *Date : 1926. Statut : Chef d'équipe. Salaire par jour : $9,00.*

Sa situation progresse. L'année suivante, 1927, il est promu géomètre et gagne douze dollars par jour ; en 1929, il devient assistant de direction à quatorze dollars par jour, et quelque temps plus tard (la date et le salaire ne sont pas précisés), il est l'un des cadres dirigeants de la société, directeur principal des travaux, un homme dont le nom et le titre sont gravés en lettres dorées sur la porte de son bureau personnel. Passer de la misère et de la déchéance à une garde-robe à la mode et à la considération de tous, devenir enfin un constructeur de ponts, être l'exemple même de la réussite à l'américaine, la preuve vivante que le travail acharné, l'ambition et l'intelligence peuvent vous propulser dans un monde où l'on devient riche en accomplissant des choses sensées. C'est là que devrait se terminer cette histoire – la vertu récompensée, les plateaux tremblotants de la balance de la justice à présent immobilisés dans un équilibre parfait –, mais le passé d'Allen sera toujours son passé, et par conséquent il y a un problème, un obstacle au bonheur à cause de son caractère trop confiant (pourquoi ne pas aller chercher ce hamburger avec Pete le braqueur ?), et donc les nuages s'accumulent autour de lui, toujours de nouveaux ennuis, cette fois en la personne d'une femme prénommée Marie, une blonde possessive et portée sur le sexe, qui après lui avoir loué une chambre en 1926 n'a pas tardé à partager son lit, car Marie ne s'y trompe pas : Allen, à la fois beau et industrieux, est forcément un bon parti. Leur liaison dure pendant les trois ans où Allen gravit les échelons de l'entreprise Tri-State, mais maintenant il ne ressent plus rien pour elle, ni affection ni amour, les flammes du désir physique se sont éteintes depuis longtemps, et arrive enfin le jour où il décide de déménager. Elle le surprend alors qu'il fait ses bagages, et bien qu'Allen ait le cœur trop tendre pour lui dire qu'il veut une rupture définitive, il a néanmoins le courage de lui rappeler (encore une fois) qu'il n'est pas amoureux d'elle. Je ne peux pas changer mes sentiments pour toi, pas plus que je ne peux changer la couleur de mes yeux. Marie (les mains sur les hanches, le regardant d'un air hostile) : Et c'est ta seule raison pour partir ? Allen : C'est pas mal, comme raison, non ? Marie : Pas vraiment. Bien sûr, quand un mec veut larguer une fille, il fera à peu près n'importe quoi. Sauf si ça le renvoie dans la chaîne de forçats – où il devrait sans doute se trouver.

Le secret est éventé. C'est impossible à comprendre, mais le secret est éventé alors même qu'Allen se trouve maintenant dans l'Illinois, à des centaines de kilomètres de l'État où il a été jeté en prison, alors qu'il est dans le Nord, où depuis cinq ans il n'a jamais soufflé mot à quiconque de son passé, et pourtant non, ce secret n'en est plus un, et Marie, la femme dédaignée, est celle qui l'a découvert. Comment ? Parce qu'elle est propriétaire de la pension où habite Allen, parce qu'elle a accès à son courrier avant lui, et parce que Clint, le frère d'Allen, ce pieux imbécile de pasteur, lui a écrit – *Je me suis dit que tu devrais savoir que la police te cherche encore. Quand je pense que ta capture te vaudrait huit terribles années de plus dans cette chaîne de forçats, j'ai le sang qui se fige. Je te tiendrai au courant. Ton très dévoué, Clint* – et maintenant que Marie a intercepté la lettre, elle tient le sort d'Allen entre ses mains. S'est-elle tellement braquée contre lui qu'elle irait jusqu'à révéler la vérité ? Pas si elle a une bonne raison de le protéger, répond-elle. Que veut-elle dire ? demande-t-il. Qu'elle ne parlerait pas s'il était son mari. Avant qu'il puisse réagir à cette menace de chantage, Marie sort de la pièce. Sans lever le petit doigt, elle l'a battu à plate couture, et pendant un instant Allen vacille, faisant marche arrière comme s'il avait vraiment reçu des coups de poing, et tandis qu'il s'assoit à tâtons sur une chaise, ses yeux te donnent l'impression d'être ceux d'un homme qui vient de voir une ville rasée par le feu. Il a une expression à la fois étrange et horrible, il sourit presque, mais étrangement, horriblement, comme celui qu'on vient d'écraser et qui sourit parce qu'il sait que son écrasement était inévitable, puis le sourire disparaît et on le voit au bord des larmes ; sa détermination est totalement anéantie, il est sur le point de s'effondrer et d'éclater en sanglots, car il sait qu'il est piégé, coincé pour le restant de sa vie, et quel que soit son désespoir il ne pourra pas s'échapper.

Sa vie conjugale est bien entendu une misérable imposture. Sa femme le trompe, lui ment, dépense plus qu'il ne gagne, et Allen n'a pas les moyens de l'arrêter. Il réussit au travail, sa réputation s'est accrue, on le considère désormais comme un des meilleurs ingénieurs de la ville, mais sa vie personnelle n'est pas une vie, et quand il rentre dans son nouvel appartement, il doit commencer par vider les cendriers qui débordent et jeter les cadavres de bouteilles de gin provenant de la dernière fête de Marie. Puis, lors d'une soirée chic organisée par la direction de Tri-State (à laquelle Marie ne vient pas car elle est partie rendre visite à sa "cousine"), Allen rencontre une femme prénommée Helen, encore une âme perdue et solitaire, que tu trouves un peu trop sans saveur, hélas, mais bien éduquée, douce (par opposition à la dureté de Marie) et de compagnie agréable. Les mois défilent (encore des pages qui s'envolent du calendrier superposé à une image de chantier accompagnée de bruits de forage), et maintenant qu'Allen est tombé amoureux de cette nouvelle femme et que sa vie vient de prendre un heureux tournant, il trouve en lui suffisamment de hardiesse pour affronter Marie et demander le divorce. Il promet de lui donner n'importe quoi, tout ce qu'elle veut, mais elle lui répond calmement (affalée sur le divan, en train de fumer une cigarette, peut-être éméchée) que la situation présente la satisfait, qu'elle est heureuse et qu'il n'y a aucune chance qu'elle le laisse partir. Marie : Tu vas être quelqu'un d'important, un jour, avec une grosse galette, et ne compte pas sur moi pour descendre du train en marche. Allen : Mais je suis amoureux d'une autre femme. Marie : Oh là là, c'est bien domma-a-age. Allen : Pourquoi ne veux-tu pas jouer franc jeu ? Marie : Franc jeu ! Comme ça, toi et ta Julie vous pourrez vous foutre de moi, c'est ça ? Allen : Si tu ne veux pas être raisonnable, je trouverai un moyen. Marie : Fais-le, et tu purgeras le reste de ta peine. Allen : C'est pas pire que de la purger avec toi. Marie (furieuse) : Tu regretteras d'avoir dit ça ! Allen (l'attrapant par le bras) : Maintenant, écoute. Ça fait trop longtemps que tu tiens cette épée au-dessus de ma tête. Il est grand temps qu'on en finisse. Tu m'as bluffé et j'ai été assez bête et trouillard pour y croire. Marie : Oh, pauvre taulard minable. Je bluffe ? Tu vas voir.

Ainsi commence le dernier chapitre du "Conte du fugitif". Les inspecteurs de police font irruption dans le bureau d'Allen juste au moment où il est en réunion avec une délégation de la chambre de commerce qui l'invite à son prochain banquet comme orateur principal en raison de son *magnifique travail sur le nouveau pont*. La montée au sommet – et maintenant encore une fois la longue chute jusqu'en bas, car Marie a tenu sa cruelle promesse. Renvoyer Allen dans les griffes du système pénal des États du Sud n'est cependant pas une affaire simple – un tel transfert doit suivre des protocoles bien établis, obéir à des lois d'extradition, et le gouverneur de l'Illinois ainsi que le procureur de Chicago refusent de laisser partir Allen. Les manchettes des journaux remplissent l'écran. CHICAGO SE BAT POUR EMPÊCHER LE RETOUR D'ALLEN CHEZ LES FORÇATS. À QUOI LE SUD RÉPOND : LES DIRIGEANTS DU BAGNE LOCAL FURIEUX CONTRE CHICAGO, QUI REFUSE DE LES AIDER, ce qui provoque un éditorial prenant la défense d'Allen : "Peut-on parler de civilisation ? – Allons-nous rester les bras croisés pendant qu'un homme devenu un citoyen respecté de notre communauté voit l'ombre de la torture médiévale planer au-dessus de lui ? Doit-on renvoyer James Allen dans un véritable enfer ?" Éditorial qui suscite la réplique suivante : QUE SONT DEVENUS LES DROITS DES ÉTATS ? "On se trouve vraiment dans une situation déplorable quand le gouverneur d'un

État refuse de reconnaître les droits d'un autre gouverneur." Si seulement Allen restait ferme, la controverse finirait par s'éteindre et tomber dans l'oubli, il pourrait rester dans l'Illinois, où il serait un homme libre, épouser Helen, construire d'autres ponts, mais le fugitif est trop honorable, trop bien pour son propre bien, et quand les dirigeants du Sud lui proposent un compromis, il l'accepte pour laver son nom une fois pour toutes. Ils prétendent ne vouloir le retenir que quatre-vingt-dix jours – selon eux le temps de détention minimum pour qu'on puisse le gracier, et non, bien sûr que non, il ne retournera pas au bagne, on le lui assure, on lui donnera à la place un emploi de bureau dans une prison. Tu n'es alors qu'un garçon de quatorze ans, mais même toi tu es capable de voir que ce sont des mensonges, tu sens quelque chose de funeste s'abattre sur lui, mais Allen est décidé à continuer ainsi, et, donc, d'un air abattu, tu regardes le Fugitif dire au revoir à Helen et monter dans un train qui le conduit vers le sud. Une fois arrivé, il rencontre l'avocat local qui s'occupe de son cas, un certain M. Ramsay, dont le premier souci est de se faire verser immédiatement par Allen une avance sur ses considérables honoraires, et c'est seulement lorsque Allen lui a remis un chèque que Ramsay lui annonce que *c'est un drôle d'État* et que le gouverneur est *un peu bizarre,* ce qui signifie que l'emploi de bureau n'est pas si certain que ça et qu'on risque de lui demander de faire des travaux forcés pendant à peu près soixante jours. Le pauvre Allen se fend alors d'un de ses petits sourires ironiques, le sourire de celui qui se trouve coincé et n'a d'autre choix que d'accepter sa défaite. Soixante jours. Il peut le faire s'il y est obligé. Du moment que ça met fin à cette horrible affaire, soixante jours, ça vaut la peine.

Petit à petit, par touches minuscules qui s'ajoutent lentement les unes aux autres au cours des jours, des semaines et des mois qui suivent, les promesses faites à Allen dans le Nord sont toutes violées dans le Sud. Première étape : on l'envoie dans le camp de Tuttle County, le camp le plus dur de tout l'État – et l'un des gardiens le pousse violemment vers l'intérieur du dortoir en l'avertissant qu'on l'abattra s'il tente à nouveau de s'évader. Son seul réconfort, c'est de retrouver son vieil ami Bomber Wells parmi les prisonniers, mais quand il essaie d'expliquer la procédure de grâce qu'il a mise au point avec la commission chargée des prisons, Bomber lui déclare tout net : Les gars, ici, n'ont jamais entendu ce mot-là. Allen : Je suppose qu'ils veulent me rendre la vie dure, mais j'aurai ma grâce, c'est sûr. Bomber : Écoute, jeune homme. C'est pas leur intention d'accorder des grâces, quand ils te balancent ici. C'est leur dernier mot. Tu peux même dire : c'est *fini*.

Plan d'ensemble sur les collines. Des hommes en grand nombre travaillent dans un paysage immense de rocaille et de ciel ; ils font aller et venir leurs grandes masses tandis qu'un chœur de voix d'hommes noirs chante un spiritual, et pour la première fois depuis le début du film, ce qui est raconté ici ne concerne pas seulement Allen et ses souffrances, mais également tout un système de brutalités et de punition barbare, et quand les paroles du negro-spiritual s'élèvent des collines, il est impossible de ne pas se rappeler que la guerre de Sécession s'est terminée seulement soixante-sept ans auparavant, que pendant plus de deux siècles et demi des hommes et des femmes ont travaillé comme esclaves dans le Nouveau Monde, et maintenant, alors qu'on est en 1961 et que vingt-neuf ans de plus ont passé, tu songes au fait que Hitler est venu au pouvoir quelques mois après la sortie de ce film, et tu ne peux pas regarder ce camp de prisonniers dans l'Amérique de 1932 sans y voir un précurseur des camps de la mort de la Seconde Guerre mondiale – car c'est à cela que ressemble le monde quand il est gouverné par des monstres.

Deuxième étape : audience de la commission des prisons. La version d'Allen est présentée par Ramsay, son avocat, et par Clint, son frère. Alors qu'on vante les mérites d'Allen, une brève transition montre les forçats et l'on voit Allen travailler avec sa masse pendant que retentit de nouveau le chœur des voix de Noirs. Au bout de quelques secondes, retour à l'audience où le juge défend vigoureusement l'institution des travaux forcés en arguant (par une logique cauchemardesque) que la discipline qu'elle impose aux détenus peut leur tremper le caractère, comme on le voit dans le cas d'un James Allen. Troisième étape : la grâce est refusée. Quand Clint vient annoncer la décision à son frère, Allen, debout de l'autre côté des barreaux d'une cellule, explose d'une fureur incontrôlée et se déchaîne contre les menteurs et les hypocrites qui lui ont volé sa vie. Clint, comme toujours calme et raisonnable, comme toujours homme d'Église, dit à son frère que la commission a voté pour le libérer si, pendant un an, il se conduisait comme un prisonnier modèle. Un an moins les trois mois qu'il vient d'accomplir, cela ferait *seulement* neuf mois de plus. Allen : Neuf mois ! De cette torture ! Je les ferai pas ! Je les ferai pas, je te le dis ! Je sortirai d'ici – même s'ils me tuent pour ça ! Quatrième étape : il les fait. N'ayant pas d'autre possibilité, il accepte de tenir neuf mois de plus. De nouveau, les pages tombent du calendrier à mesure que les mois passent, et derrière ces pages il y a les collines, un plan d'ensemble montrant deux cents hommes qui cassent des rocs avec leurs masses, et le chœur des voix d'hommes noirs continue. Cinquième étape : une autre audience de la commission des prisons. Ramsay (au juge) : Et pour finir, non seulement James Allen s'est comporté toute l'année comme un prisonnier modèle, mais j'ai présenté des lettres d'innombrables organisations et de personnalités éminentes qui vous supplient de recommander sa grâce. Transition vers le dortoir. Le gardien entre et dit à Allen : On vient d'avoir le compte rendu final de votre nouvelle audience. Allen se redresse sur son lit, il a l'air ravagé, à moitié mort, à moitié fou, à deux doigts du vide total : Eh bien ? Le gardien : La décision est reportée. Sans date.

Le visage d'Allen. Ce qui arrive au visage d'Allen à cet instant. Un gros plan sur son visage qui se chiffonne et se désintègre alors que ses yeux s'emplissent de larmes. Sa bouche tressaille. Son corps est pris de secousses. Il retombe sur son lit en serrant les poings, il ne voit plus rien, il ne fait plus partie de ce monde. Il lance des coups de poing en l'air. Des coups faibles, comme des spasmes, qui ne visent rien et ne touchent rien. L'écran devient noir.

Cette fois, Bomber et lui s'échappent en tandem. Bomber sera tué d'un coup de fusil, mais pas avant d'avoir aidé Allen à voler un camion-benne, pas avant d'avoir lancé de la dynamite sur la route pour ralentir la progression des voitures qui les poursuivent, pas avant d'avoir ri une dernière fois, et après la mort du vieil homme, Allen se libère en coupant ses chaînes au moyen des roues d'engrenage qui contrôlent la benne à l'arrière du camion. Puis, avec un autre faisceau de bâtons de dynamite, il fait sauter un pont, mettant ainsi fin à la poursuite. Tu es tellement pris par l'action que tu ne t'arrêtes pas pour réfléchir au fait qu'Allen, le constructeur de ponts, a dynamité un pont pour sauver sa propre vie.

Séquence de gros titres et d'articles de journaux avec, à l'arrière-plan, d'autres feuilles de calendrier qui tombent. On lit dans la dernière manchette : QU'EST DEVENU JAMES ALLEN ? EST-IL, LUI AUSSI, JUSTE UN AUTRE OUBLIÉ ? "Il y a un peu plus d'un an, James Allen a réussi sa seconde évasion spectaculaire d'un camp de forçats. Depuis, on n'a plus entendu parler de lui..."

Tu t'imagines qu'il vit confortablement quelque part sur la côte Est ou la côte Ouest, voire dans quelque pays d'Amérique du Sud ou en Europe, qu'il s'est établi sous un autre faux nom plus trompeur que le précédent, qu'il a survécu aux injustices qu'on lui a fait subir, car en dépit de la cruauté des coups qu'il a reçus il s'est montré courageux et inventif, c'est un homme exceptionnel qui a accompli l'impossible en s'évadant à deux reprises du cercle le plus bas de l'enfer. Sans être un héros absolu, il est néanmoins héroïque, et, d'après ton expérience encore limitée, les personnages héroïques des films triomphent toujours à la fin. Mais maintenant on est de nouveau dans le noir, le dernier article de journal s'est évanoui de l'écran, et quand l'action reprend il fait nuit, une nuit noire quelque part aux États-Unis, et une voiture entre dans un garage. Une femme en descend et, quand elle s'avance dans l'allée faiblement éclairée, tu te rends compte que c'est Helen. Entendant un bruit, elle s'arrête. Quelqu'un se cache dans l'ombre, un homme qui l'attendait, et voilà qu'il l'appelle doucement – Helen, Helen, Helen –, puis la caméra se tourne vers lui, et c'est un Allen, mal rasé et dépenaillé, moins au bord du vide total que détruit, un tout autre homme que celui qu'on avait vu s'échapper de prison un an auparavant. Helen se précipite vers lui, le touche, dit son nom. Pourquoi n'es-tu pas venu avant ? demande-t-elle. Allen répond que c'est parce qu'il avait peur. Mais tu aurais pu écrire, dit-elle. La caméra montre en gros plan le visage d'Allen qui n'est plus la figure désespérée et brisée d'un prisonnier, mais celle d'un homme traqué, d'un fugitif désormais toujours sur les nerfs et agité, dont les yeux ne traduisent que de la peur. C'est trop dangereux, dit-il. Ils sont encore à mes trousses. J'ai trouvé des boulots mais je peux pas les garder. Il se passe toujours quelque chose ou quelqu'un arrive. Je me cache dans des chambres toute la journée et je me déplace la nuit. Pas d'amis, pas de repos, pas de tranquillité. Pardonne-moi, Helen. Il fallait que je prenne le risque de te revoir – pour dire adieu. Il se tait. Elle se jette dans ses bras en sanglotant. Les choses allaient être complètement différentes, dit-elle. Oui, reprend Allen, différentes – et puis, avec une amertume féroce dans la voix : *Ils se sont chargés de les rendre différentes.*

Soudain, on entend un bruit dans l'obscurité. Une portière de voiture qui claque ? Un des voisins qui vient vers eux ? Allen se dégage des bras de Helen, regarde au-dessus de lui, autour de lui, et la panique enflamme ses yeux. Il lui chuchote : Il faut que j'y aille. Helen : Tu peux me dire où tu vas ? Allen fait non de la tête. Maintenant, il s'éloigne d'elle à reculons pour disparaître dans l'ombre. Helen : Tu m'écriras ? De nouveau, Allen fait non de la tête en continuant à reculer. Helen : De quoi vis-tu ? En cet instant, il a déjà été avalé par la nuit – il est encore là mais n'est plus visible. Sa voix dit : *Je vole.*

Plus rien, maintenant, à part l'obscurité et le bruit de ses pas quand il se met à courir dans la nuit.

Difficiles à oublier, ces deux derniers mots…

Difficiles à oublier, et comme tu étais si jeune la première fois que tu as vu ce film, ça fait maintenant de nombreuses années que tu ne les oublies pas.

CAPSULE TEMPORELLE

Tu croyais ne pas avoir laissé de traces. Toutes les histoires et tous les poèmes que tu as écrits quand tu étais petit garçon et adolescent se sont perdus, et il ne reste plus que quelques-unes des photos prises de toi entre ta petite enfance et tes trente-cinq ans – presque tout ce que tu as fait, dit et pensé quand tu étais jeune a été oublié, et même si tu te souviens de bien des choses, il y en a davantage, mille fois plus, dont le souvenir t'échappe. La lettre que t'a écrite Otto Graham quand tu allais avoir huit ans a disparu. La carte que t'a envoyée Stan Musial a disparu. Le trophée de base-ball que tu as reçu à dix ans a disparu. Pas de dessins, pas d'échantillons de ta première écriture, pas de bulletins de notes, pas de photos de classe de l'école primaire ni de camps de vacances, pas de films familiaux, pas de photos d'équipe, pas de lettres d'amis, de parents proches ou lointains. Pour quelqu'un qui est né au milieu du XXe siècle, à l'ère des appareils photo bon marché, dans cette prospérité qui a suivi la guerre à une époque où toutes les familles américaines de la classe moyenne étaient frappées par la fièvre du déclencheur, tu ne connais pas de vie moins documentée que la tienne. Comment est-il possible que tant de choses aient été perdues ? De cinq à dix-sept ans, tu as vécu avec ta famille dans deux maisons seulement, et la quasi-totalité de ces documents d'enfance était encore intacte, mais après le divorce de tes parents, il n'y a plus eu d'adresse fixe. Entre dix-huit ans et le début de la trentaine, tu as souvent déménagé et tu voyageais léger : tu as fait des haltes dans douze lieux différents à raison de six mois ou plus chaque fois, sans parler des innombrables autres endroits où tu as transité pendant des périodes plus brèves allant de deux semaines à quatre mois, et comme tu n'étais pas installé dans ces endroits et t'y sentais souvent à l'étroit, tu as laissé toutes les reliques de ton passé à ta mère, à cette mère chroniquement incapable de rester en place et qui, entre le milieu des années soixante et le début des années soixante-dix, a vécu avec son deuxième mari dans une demi-douzaine d'appartements et de maisons du New Jersey. Ensuite, après s'être installée en Californie du Sud, elle a déménagé tous les dix-huit mois pendant les quinze ans qui ont suivi, dans une frénésie d'acquisitions et de cessions où elle achetait des copropriétés pour les remettre en état et les revendre avec un substantiel bénéfice (ses talents de décoratrice d'intérieurs étaient impressionnants), et dans toutes ces allées et venues, dans tous ces cartons faits et défaits au fil des ans, il y a forcément eu des choses oubliées ou laissées de côté, et peu à peu presque toutes les traces de tes jeunes années ont été effacées. Tu regrettes à présent de ne pas avoir tenu de journal, un registre ininterrompu de tes pensées et de tes mouvements dans le monde, de tes conversations avec autrui, de tes réactions à des livres, des films et des tableaux, de tes commentaires sur les gens que tu rencontrais et les lieux que tu voyais, mais tu n'as jamais pris l'habitude d'écrire sur toi-même. Tu as voulu entreprendre un journal quand tu avais dix-huit ans, mais tu t'es arrêté au bout d'à peine deux jours, mal à l'aise, embarrassé, ne voyant pas bien le but de l'opération. Jusqu'alors, tu avais considéré l'acte d'écrire comme allant de l'intérieur vers l'extérieur, comme un geste vers autrui. Les mots que tu écrivais étaient destinés à être lus par quelqu'un d'autre que toi – une lettre par un ami, un devoir par l'enseignant qui te l'avait demandé, et tes poèmes ou tes histoires seraient lus par une personne inconnue, quelqu'un d'imaginaire. Le problème du journal, c'était que tu ne savais pas à qui tu étais censé t'adresser, à toi-même ou à quelqu'un d'autre, et si c'était à toi-même, la chose te paraissait étrange et difficile à comprendre, car pourquoi t'ingénier à te raconter ce que tu savais déjà, pourquoi te donner la peine de revoir des choses dont tu venais de faire l'expérience ? Et si c'était à quelqu'un d'autre, qui était cet autre et comment le fait de s'adresser à lui pouvait-il être conçu comme un journal ? Tu étais alors trop jeune pour comprendre à quel point tu allais plus tard oublier – et trop plongé dans le présent pour te rendre compte que cet autre auquel tu écrivais était en fait ton moi à venir. Tu as donc laissé tomber le journal, et petit à petit, au cours des quarante-sept ans qui ont suivi, presque tout s'est perdu.

Environ deux mois après avoir entrepris ce livre, tu as reçu un coup de fil de ta première femme, ton ex-femme depuis trente-quatre ans, Lydia Davis, écrivain et traductrice. Comme il arrive souvent aux gens de lettres quand ils atteignent un certain âge, elle se préparait à faire transférer ses papiers à une bibliothèque de recherche, une de ces collections d'archives bien rangées où des chercheurs se penchent sur des manuscrits et prennent des notes pour les livres qu'ils écrivent sur les livres des autres. Tu t'es, toi aussi, délesté de grandes montagnes de papier en faisant la même chose – heureux de t'en débarrasser, mais aussi heureux de les savoir traitées consciencieusement par les personnes de grande qualité qui dirigent la collection Berg de la bibliothèque publique de New York. Lydia t'a alors annoncé que dans les papiers qu'elle comptait donner se trouvaient toutes les lettres que tu lui avais écrites, et comme les mots de ces courriers t'appartiennent même si les lettres physiques sont à elle, elle allait en établir des copies qu'elle t'enverrait pour que tu les regardes, et elle souhaitait savoir si tu y trouvais quelque chose que tu considérerais comme trop personnel ou trop gênant pour que ce soit livré au regard du public. Elle garderait toute lettre que tu lui demanderais de ne pas donner, et si la perspective d'exposer l'ensemble te déplaisait, elle pouvait en empêcher l'ouverture pendant un nombre d'années spécifié – dix, vingt, cinquante après votre mort à tous les deux. Bien. Tu savais que tu lui avais écrit souvent quand vous étiez jeunes, surtout pendant une longue séparation qui avait duré quatorze mois en 1967-1968, alors qu'elle était à Londres et toi d'abord à Paris puis à New York, mais tu n'avais aucune idée de la fréquence de vos échanges, et quand elle t'a dit qu'il y avait une centaine de lettres qui faisaient plus de cinq cents pages en tout, tu as été étonné par la quantité, stupéfait d'avoir consacré tant d'efforts et de temps à ces missives anciennes, pratiquement oubliées, qui avaient survolé mers et continents et reposaient à présent dans une boîte au nord de l'État de New York. Des enveloppes havane ont commencé à arriver dans ton courrier, vingt ou trente pages à la fois, des lettres qui remontaient à l'été 1966, alors que tu avais seulement dix-neuf ans, et qui s'étendaient sur bien des années ensuite pour continuer même après la dissolution de votre mariage à la fin des années soixante-dix, et tandis que tu poursuivais ton travail sur ce livre où tu explorais le paysage mental de ton enfance, tu te revoyais aussi jeune homme, tu lisais des mots que tu avais écrits si longtemps auparavant que tu avais l'impression de lire un inconnu, tellement cette personne était à présent loin de toi, tellement elle t'était étrangère et encore si peu formée, avec un graphisme précipité et négligé qui ne ressemble pas à la façon dont tu écris aujourd'hui, et à mesure que tu digérais lentement ce matériau et le remettais dans son ordre chronologique, tu comprenais que cette masse de papier était le journal que tu n'avais pas réussi à rédiger quand tu avais dix-huit ans, que ces lettres n'étaient rien de moins qu'une capsule temporelle contenant la fin de ton adolescence et le début de l'âge adulte, présentant une image nette et précise d'une époque devenue en grande partie floue dans ta mémoire – et d'autant plus précieuse que c'est la seule porte ouvrant directement sur ton passé que tu aies jamais découverte.

Les lettres qui t'intéressent le plus sont celles du début, celles que tu as écrites entre dix-neuf et vingt-deux ans (1966-1969), car dans celles que tu as rédigées après ton vingt-troisième anniversaire tu parais plus vieux que lors de l'année précédente – certes encore jeune et peu sûr de toi, mais reconnaissable en tant qu'incarnation juvénile de celui que tu es aujourd'hui –, et dès l'hiver de l'année qui suit et où tu viens donc d'avoir vingt-quatre ans, tu es manifestement toi-même : aussi bien ton graphisme que les formulations de ta prose sont quasiment identiques à ce qu'ils sont aujourd'hui. Laisse donc tomber la vingt-troisième et la vingt-quatrième année ainsi que toutes celles qui viennent après. C'est l'étranger qui t'intrigue, le garçon pas tout à fait homme, à la démarche mal assurée, qui écrit des lettres depuis l'appartement de sa mère à Newark, ou depuis une auberge à six dollars par jour (repas compris) dans le Maine rural, ou depuis un hôtel à deux dollars par jour (repas non compris) à Paris, ensuite depuis un petit appartement de West 115th Street à Manhattan et enfin depuis la nouvelle maison de sa mère dans les bois du comté de Morris – car tu as perdu le contact avec cette personne, et quand tu l'écoutes parler sur la page, c'est à peine si tu la reconnais.

Des milliers de mots adressés à la même personne, à la jeune femme qui allait un jour devenir ta première épouse. Vous vous étiez rencontrés pendant le printemps 1966, elle étudiante de première année à l'université Barnard et toi également en première année à Columbia – des produits de deux univers radicalement différents. Un jeune Juif aux cheveux foncés venu du New Jersey et d'une école publique, une WASP blonde, originaire de Northampton dans le Massachusetts, installée à New York depuis l'âge de dix ou onze ans, qui avait reçu des bourses pour les meilleures institutions privées – plusieurs années au cours Brearley pour filles de Manhattan, puis à Putney dans le Vermont pour ses études secondaires. Ton père était un petit entrepreneur indépendant qui se débrouillait comme il pouvait et n'avait pas fait d'études, tandis que le sien était un professeur d'université, un critique estimé qui avait enseigné la littérature anglaise à Harvard et à Smith College et qui, à ce moment-là, enseignait à l'université Columbia. Très vite, tu as été ébloui. Elle, sans être éblouie, n'en était pas moins curieuse. Ce que vous partagiez : une passion pour les livres et la musique classique, la détermination de devenir écrivains, un enthousiasme pour les Marx Brothers et d'autres formes de tohu-bohu comique, un amour des jeux (depuis les échecs et le ping-pong jusqu'au tennis) et une désaffection à l'égard de la vie américaine – en particulier à cause de la guerre du Viêtnam. Ce qui vous a séparés : un déséquilibre dans la chimie de vos affections, des fluctuations de désir, des résolutions changeantes. La plupart du temps, c'était toi qui la poursuivais tandis qu'elle oscillait, tantôt résistant à tes avances, tantôt souhaitant être capturée, et cet état de choses a provoqué bien des turbulences entre 1966 et 1969, de nombreuses ruptures suivies de réconciliations, un jeu de bascule qui engendrait joie et détresse chez tous les deux. Il va sans dire que chaque fois que tu lui écrivais vous étiez séparés, éloignés l'un de l'autre pour une raison ou une autre, et lettre après lettre tu passes beaucoup de temps à analyser les difficultés surgies entre vous, ou à suggérer des moyens de les aplanir, ou à mettre au point des modalités qui te permettront de la revoir, ou encore à lui dire combien tu l'aimes et combien elle te manque. Dans l'ensemble, on peut considérer ces courriers comme des lettres d'amour, mais les hauts et les bas de cet amour ne sont pas ce qui te concerne à présent, et tu n'as aucunement l'intention de transformer ces pages en une resucée des drames sentimentaux que tu as traversés il y a quarante-cinq ans, car il est question de bien d'autres choses aussi dans ces lettres, et ce sont ces autres choses qui concernent le projet dans lequel tu t'es engagé depuis plusieurs mois. Ce sont elles que tu vas extraire de la capsule temporelle qui est tombée entre tes mains – et qui te permettront de poursuivre, d'aborder l'étape suivante de tes *excursions dans la zone intérieure.*

ÉTÉ 1966. Ta première année à Columbia était maintenant derrière toi. C'était l'établissement où tu avais voulu étudier, non seulement parce que c'était une excellente université avec un solide département d'anglais, mais parce qu'elle se situait à New York, qui était encore le centre du monde pour toi, à l'époque, et la perspective de passer quatre ans dans cette cité t'attirait bien plus que celle d'être confiné dans quelque campus lointain, coincé dans quelque trou campagnard sans rien d'autre à faire qu'étudier et boire de la bière. Columbia est une université de grande taille, mais les étudiants de premier cycle ne sont pas très nombreux – à cette époque ils étaient à peine deux mille huit cents, soit sept cents par année –, et l'un des avantages du programme de Columbia était que tous les cours étaient donnés par des professeurs (ou des maîtres-assistants) et non par des étudiants de troisième cycle ou par des chargés de cours extérieurs comme dans la plupart des autres établissements d'enseignement supérieur. C'est ainsi que ton premier professeur d'anglais a été Angus Fletcher, le jeune et brillant disciple de Northrop Frye, et que ton premier professeur de français a été Donald Frame, le célèbre traducteur et biographe de Montaigne. Par chance, Fletcher a donné deux de tes cours cet automne-là : "Humanités pour étudiants de première année" (étude de grands livres, obligatoire pour tous les étudiants) et un autre consacré à la lecture d'un seul ouvrage – cette fois-là, ce fut *Tristram Shandy*. "Humanités pour étudiants de première année" figure sans conteste comme le défi intellectuel le plus roboratif que tu avais jamais rencontré jusque-là : ce fut un grand plongeon dans un univers de merveilles et de révélations, une joie globale que tu retrouves chaque fois que tu reprends les livres que tu as lus cette année-là. Le premier trimestre a commencé par Homère pour se terminer par Virgile, et entre eux il y a eu Eschyle, Sophocle, Euripide, Aristophane, Platon, Aristote, Hérodote et Thucydide. Dans le second, vous êtes allés de saint Augustin, Dante, Montaigne et Cervantès jusqu'à Dostoïevski. C'était une petite classe où tout le monde fumait cigarette sur cigarette et jetait les cendres par terre ; les discussions menées par Fletcher étaient à la fois provocatrices et pleines d'esprit, et ta vie en a été radicalement changée. Il faut admettre que certains autres aspects de ton existence d'étudiant ont été moins stimulants pour toi – les mornes périodes de rumination esseulée, la laideur du dortoir, la froideur institutionnelle de l'administration de Columbia, mais tu étais à New York et, par conséquent, tu pouvais t'échapper dès que tu n'étais pas assis en classe. Un de tes amis d'enfance a lui aussi commencé à Columbia cette année-là, et puisque tous les étudiants de première année qui n'étaient pas de New York avaient l'obligation de vivre en dortoir, vous avez partagé une chambre au septième étage de Carman Hall. Ton ami venait d'une famille fortunée, et au lieu de fréquenter le lycée public local comme toi, il était allé dans un pensionnat progressiste du Vermont, cette même Putney School dont Lydia était diplômée. C'est ainsi que tu as rencontré Lydia – par ton camarade de dortoir. Grâce à Lydia, tu as fait la connaissance d'un autre ancien élève de Putney, Bob P., qui était en première année dans une université du Nord de l'État mais qui, ce printemps-là, est descendu assez souvent à New York pour que vous deveniez amis. Futur poète comme toi, Bob avait alors dix-huit ans. Il était doué d'une grande intelligence, d'un esprit vif et chaleureux, et une fois l'année universitaire finie, vous avez décidé de joindre vos forces pendant l'été. Vous êtes allés dans les monts Catskill pour travailler comme jardiniers à l'hôtel Commodore (une aventure étrange racontée de façon assez détaillée dans *Le Diable par la queue*), et après avoir quitté ce boulot parce qu'il était trop mal payé et qu'on ne vous nourrissait pas assez, vous vous êtes rendus dans la ville natale de Bob – Youngstown, Ohio – où, pendant les quatre ou six semaines suivantes, tu as vécu dans la demeure de ses parents, une maison de style Tudor bien aménagée, et tu as travaillé dans l'entrepôt d'appareils ménagers de son père. La paye et la nourriture étaient meilleures, et le travail n'était pas difficile car à dix-neuf ans tu étais extrêmement fort et le fait de déplacer de grandes et lourdes caisses était déjà une vieille ritournelle pour toi qui, deux ans auparavant, pendant une partie de l'été, avais été employé dans le magasin d'appareils ménagers de ta tante et de ton oncle à Westfield, New Jersey (entreprise semblable mais plus petite, déjà elle aussi décrite dans *Le Diable par la queue*), et maintenant tu t'y attelais de nouveau, huit heures par jour dans un bâtiment en parpaings au sol en ciment. Pendant ces heures-là une radio résonnait en musique de fond, remplissant l'air mort de cet espace avec les tubes de l'année 1966, dont le plus populaire de tous, *Strangers in the Night* tel que le chantait Frank Sinatra, a dû passer au moins mille fois durant les semaines où tu as travaillé là ; tu l'as entendu si souvent et tu en es venu à le détester tellement que même maintenant, à soixante-cinq ans, il te suffit d'entendre deux mesures de cette malheureuse ballade pour être renvoyé à la chaleur de cet été à Youngstown. Au début du mois d'août, quelqu'un vous a ramenés, Bob et toi, en voiture sur la côte Est, et après une petite halte dans l'appartement de ta mère à Newark, vous êtes repartis, cette fois dans la Chevrolet blanche dont tu étais propriétaire depuis ton avant-dernière année de lycée, vers le nord en direction des forêts du Vermont et des plages de Cape Cod. Tu ne te souviens pas de ce qui te poussait à aller là, mais à cette époque tu aimais conduire, les longs trajets en voiture te plaisaient, et il se peut que tu sois parti simplement pour faire de la route. En revanche, tu te rappelles vaguement que Lydia s'était rendue à Cape Cod avec ses parents, dans une maison quelque part à Wellfleet, et que Bob et toi aviez envie de surgir à sa porte sans vous être annoncés pour la saluer. La galanterie idiote des adolescents. Mais si vous cherchiez Lydia, le fait est que vous ne l'avez jamais trouvée, et qu'après avoir dormi dehors sur la plage, vous avez poursuivi votre route. La première lettre de celles qui restent dans la capsule temporelle a été écrite dans l'appartement de ta mère à Newark, le quinze août, juste à ton retour. Elle commence ainsi : "Oui, nous sommes de retour. Non, ce n'était pas très marrant. Si on a vu l'océan ? Oui. Si on a vu Cape Cod ? Oui, jusqu'à son extrémité. Si on a vu Boston ? Oui. Deux fois. Si on a vu Putney ? Oui. La maison des anciens élèves ? Oui, pleine d'élèves africains. Et si le voyage a été reposant ? Non. Si nous avons fait un très long trajet ? Oui. Plus de mille miles. Si on est fatigués ? Oui. Très. Si on est à Newark depuis longtemps ? Non, depuis plusieurs heures. Et si on est occupés, là ? Oui. Bob sous la douche, Paul sur le canapé à écrire une lettre à Lydia. Ce voyage, pour quoi faire ? La malheureuse histoire d'une aventure mal conçue. Instructif? Peut-être. Si on est passés par Wellfleet ? Oui. Et Paul, qu'a-t-il pensé ? Il a pensé à combien il aimait Lydia. Quand il songeait à elle, était-il objectif? Autant que l'amour permet de l'être. La nature de ses pensées ? Mélancolique. Tristesse infinie. Désir infini."

Une semaine plus tard (22 août), toujours dans l'appartement de ta mère – mais Bob P. est désormais certainement parti –, une lettre décousue de six pages qui commence bizarrement, de façon prétentieuse, par un certain nombre de phrases hachées. "Ici. Je suis ici. Assis. Commencer, je le ferai, mais lentement, car je me sens me dire que je vais poursuivre un certain temps, peut-être trop longtemps… Tu vas m'ouïr dire, avant que je ne dise ce que je me suis assis pour dire, des bribes et des brimborions, des bricoles et des vétilles, ce qu'on appelle nouvelles ou bavardage, mais ce que j'appelle, et peut-être toi aussi… « s'échauffer », et qui, je te le garantis, n'est ici que figure de style car j'ai sûrement déjà très chaud (c'est l'été, sais-tu)." Après quelques remarques morbides sur l'horreur et l'inévitabilité de la mort, tu changes soudain de direction et annonces ton intention de ne parler que de choses gaies. "Il y a peu, descendant du mont Putney dont j'avais gravi la cime, la chose m'est soudain apparue, pour ainsi dire en un éclair – autrement dit, j'ai été instruit de la seule chose vraiment comique au monde. Ce n'est pas nier que bien d'autres soient comiques. Mais elles ne le sont pas purement, car elles ont toutes leur côté tragique. Alors que celle-là est toujours infailliblement comique. Celle-là, c'est le pet. Ris si tu veux, cela ne fera que renforcer mon argument. Oui, il est toujours drôle, on ne peut pas le prendre au sérieux. Le plus délicieux de tous les faibles de l'homme." Puis, après une autre brusque déviation "(J'ai fait une pause pour allumer une cigarette – d'où le hiatus dans mon courant de pensée sinon toujours égal)", tu déclares avoir acheté récemment un exemplaire de *Finnegans Wake*. "En me disant que je ne le lirais probablement jamais, je l'ai ouvert et je me suis mis à lire. J'ai eu du mal à le reposer. Non pas qu'il soit facile à comprendre, mais il est vraiment amusant. Tu en as lu un peu, n'est-ce pas ? Il y en a, là-dedans." Quelques phrases plus loin : "J'ai beaucoup de travail à faire sur la pièce. N'ayant repris l'écriture qu'hier, après avoir passé 2 semaines sans la regarder, elle me dit que j'ai beaucoup à faire." Le manuscrit de cette pièce de jeunesse a été perdu, mais ce que tu en dis prouve que tu écrivais avec sérieux, à cette époque, que tu te considérais déjà comme un écrivain (ou un futur écrivain). Et puis, sans doute pour répondre à une question que Lydia t'avait posée dans un courrier faisant suite à ta précédente lettre : "North Truro est la plage où nous sommes allés. Nous sommes arrivés à six heures, l'horaire. J'ai surtout aimé les ombres dans les traces de pas." Un petit peu plus loin, tu lui prodigues des conseils, tu commentes quelque chose qu'elle a dû mentionner dans sa lettre : "… pour repartir, pour écrire, il te faut méditer au vrai sens du terme. Honnêtement, dans la douleur. Alors les choses cachées ressortiront. Il te faut oublier la Lydia du quotidien, la Lydia de ta sœur, la Lydia de tes parents, la Lydia de Paul – mais ensuite tu pourras retourner vers eux, sans perdre ton « inspiration » la prochaine fois. Non que les deux termes soient incompatibles, mais tu dois comprendre comment ils interagissent." Finalement, alors que tu arrives presque à la dernière page de la lettre, tu lui dis que tu t'exprimes mal. "Tellement difficile. Tu vois, je suis dans une confusion infinie vis-à-vis de ce machin qui s'appelle la vie. Entièrement sens dessus dessous, secoué, brisé. Je sais que ce sera toujours comme ça – la confusion. Et je m'en suis terriblement voulu de t'avoir parlé de la bonté de la vie… quand tu m'as téléphoné ici, le soir où tu étais malade. À quoi bon ? Pourquoi vivre ? Je n'ai pas envie de faire l'idiot. Au bout du compte, je crois – et ça, je le crois avec plus de force que n'importe quoi d'autre – que s'il y a une seule chose qui compte, c'est l'amour. Ah, les vieux clichés… Mais c'est ce que je crois. Crois. Oui. Je. Le. Crois. Perdu, sans ça. La vie une très sale blague, sans ça."

Tu t'étais temporairement terré chez ta mère parce que le bail de location que tu avais signé pour un appartement à New York (311 West 107th Street) ne prenait pas effet avant la première semaine de septembre. Le trente août, tu signales que tu as jeté à la poubelle ta pièce – "les 140 pages au complet" –, mais pas l'idée, et que tu as démarré quelque chose en prose en "utilisant comme noyau des éléments de la pièce". Quant à ton état mental, il semblerait que tu te morfondais dans une de ces profondes déprimes qui t'ont souvent envahi quand tu étais étudiant de premier cycle. "Vivre ici, à Newark, dans cet appartement étouffant, est intolérable. La plupart du temps je reste tout à fait silencieux. Parfois je suis irritable. Pas de paix. À l'intérieur de moi, tout est murmure. (Ce mot, « murmure* » est l'un des plus beaux de la langue anglaise.)… Mes sens sont particulièrement aiguisés, à présent, et je perçois tout avec plus d'acuité. Ces dernières semaines, je mange peu… mélancolie extrême, mais des choses étranges remuent en moi. J'ai l'impression de saisir les racines de quelque chose de très important." Malheureusement, ce qu'était cette chose n'est jamais expliqué, et dès la semaine suivante tu emménageais dans ton nouvel appartement. Tu l'as partagé avec ton ami Peter Schubert, et c'était le premier appartement que l'un ou l'autre occupait de manière autonome : une nouvelle étape vers l'indépendance et la condition d'adulte. Ensuite, plus de lettres jusqu'au mois de juin suivant, soit un trou de neuf mois dans la chronique…

* En anglais, *murmur*. *(N.d.T.)*

Tu te souviens de ta deuxième année à Columbia comme d'une période de mauvais rêves et de luttes, marquée par la conviction de plus en plus forte que le monde se désintégrait sous tes yeux. Ce n'était pas seulement la guerre du Viêtnam, bien qu'elle se soit tellement étendue et soit devenue si meurtrière que certains jours tu avais du mal à penser à quoi que ce soit d'autre, mais aussi la saleté et la pourriture dans les rues de ton quartier, les gens fous et débraillés qui titubaient sur les trottoirs de Morningside Heights, sans parler de la drogue qui détruisait la vie de personnes proches de toi, d'abord celle de ton ancien camarade de dortoir, puis celle d'un de tes amis de lycée qui a succombé à une overdose d'héroïne, et aussi, juste après la fin du semestre de printemps, la guerre des Six Jours au Moyen-Orient qui t'a terriblement inquiété, à tel point, même, que pendant la courte période où l'issue de la guerre était incertaine tu as sérieusement songé à t'engager dans l'armée israélienne, car Israël n'était pas pour toi à cette époque un pays problématique, tu le considérais encore comme un État socialiste et laïque qui n'avait pas de sang sur les mains, et enfin, quelques semaines plus tard, il y a eu les émeutes de Newark, la ville où tu étais né, la ville où vivaient encore ta mère, ta sœur et ton beau-père, une explosion spontanée, une guerre interraciale entre la population noire et les forces de police blanches au cours de laquelle plus de vingt personnes ont été tuées, plus de sept cents autres blessées et mille cinq cents arrêtées, des immeubles ont été rasés par le feu et ces émeutes ont provoqué tant de dégâts que même aujourd'hui, quarante-cinq ans plus tard, Newark n'a pas entièrement récupéré de la fureur autodestructrice de ces confrontations violentes. Oui, tu as lutté pour rester debout pendant toute cette année difficile, tu étais perpétuellement menacé de perdre l'équilibre, mais malgré tout tu as continué ton chemin, tu es resté à jour de ton travail d'étudiant et tu as écrit autant que tu le pouvais. La majorité de ces écrits n'a rien donné, mais pas tous, pas tous les mots ni toutes les phrases, et l'année 1967 a été la première où tu as produit quelques phrases, quelques expressions et quelques paragraphes qui ont fini par trouver une place dans ton œuvre publié. Des bribes en ont ainsi paru dans ton premier livre de poèmes (*Unearth**, terminé en 1972), et bien plus tard, quand tu as réuni tes *Collected Poems* (2004), tu as jugé bon d'y inclure un petit texte en prose écrit à l'âge de vingt ans, "Notes tirées d'un cahier scolaire", qui se compose de treize propositions philosophiques dont la première déclare : *Le monde est dans ma tête. Mon corps est dans le monde.* Tu défends toujours ce paradoxe qui a cherché à capturer l'étrange dualité du fait d'être en vie, cette inexorable union de l'intérieur et de l'extérieur qui accompagne chaque battement de cœur de la naissance à la mort. 1966-1967 : une année où tu as beaucoup lu, peut-être plus qu'à aucun autre moment de ta vie. Pas seulement les poètes, mais aussi les philosophes. Entre autres Berkeley et Hume pour le XVIIIe siècle, mais également Wittgenstein et Merleau-Ponty pour le XXe. Tu relèves des traces de ces quatre penseurs dans tes deux phrases, mais au bout du compte c'est la

* *Nonterre*, traduit par Danièle Robert. In *Disparitions*, Éditions Unes/Actes Sud, 1994. *(N.d.T.)*

phénoménologie de Merleau-Ponty qui t'a parlé le plus, c'est sa vision du sujet incarné qui te parle encore le plus.

Tu mourais d'envie de partir. Une fois le semestre de printemps terminé, New York dans sa chaleur puante était bien le dernier endroit où tu voulais être, et comme tu avais mis un peu d'argent de côté en travaillant comme magasinier à la bibliothèque Butler de l'université Columbia, tu avais les moyens d'éviter un boulot d'été et de partir tout seul. Le Maine t'a paru être une bonne destination et tu as donc déplié une carte de cet État en cherchant l'endroit le plus reculé possible, lequel s'est révélé être une localité appelée Dennysville, petit village à quelque cent trente kilomètres à l'est de Bangor et quarante kilomètres à l'ouest d'Eastport (le village des États-Unis le plus à l'est, au bord de la baie où passe la frontière avec le Canada). Tu as choisi Dennysville parce que tu avais appris qu'on pouvait être hébergé décemment à l'auberge Dennys River pour seulement six dollars par jour (trois repas chauds compris), et tu es donc parti pour Dennysville, un trajet de dix-huit heures en car, et pendant le long voyage et l'arrêt également long à Bangor où tu as attendu un autre car, tu t'es plongé dans plusieurs livres, en particulier dans *L'Amérique* de Kafka, le seul de ses ouvrages que tu n'avais pas encore lu – un compagnon idéal pour ton excursion dans l'inconnu. Tu souhaitais t'isoler le plus possible parce que tu avais commencé à écrire un roman, et tu nourrissais la croyance juvénile (ou romantique, ou mal assimilée) qui veut qu'un roman soit écrit dans l'isolement. C'était la première fois que tu essayais d'en composer un, la première de plusieurs tentatives qui allaient t'occuper jusqu'à la fin des années soixante et pendant la plus grande partie de 1970, mais tu n'étais évidemment pas capable de produire un roman quand tu avais vingt, vingt et un ou vingt-deux ans, tu étais trop jeune, tu manquais trop d'expérience, tes idées évoluaient encore, fluctuaient donc continuellement, et par conséquent tu échouais, tu échouais sans cesse, et pourtant, quand tu revois ces ratages tu n'estimes pas avoir perdu ton temps, car dans les centaines, voire le millier de pages que tu as écrites ces années-là (toutes gribouillées dans des cahiers avec cette écriture presque illisible de ta jeunesse), se trouvaient les embryons de trois romans que tu parviendrais à terminer plus tard (*Cité de verre, Le Voyage d'Anna Blume, Moon Palace*), et quand, peu après l'âge de trente ans, tu t'es remis à la fiction, c'est vers ces vieux cahiers que tu t'es tourné pour les piller, y prélevant parfois des phrases et des paragraphes entiers qui ont ainsi refait surface – des années après avoir été écrits – dans ces romans recomposés. Donc, en ce mois de juin 1967, tu étais en route vers l'auberge Dennys River, dans le Maine, où tu comptais t'isoler avec Quinn, le héros de ton livre*, dans une petite chambre de la belle et vieille maison blanche recouverte de planches à clin, convertie en auberge, dans laquelle tu as vécu les trois semaines suivantes, une maison alors vide, sans autres occupants que toi-même et les propriétaires, M. et Mme Godfrey, tous deux retraités venus de Springfield, Massachusetts,

* Pas le Quinn qui allait devenir le personnage de *Cité de verre*, mais un autre Quinn qui, de fait, était une première version de Fogg, le narrateur de *Moon Palace. (N.d.A.)*

et âgés d'environ soixante-quinze ans. Du début à la fin de ton séjour tu as été l'unique client. La Dennys est un fleuve apparemment réputé chez les pêcheurs à la ligne pour être le seul, dans tous les États-Unis, où l'on peut pêcher du saumon d'eau douce à une certaine période de l'année (les détails te sont devenus un peu vagues), et alors même que ta visite coïncidait avec cette période qui aurait dû marquer la haute saison pour l'auberge Dennys River, les poissons ne passaient pas cette année-là (1967) et les pêcheurs étaient restés chez eux. M. et Mme Godfrey se sont tous deux montrés aimables avec toi : ils ont fait tout leur possible pour que tu te sentes bien chez eux. La rondelette Mme Godfrey, bavarde et gaie, était une cuisinière hors pair qui t'a nourri abondamment et t'a toujours proposé de te resservir une fois, voire deux si tu le demandais. M. Godfrey, maigre et boiteux, t'a emmené en excursion à Eastport ainsi que dans la réserve indienne locale. Il t'a aussi raconté des anecdotes sur son service dans l'armée de terre américaine en 1916 : on l'avait alors posté sur la frontière avec le Mexique pour parer à des attaques de Pancho Villa, mais celui-ci ne s'est jamais montré, ce qui a transformé le temps de service de M. Godfrey en "vraies vacances". Oui, ces gens-là étaient bons et bienveillants, et si tu te retrouvais aujourd'hui dans une position semblable tu t'en réjouirais sans doute et te plongerais dans ton travail, mais tu avais vingt ans et cet isolement extrême t'était si pénible que tu n'arrivais pas à le supporter, tu te sentais seul et agité (travaillé par des idées de sexe), et ton projet d'écriture n'a pas bien avancé. En plus, c'est à ce moment-là qu'a éclaté la guerre des Six Jours, et au lieu de rester dans ta chambre à l'étage pour travailler à ton livre, lequel devait avorter peu après, tu n'as souvent pas pu t'empêcher, l'après-midi, de descendre dans le séjour et, assis avec les Godfrey devant la télévision, de regarder les derniers reportages sur la guerre. Seules quatre lettres de ce voyage dans le Maine ont survécu, toutes assez courtes, rédigées en brèves phrases télégraphiques – petites dépêches du diable vauvert.

7 JUIN : Retour à zéro. Jeté 15 pages – tout ce que j'avais fait jusque-là… Grand désespoir. Me voici de retour là où j'étais il y a plusieurs mois, à ébaucher une longue nouvelle (un court roman ?)… J'espère seulement que je serai à la hauteur. Ça va être très dur à réaliser – comme presque tout. Pour l'instant, peu d'optimisme en moi.

Déchiré par tout ce foutoir du Moyen-Orient – je regarde la télé canadienne qui diffuse les discussions des Nations unies –, spectacle horrible d'une diplomatie déloyale et d'une hypocrisie faiblarde. Je songe sérieusement à partir pour Israël, sauf que le conflit risque d'être terminé avant que je ne puisse partir. Il ne peut pas durer trop longtemps, sauf à se transformer en guerre mondiale…

Ici, on a de la fraîcheur et du vent. Je me suis mis à marcher autour du cimetière situé sur une colline qui donne sur un champ et puis, plus loin, sur une forêt dense. Il y a une pierre tombale étrange : Harry C. et sa femme Lulu. Aujourd'hui, dans ma promenade, deux choses m'ont frappé : deux chevaux noirs dans un pré, debout tout près l'un de l'autre, amoureux. Comme le dit Wright : “Il n'y a pas de solitude comme la leur.” Et puis un peu plus loin : 2 arbres si proches que l'un s'appuyait sur l'autre entre deux branches et donnait l'impression d'être pris dans une embrassade…

8 JUIN : Je suis content que tu aies aimé *Törless**. Mais que le fait d'être femme ne te décourage pas. C'est une belle profession. La nuit dernière, je lisais Blake – il disait – "Débiner, Saper, Embobiner et tout ce qui est Négatif n'est que Vice. Mais l'origine de l'erreur de Lavater et de ses contemporains est celle-ci : ils supposent que l'Amour de la Femme est Péché ; par conséquent, tous les Amours et toutes les Grâces qui les accompagnent sont des péchés."

Plus loin, sans doute parce qu'elle t'a demandé une liste de livres français, tu suggères quelques romanciers – Pinget, Beckett, Sarraute, Butor, Robbe-Grillet et Céline – mais tu ajoutes qu'elle devrait n'en lire qu'un ou deux et puis se tourner vers la poésie française. "… achète le *Penguin Book of French Verse : XIXe siècle* – ainsi que celui du XXe siècle – et lis Vigny, Nerval, Baudelaire, Mallarmé, Lautréamont, Rimbaud, Lafargue. Ensuite, dans le volume du XXe siècle, lis Valéry, Jacob, Apollinaire, Reverdy, Eluard, Breton, Aragon, Ponge, Michaux, Desnos, Char, Bonnefoy. À mon avis, les Français ont fait plus de choses pour la poésie que pour le roman, hormis Flaubert et Proust**."

14 JUIN : Bizarre, très bizarre. Hier, je suis enfin allé à Eastport… M. Godfrey devait s'y rendre en

* *Les Désarrois de l'élève Törless*, par Robert Musil. *(N.d.A.)*
** Adulte, Lydia allait traduire *Madame Bovary* et *Du côté de chez Swann*. Adulte, Paul allait réaliser une anthologie de poésie française du XXe siècle où Lydia figurerait parmi les traducteurs. *(N.d.A.)*

voiture... Tu aurais dû voir cette ville – il n'y a rien de pareil –, une *vraie* ville fantôme avec plein de bâtiments défoncés, tous vieux, quelques-uns datant de la guerre d'Indépendance – les 3/4 des gens vivent avec des aides de l'État –, il y a la baie, les mouettes, le Canada juste de l'autre côté. De vieux immeubles en brique – des magasins à vendre... Le bazar le plus grand s'appelle le BECKETT... En plus, dans ce que j'écris maintenant, le personnage principal a pour nom Quinn – et comme on pouvait s'y attendre, une des maisons affichait The Quinns...

Je crois que mon écriture va se mettre à bouger, maintenant, après avoir tant pataugé – je viens d'avoir quelques bonnes idées – mais ça va être lent et douloureux...

18 JUIN : Fragments. Je me sens non civilisé. Ma voix éclate à l'intérieur de mon crâne. Je te veux ici. Je n'ai rien d'autre que mon travail – une apothéose de solitude. Oui, évidemment, il vaut mieux être seul – le travail s'en trouve mieux, oui mieux, le vieux vent du sud* claque et fait rage – l'air sème des idées qui germent tous les jours au bout de mes doigts – oui, le travail s'en trouve mieux, c'est un étrange roman que j'écris... oui, il marche bien – mais quand tu m'écris des lettres qui me rendent si triste que j'ai envie de rentrer à New York, d'ôter mes vêtements et me lancer dans une danse idiote pour te faire rire – Ne lis pas tant de livres – ils feront de toi une vieille érudite – et parle une langue confuse. FAIS DE LA MUSIQUE – chante des chansons au soleil – loue les

* Presque certainement une référence à ton nom de famille qui, en latin, signifie *vent du sud. (N.d.A.)*

morts – écris des Requiem pour les vivants – mais chante – que ta voix métamorphose l'air que tu respires – *fais* quelque chose – un poème, un morceau de musique… le salut de l'homme, c'est de *faire avec amour*…

Le premier août, tu partirais pour Paris, et à ce moment-là, au milieu du mois de juin, il était pratiquement certain que Lydia s'y rendrait aussi. Vous vous étiez tous les deux inscrits dans le programme de troisième année d'études à l'étranger de l'université Columbia, et maintenant que l'heure du départ approchait, ton moral avait commencé à remonter, tu attendais avec grande impatience de passer les dix ou douze mois suivants dans un nouvel environnement, et tu te demandes à présent si cette euphorie n'a pas été responsable de l'exubérance un peu folle de ta dernière lettre du Maine. En réalité, rien ne s'est passé comme tu l'avais imaginé. Tu es parti pour Paris au moment prévu, souhaitant t'installer en avance, t'acclimater à la ville avant le début de l'année universitaire, mais au dernier moment les plans de Lydia ont changé, car elle aussi avait connu des difficultés pendant les mois précédents, et ses parents ont décidé qu'elle devrait prendre un congé exceptionnel de Barnard College et se rendre à Londres pour passer quelque temps chez sa demi-sœur, mariée et de quatorze ans son aînée, qui vivait dans une grande maison confortable près de Turnham Green. Ainsi a débuté la longue séparation – qui s'est poursuivie douloureusement jusqu'aux dernières semaines de l'été suivant.

Tu as déjà écrit à propos de certaines des choses qui te sont arrivées au cours des quelques mois qui ont suivi (dans *Le Diable par la queue*) : tu as décrit ta dispute avec l'administrateur de l'université Columbia à Paris, ta décision impulsive d'abandonner ce programme et de quitter l'université, les coups de téléphone affolés de ta mère, de ton beau-père et de ton oncle maternel qui t'appelaient en pleine nuit pour te prier de revoir ta position, de revenir sur une décision que la conscription rendait suicidaire puisque tu allais perdre ton sursis d'étudiant, et quand tu leur as répondu que non, tu n'allais revenir sur rien du tout, il y a eu d'autres appels en pleine nuit te suppliant de rentrer à New York pour "discuter de la situation", et tu as fini par céder à leurs objurgations, tu t'es rendu à New York pour ce qui, à tes yeux, ne serait que quelques jours, car tu avais la ferme intention de revenir à Paris et de poursuivre ta vie indépendante et chaotique, mais tu n'es pas revenu, il allait se passer plus de trois ans avant que tu ne remettes les pieds à Paris, et cela parce qu'un homme, le responsable des étudiants de premier cycle, acceptait de te laisser réintégrer Columbia alors même que tu avais raté une grande partie du semestre. La bienveillance et la compréhension de cet homme, le doyen Platt, ont suffi pour que tu perçoives la bêtise de tes agissements, et tu es donc resté à New York, où tu es redevenu étudiant. Tu as abordé tous ces sujets précédemment, mais au moment où tu l'as fait tu ne disposais pas de tes lettres, et quand tu t'es installé pour écrire ces pages en 1996, tu avais oublié ou déformé bien des choses dans ta mémoire, y compris des choses importantes, par exemple la date de ton retour à New York (tu pensais qu'il avait eu lieu au milieu du mois de novembre alors qu'il se situait dans la seconde moitié d'octobre), et maintenant que tu as les preuves sous les yeux, tu peux constater que tu étais en bien plus mauvais état que ne l'indiquaient les souvenirs de ton ancien moi – dans un brouillard épais à tous égards, peut-être même à demi fou. Pas tellement au début, mais après avoir décidé d'abandonner tes études, tu parais perdu, fonçant d'un côté puis de l'autre, sautant d'une folie à la suivante, essayant par à-coups de te contenir alors que tu es en train de lentement te désagréger.

3 AOÛT : J'ai rencontré un Juif égyptien qui tient un étal de bonbons à Saint-Germain-des-Prés, et il a essayé de me trouver un appartement… mais les appartements sont terriblement chers, ici – de l'argent gaspillé. Donc j'habite dans une chambre d'hôtel – ensoleillée, bien située, calme. J'en suis très content. Jusqu'à présent, je n'ai fait que courir partout pour mille choses pratiques – c'est enfin terminé, je vais être en mesure de me mettre à écrire et d'avoir un peu de paix.

10 AOÛT : J'ai été ravi de recevoir ta lettre – ce matin, vers 8 h 30, dans le petit café en bas, alors que je prenais "mon café du matin", la patronne a surgi devant mes yeux pas encore ouverts, a brandi la lettre sous mon menton râpeux et déclaré d'une voix dont la musicalité n'est pas le fort : *"Voilà, monsieur. Pour vous**. *"* Quel délice…

* Dans cette page et jusqu'à la fin de "Capsule temporelle", les mots et les passages à la fois en italiques et entre guillemets sont en français dans le texte original. *(N.d.E.)*

Madame, dans sa robe de velours, s'arrête un instant devant l'homme négligé qui dort sur le banc et pousse un soupir. *"Charmant."* Mais il n'y a personne autour pour goûter sa remarque compatissante.

Ma chambre se trouve tout en haut d'un escalier vertigineux, si raide que les bruits de la rue ne sont que murmures…

Les filles portent des robes courtes : c'est la *"minijupe"* qui, contre toute attente, déplaît aux hommes âgés. *"Elles ont passé toutes les bornes"*, a déclaré le vieux Polonais. Mais pourquoi couvrir la nudité de la jeunesse ?

Souvent, lorsqu'il pleut, la pluie valse sur le fil d'un yo-yo héraclitéen*.

"Mais monsieur, dans le sac, comme ça, j'ai pensé que c'étaient les ordures." Ainsi ont été jetés les comprimés qui devaient combattre mon infection.

On n'arrive plus à distinguer les mots des gestes. Le mime et l'orateur se confondent. Et l'écrivain, en noircissant sa page avec de l'encre, devient peintre…

Toutes les heures, les cloches de Saint-Germain-des-Prés disent à la rue avec des claquements secs : *"J'ai mille ans, et je serai ici après que vous serez partis."*

11 AOÛT : L'étage où je vis dans cet hôtel – sous la lucarne devenue grisâtre – est peuplé de vieux qui habitent là en permanence. Il y a à peu près cinq minutes, alors que j'écrivais cette lettre, le vieillard de la chambre voisine qui rentre chaque soir en puant

* Se rapporte à l'un des fragments d'Héraclite les plus connus : "La route qui monte et qui descend est une seule et la même." *(N.d.A.)*

le vin (je l'ai rencontré plusieurs fois quand il rentrait) a frappé à la porte – en peignoir effiloché, un mégot aux lèvres – et, de sa voix rauque, après s'être répandu en excuses, m'a demandé l'heure. *"Onze heures moins dix."*

12 AOÛT : Je fume des "Parisiennes". On les achète 18 centimes dans de minuscules paquets bleus de quatre – les 20 coûtent 90 centimes. Les "Gauloises", qui sont les moins chères après les "Parisiennes", coûtent 1,35 F.

Si on se lève assez tôt, comme moi aujourd'hui (7 h 45) – l'air est gris & froid & chargé de pluie : une pluie installée pour toute la journée – et si on descend au bistrot, on peut prendre son café avec les hommes du marché, le livreur de glace, les éboueurs, etc. La seule chose curieuse, c'est qu'au lieu de boire du café le matin (n'oublie pas qu'il n'est que huit heures), ces hommes ingurgitent toutes sortes de liqueurs exotiques, en général des vins. Il semble que ce soit la coutume chez les vieux. Rien qu'y penser (à boire de l'alcool à huit heures du matin) est un peu trop pour moi.

Dans le froid du petit matin, la pluie qui crépite dans les rues étroites… semble rapprocher les choses les unes des autres et de moi aussi… Même les sons prennent une autre tournure. La radio du vieux qui passe de l'accordéon dans la chambre à côté me paraît plus nette, plus triste. Ah – elle vient de s'arrêter. Pendant un instant, un petit vide dans l'air – en fait, dans mes oreilles… dans mon esprit.

18 AOÛT : Pardonne mon retard. Je sais que j'avais promis d'écrire hier. Mais ça s'est révélé impossible…

J'avais terminé la moitié de la lettre dès le milieu de l'après-midi. Je suis sorti et, contrairement à ce que j'avais prévu, je suis rentré bien après minuit. Ce n'est pas mon retour tardif qui aurait pu m'empêcher de terminer la lettre – tant s'en faut ! Je suis tout à fait habitué à travailler tard, et en des circonstances ordinaires, je l'aurais achevée sitôt rentré dans ma chambre. Mais cette nuit-là, c'est-à-dire la nuit dernière – la nuit de la journée en question –, je me suis retrouvé dans la position fort peu littéraire, l'état anti-épistolaire de celui qui est complètement soûl. Néanmoins, j'étais fortement déterminé à finir cette lettre pour tenir ma promesse. J'avais même acheté un journal italien en espérant qu'après un petit moment de lecture l'effort mental de lire cette langue me dessoûlerait. Mais, hélas, le journal était facile à comprendre, je savais plus d'italien que je ne l'avais cru, et bien vite, allongé sur le plan délicieusement doux et horizontal de mon lit (en parlant de manière générale et poétique, c'est-à-dire sans mentionner les bosses, les creux et autres courbes), mes petits yeux innocents se sont fermés malgré moi et me voilà (Que ces murs soient mes juges) *endormi*. Bien que j'aie rêvé de dormir dans un énorme lit circulaire aux draps vert pâle et aux couettes aussi lourdes que glacées et puis d'être réveillé par les mots doux et parfumés d'une… demoiselle jeune et jolie avec laquelle je poursuivrais une liaison clandestine, bien que j'aie aussi rêvé d'être réveillé par les odeurs tièdes de café et de croissants et les douces senteurs du parfum et de la féminité, je n'ai trouvé dans ma chambre, à mon réveil, rien d'autre que des relents de pieds sales, et comme je suis le seul à vivre ici, j'ai compris que ces pieds (et les chaussettes qui les ont enveloppés pendant de nombreuses journées) sont les miens. En plus de cette forte déception, de cette brutale négation de mes rêves, je souffrais d'un de ces maux de tête qui, si souvent, succèdent à la "nuit d'avant". Tu connais ces maux de tête, ils te donnent l'impression qu'un grand gorille te serre le crâne et que, chaque fois que tu bouges ne serait-ce qu'un tout petit peu, il te frappe avec un gros maillet de bois. Et malheureusement ce mal de tête est toujours là, il me suit partout où je vais, aussi fidèle que mon ombre.

Mais je ne m'attarderai pas sur les détails de mon état physique. Le soleil brille, la journée est superbe. Paris, après le long week-end du 15 août, commence lentement à revivre. D'ici deux semaines, je suis sûr que tout sera redevenu normal.

J'avais espéré te parler de politique – un sujet qui a beaucoup occupé mes pensées cet été –, mais je découvre que pour l'instant je n'en ai pas l'énergie ; ce sera pour la prochaine lettre.

Bonne nouvelle. Dans ma boîte aux lettres, ce matin, se trouvait un mot de Peter. Il est à Paris et arrive ici à midi – dans une heure et demie*.

* Il s'agit de Peter Schubert, cet ami avec lequel tu avais partagé un appartement à New York pendant l'année universitaire précédente. Il s'était lui aussi inscrit au programme parisien, et à peine quelques jours après son arrivée s'était installé avec son amie dans ton petit hôtel de la rue Clément, juste en face du marché Saint-Germain. Vous n'aviez pas beaucoup d'argent ni l'un ni l'autre, et le loyer mensuel de trois cents francs (deux dollars par jour) était à peu près tout ce que vous pouviez donner. Peter, toujours drôle et immensément talentueux, était musicien et espérait profiter de son séjour à Paris pour étudier avec Nadia Boulanger, l'impératrice des professeurs de musique française, tout en continuant à accumuler des points en vue de son diplôme de premier cycle. Son vœu a été

21 AOÛT : Peter et Sue sont ici. Également Bob N… Ce soir, ils vont jouer du violon dans des cafés. Ça devrait être pour le moins assez drôle.

J'ai lentement recommencé à écrire… Je me suis aussi mis à lire des livres sur la politique et le marxisme…

Quand je pense à mon avenir, je suis totalement dans le brouillard. Je n'ai pas la moindre idée de ce qui va m'arriver après cette année. Rester en France ? Ailleurs en Europe ? Retourner en Amérique ? Et

exaucé et il est resté deux ans à travailler avec elle puis il est retourné à New York, où il a terminé ses études à Columbia. Il a passé la plus grande partie de sa vie d'adulte à Montréal, où il enseigne à l'université McGill et dirige un orchestre et un chœur spécialisés dans la musique contemporaine et de la Renaissance. Ce fantastique Peter et Sue H., son amie fantastiquement belle, ont été tes amis les plus proches durant les mois que tu as passés à Paris, tes voisins, tes compagnons constants, ta famille, et sans eux il n'est pas du tout certain que tu serais parvenu à sortir indemne de tes embarras. Mais Peter a joué également un rôle important dans un autre aspect de cette histoire, car c'est lui qui t'a présenté à Berta Dominguez D., la femme du producteur de cinéma Alexandre Salkind, qu'il avait rencontrée pendant une année passée à Paris entre la fin du secondaire et le début de ses études universitaires. Berta est la "femme mexicaine" que tu commences à mentionner dans une lettre datée du 25 septembre, la personne à qui tu dois d'avoir été impliqué dans le projet de film dont tu parles dans diverses lettres écrites lors des dernières semaines de ton séjour à Paris. Tu as gardé le contact avec elle après ton retour à New York, et quand tu es revenu vivre à Paris quelques années plus tard (février 1971), son mari – producteur du *Procès*, des *Trois Mousquetaires* et de *Superman* – t'a engagé pour travailler pour lui à plusieurs reprises. Tu as raconté ces expériences dans *Le Diable par la queue*, où tu désignes Salkind et Berta par Monsieur et Madame X. Ils étaient en vie quand tu as publié ce livre et tu voulais protéger leur nom. Maintenant qu'ils ne sont plus là, tu ne vois aucune raison pour maintenir leur anonymat. Ce sont des fantômes, à présent, et la seule chose que possède un fantôme, c'est son nom. *(N.d.A.)*

dans quelle université américaine – Columbia ? Ensuite, un troisième cycle ? Un travail ? (Je suis persuadé que je ne gagnerai jamais beaucoup en écrivant.) Faire de la critique ? De la traduction ? Simplement être un crève-la-faim et écrire ? Et la politique ? À chacune de ces questions, je réponds : "Je ne sais pas." Je suppose que le mieux est tout simplement de suivre la musique, comme on dit, même si, comme tu le sais, j'ai du mal à tenir la note.

La nuit dernière, j'ai rêvé que ma grand-mère était morte. Je me trouvais rue de l'Escroquerie, endroit sombre et mouillé, semblable à un lieu de vacances mais en bois – on aurait dit une forteresse en rondins comme dans les films sur l'armée américaine des années 1870. Tout autour, plein de voleurs et d'escrocs – des montres surgissaient sans cesse sur mon poignet, et à un moment j'en ai eu 6 : 3 sur chaque poignet. J'étais avec Sue H. à la recherche de Peter… et avec ma mère qui était en colère contre moi. Je me souviens de 2 médecins – l'un d'eux était tout à fait soûl – à qui je parlais de ma grand-mère. Très étrange.

23 AOÛT : Les pigeons se perchent sur le toit au-dessus de ma fenêtre par laquelle je peux voir, au-dessous de moi, les toits d'ardoise rouge du marché et, sur la droite, les tours de l'église Saint-Sulpice. Quand le soleil brille en début d'après-midi, les pigeons qui s'envolent du toit projettent leur ombre sur le sol de ma chambre. On dirait qu'ils sont dans la pièce avec moi. Je me sens comme saint François.

Ces derniers temps, j'écris. Ça me donne le sentiment d'être humain.

À côté de l'hôtel se trouve une Soupe populaire. Il y en a vingt dans la ville, une par arrondissement.

Elle a fermé pendant l'été, mais je suis sûr qu'elle va rouvrir bientôt. À l'intérieur, des tables et des chaises en bois nu. C'est tout.

Avant-hier soir, Peter, Bob N. et moi avons fait le tour des cafés en jouant de la musique. Peter au violon, Bob à la guitare, et moi au verre (pour recueillir l'argent) et à la voix. En une heure, nous avons ramassé 30 francs. Les seuls… à se moquer de nous, à rire et bien sûr à ne rien donner ont été une bande d'Allemands. Je me suis presque battu avec l'un d'entre eux. Nous étions prêts à arrêter après avoir gagné 20 francs, mais Bob voulait aller jusqu'à 24 pour avoir le montant de sa chambre, qui coûte 8 francs. Nous nous sommes retrouvés au carrefour de l'Odéon – une grande place vide. Nous avons commencé à monter vers le théâtre (c'est celui que dirige Jean-Louis Barrault) lorsque, depuis un tout petit café, une fille nous a hélés avec un accent italien (en français) : "Ne partez pas. Nous voulons entendre le violon." Je suis revenu en arrière et j'ai fait une proposition… nous jouerions 4 chansons si on nous garantissait au moins 4 francs. Peter et Bob sont aussi revenus. On a discuté avec eux – très agréablement – c'était sympa de ne plus être dans de grandes rues, et on a commencé à jouer. À la fin de la première chanson, nous avons récolté à peu près 4 francs. Juste au moment où la deuxième chanson commençait, un fourgon de police rempli de flics est lentement arrivé sur la place. *"Les flics"*, j'ai dit. Le visage de Peter s'est décomposé, et il a cessé de jouer. Nous nous sommes excusés précipitamment et nous avons commencé à déguerpir. Alors que nous nous mettions à courir, toutes les personnes présentes ont sorti de l'argent de leurs poches, le serveur a même donné un franc, les gens nous ont encouragés à filer pour notre salut tout en nous remerciant et nous souhaitant bonne chance... Tels des voleurs fonçant avec l'énergie du désespoir, nous nous sommes engouffrés dans le métro le plus proche. Une sortie et un finale très théâtraux. Un moment excitant – mais je ne veux plus le faire. Premièrement, mendier n'est pas tellement marrant. C'est moi qui ramassais l'argent, qui me tapais les conneries des gens, qui leur répondais, etc., ce qui m'a laissé un sentiment désagréable. Deuxièmement, comme je ne meurs pas de faim, mendier est hypocrite, et je m'imagine que ça enlève quelque chose aux vrais mendiants qui gagnent leur vie de cette façon. Mais je dois avouer que je ne regrette pas cette expérience.

23 AOÛT (deuxième lettre) : Je passe souvent mes journées de cette façon : je me lève tôt, entre 8 & 9 h 30. Je descends pour le petit-déjeuner, et si tu m'as écrit, je lis la lettre tout en mangeant. Puis je remonte, je t'écris, je vais poster la lettre, je me promène, je rentre et j'écris. (Des choses courtes – en prose –, des textes individuels de 5 ou 10 pages, capables de tenir par eux-mêmes. Je ne crois pas, étant donné le peu de temps qui reste avant la rentrée, que je pourrais travailler en ce moment sur quelque chose de long.) Vers une heure de l'après-midi, Peter et Sue se lèvent (ils vont vivre dans cet hôtel jusqu'à ce qu'ils trouvent un appartement, s'ils y arrivent un jour) et je descends avec eux manger quelque chose. Puis il arrive que je sorte avec eux ou seulement avec Peter – parfois Sue va voir Nancy – ou encore tout seul, ou bien même je remonte

écrire. Ainsi, hier, je suis allé avec Peter acheter un pantalon… Il est six heures, maintenant, et le soir c'est généralement un repas au restaurant et puis on traîne un peu ou on va au cinéma. Après, je regagne ma chambre où d'habitude je lis, ou bien, si je m'en sens capable, je me remets à écrire. Ensuite, c'est le sommeil & on recommence.

C'était, à presque tous les points de vue, une vie parfaite. Une liberté absolue avant le début du semestre d'automne, la chance d'avoir atterri à Paris, de la chance de tous les côtés, tu étais un garçon doté de tous les avantages : tu dînais dehors avec tes copains, tu allais voir des films à la Cinémathèque, tu faisais de longues balades dans la ville, et pourtant, pendant toutes ces semaines de merveilleuse indolence, tu te languissais de ta bien-aimée loin de toi de l'autre côté de la Manche, tu étais tourmenté par la conscience d'aimer plus que tu n'étais aimé, peut-être de ne pas être aimé du tout, tu te leurrais par d'impossibles plans de fuite qui te mèneraient à Londres, où tu verrais enfin où tu en étais avec elle, mais il était hors de question de voyager, tu vivais avec le budget le plus serré qui soit et n'avais accès à aucun travail susceptible d'accroître tes revenus, tu te débrouillais tant bien que mal avec l'allocation mensuelle de cent quarante dollars que ton père consentait à t'envoyer – c'était gentil de sa part, comment aurais-tu pu ne pas lui être reconnaissant de t'aider –, et pourtant, même à cette époque de billets de cinéma à quarante cents et de repas à un dollar, cent quarante dollars par mois n'était qu'une somme dérisoire, car une fois déduit le loyer de soixante dollars par mois, il te restait quatre-vingts dollars pour la nourriture et les autres choses indispensables, soit moins de trois dollars par jour pour l'ensemble, et te voilà le vingt-huit août à écrire que tu as en poche l'équivalent de sept dollars, et le lendemain (tu l'écris en français pour des raisons qui aujourd'hui t'échappent) que tu en es à tes deux derniers dollars. *"C'est moche, c'est drôle, mais à ce moment j'ai seulement dix francs. C'est-à-dire j'ai deux dollars. Pas beaucoup. Après aujourd'hui je ne sais pas ce que je ferai. J'espère que mon père enverra l'argent bientôt."*

28 AOÛT : Mon écriture avance dans la douleur et la lenteur. C'est épuisant… je suis depuis quelque temps d'humeur très changeante – vraiment déprimé et puis optimiste. Les choses continuent à nager. Hier soir, de mauvaise humeur, j'ai traversé toute la ville dans l'espoir d'avoir un repas gratuit dans une cafétéria pour laquelle M. m'avait donné un bon. Mais pas de veine. Le bon ne valait plus rien. Je suis donc rentré. Dans le métro, une femme chantait – pour elle-même, d'une voix belle et triste. Ça m'a rendu terriblement triste, c'est-à-dire encore plus triste…

Pour un demi-dollar, on peut acheter un litre de *"vin ordinaire"*. Je bois un peu trop, ces temps-ci. Souvent, ça me donne une forte envie de dormir et je TOMBE comme une masse.

Je veux écrire un film. J'ai quelques bonnes idées…

La semaine suivante (5 septembre), une autre lettre commence en français : *"Je ne sais plus quoi dire. La pluie tombe toujours, comme une chute de sable sur la mer. La ville est laide. Il fait froid – l'automne a commencé. Jamais deux personnes ne seront ensemble – la chair est invisible, trop loin de toucher. Tout le monde parle sans rien dire, sans paroles, sans sens. Les mouvements des jambes deviennent ivres. Les anges dansent et la merde est partout.*

Je ne fais rien. Je n'écris pas, je ne pense pas. Tout est devenu lourd, difficile, pénible. Il n'y a ni commencement de commençant ni fin de finissant. Chaque fois qu'il est détruit, il paraît encore parmi ses propres ruines. Je ne le questionne plus. Une fois fini je retourne et je commence encore. Je me dis, un petit peu plus, n'arrête pas maintenant, un petit peu plus et tout changera, et je continue, même si je ne comprends pas pourquoi, je continue, et je pense que chaque fois sera la dernière. Oui, je parle, je force les paroles à sonner (à quoi bon ?), ces paroles anciennes, qui ne sont plus les miennes, ces paroles qui tombent sans cesse de ma bouche…"

Sept heures plus tard, passé minuit, tu rentres dans ta chambre et tu continues la lettre en abandonnant les sombres lamentations de cet après-midi trempé et sans lumière pour te lancer dans un discours aussi long que débridé sur la politique et la révolution, et ce changement de ton est si abrupt, si absolu, qu'il produit un effet assez troublant. Tu vois cette lettre bifide comme un signe de ton instabilité croissante, comme le premier témoignage concret de l'effondrement mental qui allait te menacer les jours suivants. Tu commences par dire : "Je ne vais pas aborder la situation présente de l'Amérique. Tout cela est évident et on peut le lire chaque matin dans les journaux. Ce qui est important, c'est d'extraire un sens de toute cette confusion. (Mes idées sont elles-mêmes très confuses puisque je ne sais par où débuter...)." Tu opères alors une digression, tu le fais avant même d'avoir commencé en te lançant dans une réflexion pour savoir s'il t'est possible de souscrire aux fondements philosophiques du marxisme, en te demandant si l'histoire a une structure intelligible, si le caractère dualiste de la dialectique a une validité. Tu conclus que non et puis, en contradiction avec ta propre conclusion, lorsque tu demandes si la guerre des classes est une réalité ou une fiction, tu affirmes : "sans doute une réalité". Dans le paragraphe suivant, tu lances une attaque contre ce que tu appelles la *philosophie bourgeoise* : "Le scepticisme a mené à porter aux nues des méthodes strictement *objectives* pour décrire l'univers, des méthodes telles que la géométrie et la logique : pensez à Descartes, Spinoza, Leibniz, Kant – une glorification de la science, ce qui implique des dualités telles que sujet/objet, forme/contenu, etc., qui n'existent pas. Il a mené à une dissociation entre *la pensée & l'action*... et donc, dans l'univers économique... à la notion de l'*ouvrier considéré comme une machine*. Le contrat de travail a été réduit à un contrat de *capital* au lieu d'être un contrat *entre hommes,* ce qu'il est en fait. Cela s'est produit parce que les gens ont été (sont) entraînés à penser en termes abstraits. Ainsi, aujourd'hui, on peut effectuer des études sociologiques très scientifiques pour déterminer l'efficacité des ouvriers à certaines heures de la journée, etc. C'est une *déshumanisation* – car alors ce n'est pas un homme pendant un certain nombre d'heures, qu'on a, mais un certain nombre d'heures d'homme, comme s'il s'agissait d'une machine. Le monde capitaliste est un monde d'objets plutôt qu'un monde de personnes." Ce n'est pas précisément que ces paroles soient incohérentes ou que tu ne saches pas ce dont tu parles, c'est simplement que tu vas trop vite, que tu tentes d'exposer en quelques pages un argument qui prendrait un livre entier, que tu es probablement épuisé, probablement un peu éméché, sans aucun doute malheureux et esseulé, et après avoir consacré les deux paragraphes suivants à expliquer que si les classes opprimées des États-Unis ne se sont pas soulevées ou révoltées c'est parce que le mythe du nationalisme leur a donné l'illusion qu'elles n'étaient pas opprimées, tu conclus tes considérations en appelant la classe moyenne à se soumettre à un processus d'autodestruction volontaire, en appelant "la jeunesse de la classe moyenne (nous, par exemple) à invalider la société dans laquelle nous avons grandi —— à transcender notre classe en ayant honte de ce qu'elle représente & à rejoindre les rangs des pauvres & des races persécutées". Tu signes cette lettre : "Un Paul attristé et à moitié paralysé".

La lettre que tu as reçue ensuite a dû te porter un coup, te décevoir, t'infliger une sorte de choc que tu as eu du mal à supporter. Quand tu réponds, le onze septembre, tu as le ton de celui qui s'est fait corriger, tu sembles abattu, pas vraiment amer mais émotionnellement épuisé. "La sincérité de ta lettre n'a d'égale que celle, nouvellement acquise, de mes pensées – sincérité provoquée sans aucun doute par la terrible dépression que je traverse. Évidemment, tout ce que tu dis est vrai. Dans notre correspondance (avant l'annulation de mon voyage), éviter les faits n'a été qu'une illusion, un voile que je me suis mis sur les yeux pour ne pas recevoir la lumière des objets réels et me permettre de mieux contempler les fantasmes qui tournaient dans ma tête.

Mais imperceptiblement le voile a commencé à glisser. Maintenant, il s'attache à mes pieds (autour des chevilles), et à chacun de mes pas je m'étale de tout mon long. Si je veux marcher, maintenant, je dois accepter de tomber aussi souvent que je fais des pas. Le tissu finira par se déchirer et je serai libre, ou bien, ce qui est aussi vraisemblable, il se peut que je décide de ne pas me relever après une de ces chutes et de simplement rester… sans aucun désir de me remettre debout…"

15 SEPTEMBRE : J'ai l'impression, à cause du temps (tout bonnement affreux – avec de méchantes pluies qui durent toute la journée ; l'automne arrive – les arbres commencent à changer de couleur), d'avoir écopé d'un méchant mal de gorge, d'un rhume et de frissons. Néanmoins, je me suis employé à préparer mon inscription aux cours & aux examens. Il faut que je te dise… que ton ami le professeur L. est un grand fainéant et un grand connard, difficile à rencontrer et de peu de secours. Il semble (aussi) qu'il nous ait donné à New York de faux renseignements sur le programme – car celui-ci consistera en grande partie en cours de langue dispensés dans la branche *pour étrangers* de la Sorbonne. Ça ne semble pas très attrayant. Même Peter, qui est venu étudier la musique, va devoir consacrer la plus grande partie de son temps à des cours de langue…

Ces temps-ci, je réfléchis avec passion au cinéma – "film" = LE SEPTIÈME ART. Commencé à écrire un scénario. Commentaires dans une lettre à venir…

Presque toutes les nuits, je fais des rêves saisissants : dans l'un d'entre eux, des nazis me mitraillaient et, à mon grand étonnement, la mort n'était pas désagréable : je flottais dans les airs, allongé sur le ventre et invisible ; dans un autre, j'étais nu avec une belle femme dans des lieux publics et puis nous étions enfermés dans un cinéma. Double perspective : celle de mes yeux et la perspective objective – la nudité de cette femme était éblouissante…

La pénible bataille avec le professeur L. avait commencé. Il se peut que tu aies été gâté par tes deux premières années à Columbia, par les hommes inspirés et enthousiasmants avec lesquels tu avais étudié à New York, pas seulement ceux que tu as déjà mentionnés, Angus Fletcher et Donald Frame (poésie française du XIXe siècle la première année, séminaire sur Montaigne la deuxième) mais également, entre autres, Edward Tayler (Milton) et Michael Wood (séminaire bilingue sur le roman : George Eliot, Henry James et James Joyce en anglais ; Flaubert, Stendhal et Proust en français), et même le professeur chargé de te conseiller, le médiéviste A. Kent Hiatt – gentleman acerbe et raffiné que tu voyais chaque semestre pour discuter des cours que tu devrais suivre – t'avait toujours traité avec sympathie et prodigué ses encouragements, ce qui voulait dire que tu avais réussi à traverser la première moitié de ta carrière universitaire sans devoir affronter des pédants ou des collets montés, sans avoir à te coltiner de sales bonhommes ou autres frustrés désireux de t'infliger leur propre malheur, et puis tu as heurté le mur de briques que représentait le professeur L., l'administrateur blasé qu'était le professeur L., et le conflit s'est déclenché. À cette époque, ton français était suffisamment bon pour que tu puisses aborder un programme plus sérieux que cette sorte de super-cours Berlitz qu'il voulait te faire suivre.

Pour Peter, la situation était encore plus absurde, étant donné que sa mère était française et qu'il parlait la langue couramment, mais Peter était moins tête brûlée que toi et il a accepté de se plier au programme pour préserver ses études avec Boulanger. Ta lettre du quinze septembre avait annoncé que tu étais mécontent du professeur L., mais le désaccord avait dû s'envenimer rapidement, car à peine cinq jours plus tard tu étais au bord de la rébellion totale.

20 SEPTEMBRE : Jamais encore je n'ai connu un tel chaos mental… des crises de déprime aussi violentes. Je suis maintenant à ce qu'on appelle la croisée des chemins – la plus importante de toute ma vie. Demain, quand j'aurai vu le professeur L., il y aura une chose que je saurai à coup sûr : si je reste à Columbia ou pas. À ce stade, j'envisage sérieusement de laisser tomber. À moins que le programme ne puisse être amélioré, je m'en irai. Le professeur L. me donne la nausée… Je préférerais rester étudiant cette année pour avoir le temps de… réfléchir à ce que je ferai ensuite (j'ai plusieurs idées). Mais je ne vais pas étudier la grammaire française 15 heures par semaine juste pour l'avoir, ce temps.

Au lieu de poursuivre une carrière académique qui sans aucun doute ne me mènera qu'à étudier davantage, et peut-être, au bout du compte, à enseigner (comme il serait facile de succomber à cette vie-là!), j'ai décidé – décision viscérale et excitante – de me lancer dans le cinéma, d'abord en tant que scénariste et… un jour également en tant que réalisateur. Ça va d'abord être dur, peut-être même pendant un bon bout de temps. Il faudra que j'écrive des scénarios (je suis en train d'en composer un), que je rencontre des gens, que je trouve un travail d'assistant, etc. Demain, je vais voir un producteur et il est possible qu'on m'emploie à traduire des scénarios, ce qui peut me rapporter quelques centaines de dollars... Si l'argent qui me vient d'Amérique cesse d'arriver, c'est-à-dire si mon père souhaite ne plus m'envoyer d'argent – chose à laquelle je m'attends, qui est tout à fait justifiée et ne susciterait pas de rancœur de ma part –, je ferai venir les 3 000 dollars que j'ai en banque et je me débrouillerai tout seul.

Le fait de quitter Columbia a des implications complexes et graves, car je finirai par perdre mon statut d'étudiant vis-à-vis du recrutement militaire...

Demain, le premier pas – le plus important – sera probablement franchi. Je proposerai ceci au professeur L. : j'étudierai tout seul pour préparer les examens des 1er & 2d degrés, j'assisterai à des cours à la Sorbonne en auditeur libre et j'accomplirai le projet. Dans les faits, ça revient à ne pas prendre les cours de langue qui me prépareraient indirectement aux examens (ce sont eux qui, apparemment, constituent l'élément le plus important du programme, en font quelque chose d'"officiel") et, à la place, je suivrai les *vrais* cours de la Sorbonne... Cependant, je ne pense pas que le professeur L. approuve ce changement. Dans ce cas, je lui dirai adieu et ce sera vraiment à moi de me débrouiller.

Toute cette affaire est assez triste. Le professeur L. m'a donné une lettre en me disant qu'elle me suffirait pour obtenir ma carte de séjour. J'ai donc fait la queue pendant 3 heures aujourd'hui alors que j'étais vraiment malade (tu devrais m'entendre tousser) pour m'entendre dire que, comme j'étais encore mineur, il me fallait une lettre de mon père, certifiée.

C'est vraiment exaspérant. Tu sais ce que je pense de la bureaucratie – ici, elle est encore pire…

25 SEPTEMBRE : Merci pour les dessins et pour ton soutien. Tout n'est pas encore réglé. Plus tard aujourd'hui, il faudra que je téléphone à Columbia (longue distance) pour les informer de mes projets et leur demander si les frais de scolarité (ou au moins une bonne partie d'entre eux) peuvent m'être remboursés. Non, le professeur L. n'a pas aimé mon idée – mais il ne peut pas y faire grand-chose.

En plus de toutes ces histoires universitaires, je n'ai pas arrêté… Et aussi… j'ai traduit des poèmes de Jacques Dupin*. Je les enverrai à Allen**, qui m'a dit

* Poète français (1927-2012). Tu avais découvert son travail à New York le printemps précédent – trois ou quatre poèmes dans une petite anthologie de poésie française contemporaine –, et après être arrivé à Paris, tu as cherché ses livres et t'es mis à le traduire. Pour le pur plaisir de la chose, parce que tu trouvais qu'il était le meilleur et le plus original des nouveaux poètes français. Vous vous êtes rencontrés tous les deux en 1971 et vous avez gardé d'étroits liens d'amitié jusqu'à sa mort, en octobre dernier. En 1974, un volume de tes traductions de Dupin a paru sous le titre *Fits and Starts* (Living Hand) ; un deuxième volume de traductions, *Selected Poems*, a paru en 1992 (É.-U. : Wake Forest University Press ; R.-U. : Bloodaxe). Deux des textes de ton livre *Collected Prose* sont consacrés à Dupin : un écrit de 1971 sur sa poésie et une série de réminiscences, "L'histoire d'une amitié", composée en 2006 pour lui faire une surprise à l'occasion de son quatre-vingtième anniversaire. Dans ton dernier livre, *Chronique d'hiver* (p. 89), tu dis de Jacques et de sa femme Christine que ce sont *les meilleurs et les plus gentils des amis – que leur nom soit sanctifié à jamais. (N.d.A.)*

Voir aussi : *04.03. Mélanges pour Jacques Dupin* (éditions P.O.L., 2007). *(N.d.T.)*

** Allen Mandelbaum (1926-2011). Ton oncle par alliance (le mari de la sœur de ta mère). Traducteur éminent de Virgile, être très probablement en mesure de les faire publier dans *Poetry*. Je pourrais en retirer dans les 50 dollars.

Je ne m'attends pas à ce que mon père continue à me donner de l'argent. Étant donné que j'ai seulement 3 000 dollars à moi, il faut que d'une façon ou d'une autre je garde une source de revenu, aussi minime soit-elle.

Je suis en train de réécrire le scénario de cette Mexicaine, la femme du producteur qui a fait *Cervantes*, dans lequel mon vieil ami le compositeur joue un rôle*. Quand il sera filmé, s'il l'est un jour, je serai dans le coup – ce qui me procurera l'expérience que je cherche. Elle voudrait aussi que je traduise une de ses pièces en anglais – je serai payé pour tout. Elle est très brune, ravissante et belle, mais je ne lui fais pas confiance. Je crois que ses promesses sont plutôt vides. On verra. Il est possible qu'elle me donne la chambre de bonne dans son immeuble – gratuitement. Je dois déménager parce que je ne peux plus payer les 300 francs de loyer dans cet hôtel. Je saurai dans quelques jours si je peux avoir la chambre. Ça m'aiderait beaucoup. Parce que le luxe ne m'intéresse pas (les chambres de bonne sont traditionnellement

Dante, Homère et Ovide, ainsi que d'auteurs italiens du XXe siècle (Ungaretti, Quasimodo et d'autres), poète, professeur d'université, maître ès langues (grec ancien, latin, hébreu, arabe et toutes les grandes langues européennes) – sans conteste l'intelligence littéraire la plus brillante et la plus passionnée que tu aies jamais connue. Il a été ton ami, ton conseiller, ton sauveur lors de tes premières années d'écriture, le premier à croire en ce que tu faisais et à soutenir tes ambitions. Que son nom soit sanctifié à jamais. *(N.d.A.)*

* Alexandre Spengler, dont tu as fait la connaissance lors de ton premier voyage à Paris en 1965. Il figure de façon très visible dans la deuxième partie de *L'Invention de la solitude* sous le nom de S. *(N.d.A.)*

très, très petites et sans eau, toujours à l'étage le plus élevé, et on y accède par l'escalier de derrière).

Mon plan : rester à Paris quelque temps, écrire mes propres scénarios (tout en poursuivant d'autres formes d'écriture), faire des traductions et engranger toute l'expérience que je peux…

27 SEPTEMBRE : Je ne dirai pas grand-chose pour l'instant parce qu'il se fait tard et j'attends ta réponse à ma dernière lettre.

Tout de même, quelques faits. J'ai téléphoné au doyen de Columbia (90 francs ; presque 20 dollars !) et de ce côté-là tout est réglé. Les frais de scolarité peuvent m'être remboursés en totalité. J'ai envoyé une lettre officielle à l'université. J'ai aussi écrit à mes parents – à ma mère comme à mon père. Je suis curieux de voir comment ils vont réagir…

Pour ce qui est du film – je ne suis pas le réalisateur en chef, juste un assistant. À l'heure actuelle, je suis plongé dans le travail monumental qui consiste à réécrire le scénario – presque en entier. On m'a dit que Salvador Dalí a très envie de jouer un des rôles. Ça pourrait être intéressant. La plus grande partie du film se passe dans les égouts. Demain après-midi, la Mexicaine et moi allons descendre pour y jeter un coup d'œil. Apparemment, faire ce film intéresse certaines personnes – un jeune homme bourré de fric veut le produire. Demain, nous verrons aussi le chef opérateur. Pourtant, je ne suis pas très optimiste. J'ai l'impression que tout va capoter. Néanmoins, ça reste à voir. C'est étrange de réécrire le travail de quelqu'un. Ça me semble quand même être un bon exercice.

Je me sens assez libéré du fait que je n'ai plus à me soucier de travail universitaire…

3 OCTOBRE : … les choses sont loin d'être idéales – en fait, elles me prennent carrément la tête & sont souvent extrêmement déprimantes. (Si j'écris tout petit, c'est parce que cette feuille de papier est ma dernière.) Il y a environ quatre ou cinq jours, j'ai reçu en pleine nuit un coup de fil de ma mère et de mon beau-père… Ils paraissaient très inquiets à mon sujet et m'ont demandé de rentrer à Newark pendant trois ou quatre jours pour "discuter". J'ai dit que je viendrais, rien que pour ne pas être obligé d'argumenter absurdement au téléphone – et puis le lendemain matin je leur ai écrit par courrier exprès que je ne voulais pas venir, pas du tout. Y aller, surtout pour si peu de temps, me démoraliserait totalement. Je n'ai pas encore de nouvelles d'eux. Je ne veux pas créer d'hostilité, mais s'il le faut je le ferai. Ce qui semblait les inquiéter le plus, c'est la conscription.

Pour ce qui est du bon côté, ils m'ont dit qu'Allen avait été très impressionné par les traductions de Dupin que je lui ai envoyées et qu'il arriverait très certainement à les faire publier…

Je vois souvent mon vieil ami le compositeur. Il a été malade. Il n'a pas d'argent. Je lui achète à manger quand je peux.

Toute cette histoire de film est en suspens jusqu'à lundi – une question d'argent. Pour savoir s'il y aura un soutien financier. Comme je déteste la manière dont le "producteur" parle finances… Si onctueuse, si odieuse. Il appelle tout le monde *"mon cher monsieur X"* de la façon la plus écœurante, la plus lèche-cul qu'on puisse imaginer. J'ai réécrit environ 1/3 du scénario – mais pour l'instant, j'ai arrêté. La femme, l'auteur, semble contente. Ce soir, je vais le lire au réalisateur. Il s'appelle André S. et c'est un des meilleurs techniciens au monde – il a fait les scènes du désert dans *Lawrence d'Arabie.* Ce sera la première fois qu'il sera réalisateur en chef, & si ce film est produit, je t'assure qu'il ne sera absolument pas comme *Lawrence d'Arabie*… En ce moment, tout est très flou – je suis extrêmement pessimiste.

Mais si ça marche, je vais pouvoir récolter plusieurs milliers de dollars. Pour l'instant, j'ai une autre traduction à faire, une pièce pour laquelle je vais recevoir dans les 100 dollars, je pense.

Si je mentionne toutes ces histoires d'argent, c'est parce que tout est pris dans un tourbillon & que je me débrouille seul – une sensation nouvelle.

Je suis en train d'écrire le scénario d'un petit film… un *"court-métrage"*. J'aurai fini dans 5 jours ou une semaine… Je t'en enverrai une copie. J'aimerais le réaliser en Angleterre ou en Irlande dans quelques mois, je ne sais pas trop comment. Il s'agit de faire connaissance avec des techniciens et des acteurs & de se procurer les fonds…

J'écris aussi une série de poèmes en prose appelée *Révisions* – pour ainsi dire, une réflexion sur mon passé.

Tout cela me donne l'air d'être… très occupé. Je le suis peut-être, mais je ne le sens pas. La plupart du temps, je suis complètement seul – dans une solitude aussi profonde que terrible. Dans ma petite chambre, très froide, soit à travailler soit à faire les cent pas, soit à rester paralysé par la dépression. Des promenades, toutes très solitaires. Et puis je vois les gens du film – tout cela me paraît irréel. Je ne mange pratiquement rien…

Je m'inquiète de ce que je vais devenir. La conscription.

Parmi les choses que j'ai faites récemment, une des plus passionnantes a été de me rendre à un rassemblement du parti communiste qui fêtait le 50e anniversaire de la Révolution russe. Youri Gagarine, le premier cosmonaute, en était la "principale attraction". Je n'ai jamais entendu autant de bruit, de cris, de hurlements, de chants...

9 OCTOBRE : Pour répondre à tes questions : oui, tu as sans doute raison, si je m'obstine, mes parents, ou en tout cas ma mère, viendront à Paris pour essayer de me "mettre un peu de plomb dans la cervelle". Le marchand de ballons est parti, *"le patron est toujours là"*, je vois fréquemment mon ami le compositeur, mais en général c'est l'inverse, c'est moi qui l'aide et pas lui qui m'aide. Peter et Sue habitent toujours dans l'hôtel... Bien qu'il soit mécontent du programme, Peter s'y plie à cause de la possibilité d'étudier avec Nadia Boulanger. Je vois Peter et Sue fréquemment – nous prenons beaucoup de repas ensemble dans un restaurant polonais à la fois très bon et extrêmement bon marché, et pratiquement tous les jours, à un moment ou un autre, Peter & moi jouons au flipper ensemble. Il y a des machines dans presque tous les cafés. Et puis je les ai amenés tous les deux à lire Beckett. Peter a lu *Murphy* et il est dans *Watt*. Il y a quelques semaines, pour me faire plaisir, Peter & Sue ont rejoué pour moi la partie d'échecs entre M. Endon et Murphy. —— Pour le reste, je devrais avoir aujourd'hui des nouvelles de la situation financière du film. Je suis assez déçu... par toute cette affaire. Mais je n'ai pas arrêté de m'occuper de mon propre scénario. Il a pris de l'ampleur pour devenir un long-métrage. Jusqu'à

présent, j'en ai écrit à peu près 50 pages, soit entre 1/3 et 1/2 de la totalité. De plus, je suis tout à fait déterminé à le tourner et à le faire sortir…

16 OCTOBRE : J'ai reçu quelques nouvelles désagréables. Mes parents commencent à s'affoler… ils ont fait téléphoner Allen – pour me demander de retourner quelques jours en Amérique “pour parler”. Il a dit que, du fait que les mots constituent mon médium, j'ai sur eux un avantage injuste dans nos échanges de lettres. Ça ne me paraît pas très sensé, mais je lui ai répondu… que j'irais. Environ deux jours plus tard, j'ai reçu un télégramme de ma mère m'annonçant qu'il y avait pour moi à Air France un billet non daté. Le lendemain, j'ai réalisé que je n'avais pas ma carte d'assurance maladie… je leur ai écrit en leur demandant de me l'envoyer. Du coup, je ne sais pas exactement quand je vais partir – dans une semaine ou deux, j'imagine –, mais je vais bien partir à un moment donné. Je me méfie un peu. Dans ma lettre, je leur ai fait promettre un billet aller-retour.

Étant donné toute cette agitation et ce déplacement imminent, je te conseille de ne pas m'écrire tant que tu n'auras pas reçu d'autre mot de moi. Ta lettre ne me parviendrait sans doute pas. Je vais partir sous peu. Quand je serai de retour à Paris, je t'écrirai de ma nouvelle adresse.

Pour continuer avec les nouvelles : le film a été accepté par la Paramount sous réserve de la réponse de Dalí. Il doit être tourné en mars ou en avril. Dalí sera à Paris le 25. Malgré tout, cette affaire me semble un peu loufoque – le script n'est pas très bon, loin de là.

J'ai terminé mon scénario… Il m'a fallu trois jours pour dactylographier ce foutu machin : 70 pages en interligne simple. Je ne vais pas essayer de le tourner tout de suite… Je veux m'enfermer et continuer à écrire – tout, les idées, les mots… viennent sans interruption. Tout est relié à tout. Un univers. Je trouve que j'ai maintenant une capacité de travail plus grande que jamais. Je n'ai aucun mal à rester assis toute la journée dans ma chambre pour écrire. J'ai la liberté de la solitude et, je ne sais comment, une nouvelle lucidité qui me vient, je crois, du fait que je ne suis pas obligé de me soucier de l'université…

Tu auras de mes nouvelles dans deux semaines environ.

Tu as tenu parole et tu lui as écrit le trois novembre, à peu près deux semaines plus tard. Non pas de Paris, pourtant, comme tu l'avais escompté, mais de New York, où ta visite de "quelques jours" s'est prolongée pendant plus de trois ans. Tu es revenu dans le triste quartier de Morningside Heights pour habiter juste en face d'un campus qui allait devenir, dès la fin du mois d'avril, un champ de bataille avec manifestations, occupations de locaux et interventions policières, et quand des soulèvements étudiants analogues se sont produits à Paris très peu de temps après, tu as compris que, quel que soit l'endroit où tu aurais passé cette année, tu te serais retrouvé au milieu d'une violente tourmente. Cinq mois après la révolte de Columbia, F. W. Dupee, professeur de lettres anglaises très respecté du Columbia College (tu n'as jamais été son élève mais tu le connaissais de vue et de réputation), a fait paraître dans la *New*

York Review of Books un long article, minutieux et détaillé, sur les événements de ce printemps-là. Dupee avait alors soixante-trois ans, et si tu préfères citer cet article plutôt que l'un des nombreux récits rédigés par tes contemporains, c'est précisément parce que son auteur n'était pas étudiant, qu'il ne participait pas au chambardement et que, par conséquent, il pouvait observer ce qui se passait avec une certaine sagesse et un calme dénué de passion. Du reste, tu aurais du mal à trouver quelqu'un qui ait livré un meilleur compte rendu de l'atmosphère du campus de Columbia pendant les mois qui ont précédé l'explosion.

"L'une des vertus de Columbia, écrit Dupee, était d'accorder aux enseignants… beaucoup de liberté intellectuelle et sociale ainsi que de leur présenter beaucoup de bons élèves. Il est vrai que mon détachement habituel à l'égard de la politique sur le campus venait de céder parce que je voyais les étudiants de plus en plus désespérés sous la pression de la Guerre. Ce grand mal qu'est la Guerre se lisait en petit dans leur détresse alors qu'ils épluchaient heure après heure la liste ridiculement réduite de *leurs* options : le Viêtnam, le Canada… ou la prison ! Naturellement, ils étaient à cran, nombreux à ne pas venir en cours et à organiser de bruyantes manifestations sur le campus. Cette situation, l'administration de Columbia ne faisait que la tendre davantage. De plus en plus fantasque dans sa façon d'exercer son autorité, elle passait, selon l'habitude américaine bien connue, de la permissivité à la menace de répression.

"Il reste si peu d'autorité qui ne soit pas contestée aujourd'hui, et cela où que ce soit, même au Vatican, que ceux qui croient la posséder ont tendance à en être obsédés. Un bon nombre de mes collègues enseignants partageaient avec l'administration de l'université cette névrose autoritaire. L'un d'eux m'a déclaré à propos des étudiants contestataires : « Comme avec les enfants, arrive un moment où vous devez leur dire non. » Mais les étudiants contestataires n'étaient pas des enfants, et leur dire non signifiait les exposer à bien davantage qu'une « bonne fessée ». La Guerre exerçait sur l'université beaucoup plus de « violence » qu'ils ne le faisaient. Globalement, Columbia (en particulier le collège où j'enseigne et où les grands désordres du mois d'avril ont débuté) avait connu une ambiance sinistre pendant toute l'année universitaire. Et alors que personne – pas même les étudiants les plus extrémistes – ne s'attendait à une explosion telle qu'elle s'est effectivement produite, je n'aurais pas été étonné si l'année s'était terminée par une épidémie de crises de nerfs."

Tel était donc le lieu dans lequel tu étais retourné, un épicentre de potentielles crises de nerfs, et il est impossible de séparer les luttes personnelles dans lesquelles tu t'es débattu cette année-là du sentiment général de catastrophe qui planait autour de toi…

Dans la lettre que tu as écrite le trois novembre, tu déclares que, réinscrit à Columbia, tu as repris tes études et que tu es sur le point d'emménager dans un autre appartement (601 West 115th Street) au loyer modeste de quatre-vingts dollars par mois. La personne qui t'a persuadé de revenir sur tes projets n'était autre que ton oncle Allen. À ton retour, tu avais passé plusieurs jours dans son appartement de

Manhattan à "discuter de toutes sortes de choses" et en particulier du pétrin dans lequel tu étais et dans lequel tu engageais ton avenir. Tu notes dans ta lettre à quel point lui parler t'avait fait du bien, tu loues son intelligence, sa compréhension, et tu admets que tu as eu tort d'abandonner tes études – non pas à cause de l'importance que l'université pourrait avoir pour toi, mais à cause de la guerre : ton opposition à ce conflit t'aurait attiré de sérieux ennuis avec le service de recrutement militaire. En réintégrant Columbia, tu pourras reporter cette bataille de dix-huit mois.

"Je me suis taillé un emploi du temps de 4 cours : 2 de 2e cycle, 2 de 1er cycle – seulement 5 classes par semaine, regroupées les lun., mar. & mer., ce qui me donne un week-end de quatre jours. J'ai déjà pratiquement rattrapé tout le travail…"

17 NOVEMBRE : Pour être franc, ça ne me gêne pas d'être ici. Je me suis tellement déraciné… au cours des dernières années, que je suis parvenu à un certain équilibre avec mon environnement : une indifférence ou, mieux dit, un calme – chaque lieu est à la fois bon & mauvais ; ce qui compte, c'est de m'occuper de vivre, de satisfaire aux impératifs internes qui me permettent de continuer. Quant à l'Amérique, c'est une telle infection, elle suppure tel un grand furoncle à ce point débordant de problèmes que c'est passionnant d'être là.

Je suis debout jusque vers 4 heures du matin tous les jours. J'ai fait d'autres traductions de Dupin (à peu près 20 au total, maintenant), et Allen est très content, il va les donner demain à James Wright – notre ami. C'est le rédacteur en chef du magazine

The Sixties... J'espère, dans un avenir proche, traduire plusieurs autres poètes. Je trouve que c'est un bon exercice. En plus, je révise & développe mon scénario, et je fais des esquisses préliminaires pour d'autres projets, des fictions... de nouveaux films. J'ai été en contact avec un cinéaste – maintenant je sais où trouver un caméraman. Bientôt il va falloir que je travaille à dénicher des fonds. En plus, bien sûr, je vais à la fac. Donc, comme tu vois, je suis assez occupé...

Lis des poèmes de Pierre Reverdy. Vois des films : *La Faim, Les Désarrois de l'élève Törless*...

23 NOVEMBRE : À propos du scénario. Je viens juste de me procurer une machine à écrire – énorme, que je loue pour 6 dollars par mois, et je n'ai pas encore commencé la réécriture... rien qu'une révision mentale, des ajouts. Le plus gros du boulot est physique – la dactylographie – tellement il y a de pages. Je ne vais donc pas l'envoyer par la poste tout de suite, je préfère en apporter un exemplaire à Noël... J'apporterai aussi les traductions de Dupin et celles de 2 autres poètes français : Jaccottet et du Bouchet. Je suis en train de faire un petit livre de ces 3 poètes pour mon cours de français : traductions (environ 20 poèmes de chacun), un essai d'introduction générale, un article sur chaque poète et des commentaires. Très académique ! Mais c'est bien mieux que de faire un mémoire ordinaire. J'ai un roman que je suis sur le point d'entreprendre. J'ai également écrit quelques poèmes : je te les enverrai dans ma prochaine lettre. Ils ont encore besoin d'être un peu retravaillés.

Mauvaises nouvelles : j'ai reçu une lettre de la Mexicaine. Elle s'est absentée de Paris, et pendant ce temps le réalisateur et le producteur ont volé le scénario : ils l'ont réécrit complètement pour en faire un truc vulgaire & commercial, et ils ont signé avec la Paramount et Dalí un contrat pour un film à plusieurs millions de dollars. La Mexicaine est passée à l'as et, ça va sans dire, moi aussi. Tant d'avidité. Tant d'arnaque. Tout ça derrière son dos. La seule chose qui intéresse Dalí, me dit-elle, c'est l'argent... Dans mon cas, peut-être, tout est pour le mieux – rester indépendant, se débrouiller. Mais elle me fait de la peine.

Je ne veux pas être pédant, mais pour répondre à tes questions d'avant... lis ces 2 livres de Marx : *L'Idéologie allemande* & *Les Ms économiques et philosophiques de 1844*. Très précis, très éclairants... Et puis le livre de Fanon, *Les Damnés de la terre*, ne le laisse pas filer.

Tu te rappelles avoir écrit ce script que tu mentionnais comme ton *scénario* et qui était de fait assez long, presque cent pages en interligne simple : c'était moins un scénario de film qu'un récit au présent bourré d'infimes détails sur les décors et de minutieuses descriptions de gestes, de mimiques et de chutes comiques... Comme le film était censé être non seulement en noir et blanc mais aussi muet, donc sans dialogues, il n'y avait aucun des espaces blancs qu'on associe à un script normal, et dans ton souvenir tu vois encore à quoi ressemblaient les pages : une grande densité de mots, un essaim de signes noirs parmi lesquels ne perçaient que quelques taches de blanc, ce qui signifiait que c'était, de loin, le texte fini le plus long que tu avais jamais écrit. Si tu ne te trompes pas, le titre du film était *Returns*, c'était une comédie philosophique assez onirique sur un vieux monsieur qui erre dans un paysage pour l'essentiel inhabité en cherchant la maison de son enfance et qui, en chemin, connaît diverses aventures. Tu te rappelles avoir pensé que ce scénario était assez bon, mais cela ne veut pas dire que ton jugement ait été juste, et même si tu avais espéré qu'il serait produit, tu ne l'avais jamais considéré autrement que comme un travail de novice, une expérience. Ce qui te stupéfie à présent, c'est de voir à quel point tu te leurrais en te croyant capable de mettre sur pied une production, à quel point tu ignorais la façon dont on fait les films, avec quelle naïveté ridicule et quel optimisme bébête tu procédais dans toute cette affaire. Tu ne connaissais rien, absolument rien, et sauf si tu avais été doté d'une petite fortune, que tu aurais gaspillée dans un tel projet, la probabilité qu'un tel film soit réalisé par un garçon de vingt ans était nulle, absolument nulle. De toute façon, au moment où tu as achevé la version finale, tu songeais déjà à écrire d'autres choses, et quand tu ne t'occupais pas de ces autres choses, tu t'affairais pour rester à flot dans ton travail d'étudiant. Quelques mois plus tard, tu as donné le manuscrit à un ami qui t'avait dit vouloir le lire, et le manuscrit s'est perdu. À cette époque, les photocopieuses étaient rares et le coût des copies dépassait tes moyens ; et comme tu n'avais pas pris le soin de faire une copie carbone quand tu avais tapé la version finale, le manuscrit qui a disparu était le seul qui existait. Tu en as été malheureux, évidemment, mais pas tant que ça – tu n'as pas été anéanti ni déprimé, et il ne t'a pas fallu longtemps pour cesser d'y penser. Près de vingt-cinq ans allaient passer avant que tu n'entres de nouveau sur la pointe des pieds dans l'univers du cinéma.

3 DÉCEMBRE : Je vis seul, j'émerge rarement de ma maison. Les jours passent et je ne parle pas. Quand je suis obligé de dire quelque chose, ma voix me paraît étrange, elle cliquette comme une machine. Je ne vais en classe que cinq fois par semaine. Je m'assois, j'écoute, je repars. Je rentre chez moi. Les week-ends durent quatre jours et c'est là que je me sens le plus seul. Alors, si je sors, c'est seulement après minuit, pour me soûler ou pour acheter des provisions.

Je travaille extrêmement dur, muré dans ce qui me cache… le roman est une entreprise écrasante… La poésie, presque une diversion. Le cinéma, attachant. Le travail universitaire, juste une chose à faire.

Je ne sais pas ce qui me pousse… J'ai l'esprit plus alerte et pourtant plus embrouillé. J'ai souvent l'impression d'être sur le point de mourir. Hier soir, j'ai écouté la 3e symphonie de Beethoven pour la première fois en presque 2 ans. J'avais le corps secoué, je tremblais et… j'ai pleuré. Je ne comprenais pas. Comme si j'étais tombé dans le vide.

C'est une vie solipsiste. Sans amis, sans corps…

Plus tard :

Il m'est arrivé aujourd'hui quelque chose de bien. Il y a à peu près une semaine, j'avais donné à Allen une copie des poèmes que je t'ai envoyés. Puis j'ai oublié, je faisais d'autres choses. Apparemment, il les a mis dans sa poche et les a oubliés lui aussi. Aujourd'hui, il m'a téléphoné et m'a dit que ça lui est seulement revenu à l'esprit hier soir quand il les a trouvés dans sa poche. Il a ajouté qu'il était très impressionné, qu'il avait failli me téléphoner la nuit dernière à 2 heures du matin pour me le dire. J'étais assez sceptique – je ne pense pas qu'ils soient si bons que ça… Mais il a répondu que non, non, ils sont vraiment bons, & il a poursuivi en donnant des détails avant de dire que je devrais les envoyer au magazine *Poetry* parce qu'ils méritent d'être publiés. Même si je ne suis pas sûr de le faire, j'ai été flatté par ses commentaires. Il a ajouté qu'il estimait que j'avançais vraiment. C'est bien de recevoir ce genre d'encouragements, surtout venant de lui.

5 DÉCEMBRE : Il semble que le sort s'acharne contre nous. C'est dur à dire, j'espère que j'y arriverai, je me suis un peu soûlé pour pouvoir faire face à la page devant moi. Simplement, je ne vais pas pouvoir venir à Noël. Trois raisons se conjuguent en même temps pour m'étrangler : les responsabilités, les dettes, les conflits. Mon père, qui a encore la mainmise sur mon compte en banque jusqu'à ce que j'aie vingt et un ans – un accord idiot auquel j'ai consenti il y a deux ans –, ne va pas lâcher l'affaire (mon fric!) pour financer ce qu'il appelle des frivolités. Et Norman prétend avoir besoin de moi pour lancer sa campagne – encore nébuleuse – car il faut qu'il s'y mette tout de suite ou pas du tout*. Et ma grand-mère qui s'étiole rapidement, ce qui est affreux à voir, a besoin de sa famille autour d'elle. Chacun fait sa part en passant du temps avec elle – un supplice vraiment rude… Comme le film a capoté, mon vieux prétexte pour partir – car, selon eux, toute affaire de cœur est nécessairement négligeable et frivole – s'est évaporé. Je suis coincé – pas encore maître de mes actions.

* Ton beau-père, Norman Schiff, avocat spécialiste du droit du travail et ardent démocrate de gauche, envisageait de se faire élire au Congrès. Projet qu'il a abandonné peu après. *(N.d.A.)*

Je le regrette, je le regrette. J'avais tellement compté dessus – j'avais vécu pour ça, pour rien d'autre. Je m'assois et je regarde ta photo en essayant de me souvenir de ta voix…

18 DÉCEMBRE : Tu dis vouloir connaître les détails de ma vie. Je vais m'efforcer de te les donner…

Je suis quatre cours – "Le gouvernement dans la civilisation contemporaine*", dans lequel nous lisons des auteurs tels que Marx, Lénine et Sorel… Il a lieu les lun & mer de 11 h à 12 h 15, et je n'y vais presque jamais – le cours est assommant, mais ce qu'on doit lire est bien. Deuxièmement, le mardi après-midi de 3 à 5 h, un séminaire intitulé "Humanités orientales". Là aussi, les livres à lire sont bien – philosophie, religion & poésie du Moyen-Orient & d'Inde –, mais le cours est chiant au-delà de tout. Il y a deux profs, des ânes tous les deux. Néanmoins, je n'aurais sans doute pas lu ces choses-là de moi-même. Le mercredi, c'est mieux. En plus du cours sur le gouvernement, 2 autres – tous deux en 2e cycle. Le premier, de 2 à 4 h, sur l'histoire de l'art – "La peinture abstraite" avec Meyer Schapiro… Il parle extraordinairement bien, il est intelligent, plein d'esprit, cultivé. C'est un grand cours en amphi (entre 200 et 250 étudiants) – & pendant 2 h je reste tranquillement assis à l'écouter parler – un vrai plaisir. Après, de 4 à 6 h, je suis l'autre cours de 2e cycle sur la poésie française du XXe siècle. Bien entendu, ce qu'on lit est splendide, mais le cours en lui-même est malheureusement plutôt pesant. Je travaille dur, pourtant – je viens de terminer un commentaire de

* Cours obligatoire pour le diplôme. *(N.d.A.)*

25 pages sur un poème de 15 lignes de Beckett. Ça m'a aidé, d'examiner aussi minutieusement un petit texte… En plus, comme je te l'ai peut-être déjà dit, je fais une série de traductions – Dupin, du Bouchet, Bonnefoy & Jaccottet –, quatre poètes contemporains. J'aurai terminé pendant les vacances qui commencent la semaine prochaine… Il y a à peu près un mois & demi, Bonnefoy était ici et il a donné une conférence à la Maison française, en français, sur Baudelaire et Mallarmé. Il a un air invraisemblable – minuscule et un peu rabougri – mais c'est un grand poète et un bon critique d'art… Il m'a impressionné.

Le prochain trimestre sera bien mieux… pour ce qui est des enseignants et la qualité des cours. L'autre jour, je suis allé voir mon vieux pote Edward Tayler pour lui demander si je pouvais suivre un séminaire de 2e cycle avec lui : "Poésie lyrique anglaise, 1500-1650". Bien sûr, bien sûr, a-t-il dit, je serai ravi de vous avoir… On a eu une conversation très amusante d'environ une demi-heure, enfermés dans son bureau… Un autre cours de 2e cycle qui promet d'être bien, c'est celui sur la philosophie esthétique – et encore un autre, en français, sur Flaubert, qui sera donné par Enid Starkie, la grande et vieille dame anglaise en congé de Cambridge. Et puis, en 1er cycle, littérature française médiévale et un cours de musique contemporaine avec Beeson que je veux vraiment suivre. Et pour finir, la GYM. Avec tout ça, je vais être bien occupé – mais ça ne me gêne pas vraiment ; curieusement, étudier me plaît, surtout des choses anciennes, du Moyen Âge, de la Renaissance…

Je suis presque tout le temps seul. Je reste beaucoup dans mon appartement. Trois pièces. Une petite chambre et la salle de bains à l'arrière… Ensuite, la cuisine. Du café, un toast, et puis dans la grande salle de séjour & à mon bureau pour travailler. Parfois, tard dans la nuit, je vais dans le West End boire de la Guinness. À l'occasion, je vois L., dont la compagnie me plaît. De temps à autre, je vois la fille avec sa colocataire… toutes deux anciennes élèves d'Allen. Parfois elles me font à manger, d'autres fois nous nous contentons de discuter.

Par l'intermédiaire d'Allen, j'ai fait la connaissance d'une de ses amies proches… Ruby Cohn, qui a écrit un livre sur Beckett. On s'est rencontrés un matin il y a à peu près 2 semaines & on a eu une bonne discussion d'environ 3 heures.

Allen s'est montré invariablement bienveillant à mon égard… & secourable – il lit des choses de moi, il m'aide à faire publier mes traductions – et il m'encourage à envoyer d'autres choses. Il se peut que je gagne un peu d'argent en traduisant quelques pièces de théâtre pour un ouvrage sur le théâtre européen d'avant-garde qu'un de ses amis projette de réaliser – il va lui parler de moi…

Plus sérieusement… je vis dans ce que j'écris – c'est ce qui consume mes pensées. J'ai plein d'idées, de projets qui fusent en même temps – j'y songe dès que j'ai un moment de libre, je les raffine et les révise tout en me concentrant sur la chose particulière à laquelle je travaille à ce moment-là…

Malgré le désordre qui est en moi, malgré ma solitude, je suis parvenu en chemin, je ne sais comment, à acquérir… une confiance dans l'écriture, dans ma propre capacité. C'est ce qui me maintient, à présent. Je suis un moine qui se donne à fond – avec le célibat et tout le reste.

Ma grand-mère décline rapidement : elle a attrapé une bronchite & se trouve maintenant à l'hôpital. Vendredi, comme le délai était trop court pour engager une infirmière de nuit, ma mère & moi l'avons veillée toute la nuit. Ma grand-mère n'a pas pu dormir, pas même une seule minute – sa souffrance est sans fin, constante. Elle est totalement sans défense, Lydia – elle ne peut absolument pas bouger – sa colonne vertébrale est comme du gel – tout ce qu'elle peut faire, c'est gémir et pleurer. Cette nuit-là a été atroce, atroce – la pire que j'aie jamais passée : être obligé de rester là impuissant devant une telle impuissance, une telle souffrance. La mort était toute proche. Par la fenêtre, je voyais les bateaux lents et silencieux… voguer sur l'East River obscurcie. Je commence seulement maintenant à récupérer du manque de sommeil & du désespoir de cette nuit-là. Par chance, la bronchite est en train de se dissiper. Mais ma grand-mère, il ne lui reste plus beaucoup de mois à vivre. Quand j'ai quitté l'hôpital dans la lueur grise du petit matin, j'ai éprouvé une joie très amère à me retrouver parmi les vivants…

Dans peu de temps, pour le réveillon du Nouvel An, j'irai à une fête – haha ! – une fête organisée par Allen. Ce sera pour moi la première depuis longtemps. Je vais trouver très étrange de me retrouver dans une foule. J'espère que je… ne vais pas me mettre dans un coin & me soûler, ce qui serait mon comportement habituel dans ce genre de réunion. Il se peut qu'il y ait tellement de monde que je ne pourrai pas arriver jusqu'à un coin.

Une des choses les plus agréables depuis mon retour, c'est la poursuite de mon amitié avec Peter – *via* la poste. Ses lettres me réchauffent vraiment le cœur. Je ne mérite pas un ami de cette qualité. Avec une bonté & un dévouement sans faille, il a pris le temps de rassembler mes affaires & de me les expédier. Une vraie corvée qu'il a accomplie avec un grand sens de l'humour. Ces affaires sont maintenant à l'aéroport & vont m'être livrées demain. Ce sera sympa d'avoir ma machine à écrire, mes cahiers, mes livres… Et puis je pourrai enfin changer de pantalon…

11 JANVIER 1968 : Ma grand-mère est morte – les obsèques ont eu lieu hier. Ce n'était pas inattendu, et pourtant je suis encore… tout secoué. Les obsèques elles-mêmes ont été très pénibles – mon grand-père les a très mal vécues & il a beaucoup pleuré… Tout ça m'attriste. Pourtant, il vaut certainement mieux qu'elle ait cessé de subir l'affreuse torture de sa maladie*. Par bonheur, elle est morte calmement, dans son sommeil – on craignait qu'elle s'étouffe…

La dactylographie de la traduction est terminée (160 pages). À grands frais, j'en ai fait une copie – il se pourrait que je puisse en faire une autre gratuitement, et si c'est le cas, je te l'enverrai aussitôt – sinon, il nous faudra attendre le mois prochain quand j'aurai une plus grande provision de pennies…

Si tu veux te payer une tranche de vrai rire, et de bonne tenue, lis *At Swim-Two-Birds* de Flann O'Brien. Fortement recommandé.

12 FÉVRIER : Un mois entier et pas un mot… J'ai téléphoné à ta mère pour savoir s'il t'était arrivé quelque chose. Elle m'a dit que ta nouvelle adresse

* Sclérose latérale amyotrophique. *(N.d.A.)*

était à Londres *W.* 6. Celle que tu m'avais donnée disait *N.* 6. Il se peut que quelque confusion se soit ensuivie dans les services du courrier.

Je n'ai pas grand-chose à raconter, sinon que mon 21e anniversaire est arrivé & passé sans grand émoi… Jamais encore je ne me suis senti aussi superflu et aussi peu désiré. Je vis dans un vide – je n'ai rien à faire avec quiconque – et ça me fait souffrir. Je ne peux rien faire à part regarder les autres. J'ai besoin de quelqu'un.

2 MARS : Ta dernière lettre… Encore une fois je te le dis : ne t'en fais pas pour *moi.* Je vais bien, je t'assure. Ne doute pas de toi-même s'agissant de moi. Ne posons pas de questions sur des problèmes dont nous savons que nous ne pouvons pas les résoudre en ce moment. Essaie simplement de vivre du mieux que tu peux, dans le présent, avec les choses qui composent ta vie. Il me semble que c'est en vivant dans le présent qu'on s'approche le plus du sentiment d'éternité…

Je frémis parfois à l'idée de me rendre compte que je suis inapte à être aimé par quiconque. Que, par suite de ce qui me paraît être un idéalisme intrinsèque, rien de ce qui est dans le monde ne me paraît bien et que ma solitude est un désir masochiste…

Tout autour de moi, je constate… de la mesquinerie, de la stupidité et de l'hypocrisie… Le résultat, c'est que je me vois devenir intolérant – et, pour ne pas offenser les autres, je me retire de la société. Je me déteste à cause de ce qui m'apparaît comme un manque de patience à l'égard d'autrui, et pourtant je ne peux rien y faire…

Néanmoins, en même temps, j'aspire à aimer et à être aimé, tout en sachant que c'est impossible…

Je pense que tout au fond, d'une certaine manière, j'ai fui le réel. Je... passe la plupart de mon temps soit à écrire, soit à penser à mon écriture. Les personnages, les situations, les mots, c'est en eux que je me suis transformé – me plongeant dans un monde flou de... couleurs et de sons changeants, dénué de mots et de sens. En même temps, je suis persuadé que *vivre* est plus important que l'art...

Dans peu de temps, cependant, je vais devoir prendre une grande décision – la conscription militaire... Si les choses restent en l'état... j'irai sans doute au Canada. Je me prédis beaucoup de solitude – pire que celle que j'ai connue jusqu'ici.

Il y a en moi une terrible timidité qui complique même les situations sociales les plus simples – une hésitation à parler, une gêne qui renforce ma solitude.

Si je dis cela sur moi, c'est pour que tu le saches – parce que tu semblais vouloir le savoir. Il est cependant probable que tu es déjà consciente de tout cela. – Mon penchant à ruminer et ma mélancolie sont incurables... Et pourtant, dans mon cœur, je me sens fort, je sens que quelle que soit la tournure que prennent les choses je ne craquerai jamais. D'une certaine façon, c'est ce qui m'effraie le plus...

Je travaille à traduire une série d'essais, et ça me rapportera de quoi vivre pendant l'été... Il faut que je songe à un bon endroit où aller...

14 MARS : Je pense que tu surestimes mon idéalisme. Essentiellement, j'ai les mêmes sentiments que toi – les différences proviennent davantage des circonstances que d'autre chose. Il est difficile de vouloir transporter le monde à l'intérieur de soi, ici, à

New York, en Amérique, où chacun crie sa haine, où la guerre continue à s'étendre à une vitesse folle, où les seuls choix d'avenir individuel sont la prison ou l'exil. C'est cette affreuse folie autour de moi (je t'assure que c'est de la vraie démence) – et nécessairement aussi *à l'intérieur* de moi – qui me pousse au désespoir. Pourtant, je ne cesse de considérer les gens comme des individus. Cela, je ne l'ai jamais fait et ne le ferai jamais. Je ne crois pas aux abstractions. Ce sont elles qui tuent, qui mutilent l'esprit…

Ma vie dans la confusion. Répugnance pour l'université. Écœuré par les livres. Mon esprit encombré. Besoin d'air frais. D'espace pour m'éclaircir les idées. Je me dissipe. Je bois trop. Une nuit, ça a été si loin que j'ai vomi jusqu'à m'endormir. Je grommelais, criais, pleurais à cause de Dieu. Pourquoi est-ce qu'Il refuse de se manifester ? Des imbécillités d'ivrogne. Parfois j'ai beaucoup d'esprit. Ça te plairait. La frontière entre la tragédie et la comédie. *La Maladie mortelle.* Écriture enlisée. Mais toujours confiant. En général, ça marche bien. – Trouvé un nouveau régal dans les visages. Les vieilles qui se mouchent. Regarder des vieux. Aujourd'hui, un bébé chien, un chiot, si doux que je le voulais pour moi. – Vapeur des machines à café en acier. Crachats sur le trottoir. L'obscurité des rues la nuit. L'obscurité des rêves. Des voix qui se fondent dans la foule. Expressions sorties de bouches différentes qui se mêlent en absurdités déconnectées. Visages dans une salle de classe. Un mot sorti d'un poste de radio. Mon bureau encombré. Mon dégoût pour moi-même parce que j'ai séché deux semaines de cours. L'ironie de me retrouver dans la liste des meilleurs étudiants. Le grand désir de ne plus lire. D'arrêter d'écouter et de me mettre à parler… de n'être plus de nouveau marié au silence qu'au moment de la mort.

29 MARS : J'ai une entière confiance en toi, et malgré les minuscules hauts et bas… tu t'en sortiras intacte et forte. Quant à moi… j'ai beaucoup de mal à m'imaginer un avenir quel qu'il soit, n'importe lequel. Les problèmes politiques sont devenus si oppressants que ces pensées-là sont désormais impossibles. Si je dois faire face à une incorporation dans l'armée l'été prochain, j'ai décidé d'aller en prison – pas au Canada. Je ne peux pas en donner d'explication rationnelle, sinon que c'est le geste le plus dédaigneux. Donc, bizarrement, je suis forcé de réfléchir tout de suite à quelque chose qui exige en réalité beaucoup de temps…

J'ai eu du mal à rester concentré sur mes travaux en cours. J'ai laissé mes études déraper de façon désastreuse – sous peu, ça va me revenir en pleine figure. Je me balade dans une sorte de délire silencieux. J'observe ce qui se passe dans la rue. Je lis des livres qui n'ont rien à voir avec mes études. Je pense beaucoup trop à mon écriture, mais récemment je n'ai presque rien accompli dans ce domaine. Tout cela me paraît irréel sans toi – tout cela, ce sont des limbes dans lesquelles j'erre jusqu'à ton retour. Désespoir n'est pas le bon mot. La sensation de ne pas être en vie.

Trois semaines après le jour où cette lettre a été écrite, la rébellion de Columbia commençait. Elle s'est révélée être un vaccin efficace contre l'épidémie de crises de nerfs qui menaçait de submerger le campus ce printemps-là – y compris contre la tienne. Quand tu relis les courriers que tu as rédigés durant les mois précédant ce jour-là (23 avril), tu es frappé par la profondeur de ton malheur, choqué de voir à quel point tu étais proche de ce qui apparaît comme une désintégration absolue, car, pendant les années qui ont suivi, ta mémoire a estompé les détails de cette période et tu es parvenu d'une certaine façon à en adoucir la douleur, à transformer une crise intérieure majeure en une sorte de malaise sourd que tu aurais fini par dépasser. Certes, la crise est passée, mais seulement parce que tu as opéré une brusque volte-face et pris le parti des étudiants protestataires – la première et seule fois où tu as participé à une action de masse concertée –, et l'effet de te joindre à d'autres a semblé briser la vague de malheur qui t'avait submergé, te réveiller et te procurer une toute nouvelle sensation, celle-là bien plus assurée, de qui tu étais. Le quatre mai, dans ta première lettre après la nuit du trente avril où la police de New York a envahi le campus, brutalement matraqué les étudiants et arrêté sept cents d'entre eux, tu rapportes : "… occupé un bâtiment, battu par les flics, arrêté." Cinq paragraphes plus bas, tu ajoutes : "… il m'est assez difficile de faire des projets pour l'été en ce moment – parce que je dois comparaître au tribunal le 7 juin & je ne sais pas combien de temps tout ça va traîner. Il est même possible… que j'aboutisse en prison – mais j'en doute." Dans une lettre de trois pages datée du quatorze mai, tu mets Lydia en garde contre la presse en lui expliquant que des publications telles que *Time, Newsweek* et le *New York Times* ont déformé les faits et qu'on ne peut pas leur faire confiance. La seule source d'information fiable, c'est le *Columbia Daily Spectator* qui est sur le point de composer un livre avec tous ses articles du mois passé, et tu en enverras un exemplaire à Lydia dès qu'il sera disponible. Tu poursuis en parlant des tactiques utilisées par les étudiants pendant les sit-in et tu dis que l'action de la police a représenté une étape nécessaire pour rallier la majorité à la cause des contestataires, que tous ceux qui étaient dans les bâtiments savaient ce qui allait se passer, qu'ils souhaitaient vivement que la police arrive et qu'elle agisse exactement comme elle l'a fait, car seule une démonstration de violence policière pouvait provoquer cette grève générale de l'université qui a lieu à présent. Dans le paragraphe suivant, tu mentionnes à quel point tu as été agréablement surpris par "l'attitude engagée de ceux qui ont occupé les bâtiments. Les esprits ne se sont pas échauffés, personne n'a énervé les autres. Pendant une semaine, chacun s'est employé à travailler pour tous les autres… Et moi qui suis tellement sceptique à l'égard de ce genre de choses, il a fallu que j'y prenne part pour découvrir que c'est possible, même si ce n'est que pour un temps limité." Dix jours plus tard, tu t'excuses de ne pas avoir écrit plus tôt. "La situation reste chaotique et violente – encore un affrontement avec la police avant-hier soir ; peut-être l'as-tu vu dans les journaux." Deux paragraphes plus loin, tu mentionnes ton grand désir de te rendre à Londres, "mais je… ne serai pas en mesure de faire le moindre projet avant le 7 juin, jour où je comparais au tribunal pour qu'on me donne la date de mon procès. Dès que je saurai ce qui va m'arriver, je t'enverrai toutes les informations."

Ensuite, le ton de tes lettres commence à se modifier. Le garçon morose, centré sur lui-même et mécontent des quelques mois précédents disparaît soudain et, à sa place, c'est quelqu'un de tout à fait différent qui se met à écrire à Londres. Transformation mystérieuse puisque les circonstances extérieures de ta vie n'ont pas changé : la guerre est toujours la même guerre, la menace imminente de la conscription reste identique, ton combat pour trouver ta voie n'a pas varié – et pourtant quelque chose en toi s'est libéré : au lieu de gémir sur la pourriture qu'est le monde, tu deviens enjoué, tu plaisantes (dans la lettre exubérante du 20 juin), tu te montres infiniment plus à l'aise avec toi-même, comme si les événements d'avril et de mai t'avaient envoyé une décharge électrique et ramené à la vie.

11 JUIN : J'attendais avec une grande impatience de recevoir de tes nouvelles, mais comme, après toutes ces semaines, rien n'est venu, je me suis dit que j'allais saisir cette occasion en or (la chaleur est devenue insupportable) pour t'écrire. Je vais m'en tenir à des remarques concises et pertinentes :
1. Tu me manques beaucoup. Je pense à toi sans arrêt. J'espère que nous pourrons nous voir bientôt.
2. Je me demande ce que tu fais. Est-ce que tu travailles, ou bien es-tu en vacances ? Est-ce que tu es à Londres, ou ailleurs ?
3. Je dois retourner au tribunal le 17 juillet. Ensuite, je n'aurai sans doute pas l'obligation d'y revenir avant septembre. J'espère & je prie le ciel pour que je… réussisse à quitter N.Y.
4. Je vais bien. Je commence à bien écrire… J'ai l'esprit détendu.

5. Je lis beaucoup moins qu'avant, à présent. La conséquence, c'est que je suis plus intelligent et que j'ai un meilleur sens de l'humour…
6. Mon destin ne me tracasse pas.
7. As-tu des nouvelles de Peter et/ou de Sue ?
8. Dis-moi comment tu te sens, ce que tu fais.
9. Si tout va bien, je serai à Londres au mois d'août.
10. Écris-moi un poème. Danse une polonaise.
11. Un seul coup de scie qui pénètre dans du bois dur. On est en octobre. La fenêtre se brise dans une roue.
12. Laisse-moi le faire. C'est le soir. Les musiciens se rassemblent autour de la symphonie en buvant du lait.
13. Le tableau a fondu. On est à 3 semaines du printemps. La ferme danse dans le port.
14. Trouve un bon livre et lis-le sous l'eau. On a mis Socrate à mort pour moins que ça. Dans mon rêve, le balai est un corps.
15. N'importe qui peut faire des additions et des soustractions. L'herbe est plus rouge à l'ombre. Je ne suis pas étonné.
16. Pourquoi la baignoire est-elle si grande ? Il y en a qui boivent du Pepsi-Cola ; d'autres, du Coca-Cola. Dans son char, le soldat chante un air de Schubert.
17. Quand nous portons des tennis, nous avons souvent l'impression d'être des échasses à ressort. Ce sera bientôt le soir. Alors l'aveugle se mouchera avec un billet d'un dollar.
18. Les politiciens ont fui le pays. C'est le matin, mais l'air est encore obscur. Au centre de notre désespoir, nous voyons des mots écrits la tête en bas : ils pendent des mâchoires d'un pélican.
19. Je te prie de trouver le dessin ci-joint.

20. Je te prie d'agréer cette transmission de mon amour.

20 JUIN : *"Madame ma femelle"* :

Parfois, dans notre asservissement, nous manifestons le désir de mettre le monde dans notre poche. Nous faisons des allées & venues dans la rue avec notre compagnon, le Maître des cornemuses. Une fois, alors qu'assis sur notre machine à écrire il nous empêchait d'accomplir notre labeur quotidien, il ouvrit une boîte de haricots et déclara : "Ah, quel sage je suis." Sa femme, la ballerine aveugle de Jersey City, se cogna un jour le doigt de pied contre un char (à l'intérieur, un soldat jouait "Embryons desséchés*") et attrapa la syphilis. Maintenant, les gens sont obligés d'aller au théâtre en hélicoptère. Mais à part les moments où la radio annonce une éclipse lunaire, personne ne semble en être bien gêné. Pour ma part, je me console en retournant mes poches et en remplissant mes chaussettes de pennies.

L'équateur pend au dos de la chaise, trique molle et flétrie. Le facteur entre. Le facteur est un Gros qui transporte un chien mort au fond de son sac. Il dit : "Depuis que je suis devenu gros comme ça, je fais tourner la chaîne qui tient mes clés et qui mesure soixante centimètres de long en arcs de plus en plus grands. Bientôt je prendrai le globe terrestre au lasso et j'en ferai mon casse-croûte de la même façon qu'autrefois je mangeais des oranges." Jamais le rire ne nous a autant dégonflés. Nous restons assis sur nos WC en transpirant de honte.

* Note de bas de page dans la lettre : "Morceau pour piano d'Erik Satie". *(N.d.A.)*

La nuit, j'attache sur ma tête un entonnoir à l'envers pour me protéger des courants d'air sous les fenêtres. C'est une idée très astucieuse que seul peut concevoir quelqu'un d'à la fois gai et fringant. Tous ceux que je connais sont d'accord là-dessus. Certains d'entre eux ont même commencé à le faire aussi. Mais comme je les connais, j'ai peu de foi en eux. Ils démarrent à toute blinde et finissent en crottes de nez.

Nous, votre humble serviteur, *"madame (ma femelle)"*, avons récemment mis au point un plan pour conquérir le monde à la vitesse de l'éclair. Nous hésitons à le dévoiler en ce moment, cependant, pour 2 raisons : premièrement, la poste est notoirement dangereuse quand il s'agit de transmettre des renseignements secrets, et deuxièmement, vous jouez un rôle crucial dans ce plan et devez en être informée par l'unique moyen décent que connaissent les conquérants, à savoir le bouche-à-oreille. Humpty-Dumpty, votre très dévoué serviteur, attend donc avec grande impatience votre retour dans ce coin de l'univers.

Humpty-Dumpty, *"madame notre femelle"*, souhaite signifier son accord total avec les révélations privées que votre toute dernière lettre a transformées pour lui en notations calligraphiées. Afin de satisfaire à votre requête, il soumet à votre examen minutieux le résumé suivant de ses activités quotidiennes :

Comme il est important de vivre chaque jour aussi pleinement que possible, je me lève à 4 h 05 le matin. Je cours ensuite pendant 8 km pour que mon corps reste ferme & sain. Un peu haletant, je rentre à mon appartement à 4 h 18 et prends un petit-déjeuner bien équilibré de verre brisé sur toast, de sang de porc-épic et de caviar. Me sentant alors plus gai & fringant que jamais, j'entre dans la salle de bains d'un pas triomphant, je baisse mon pantalon, je m'assois sur la lunette des WC et je vide mon intestin. Cette activité se termine précisément à 4h31. Je me rends ensuite à la cuisine, ramasse les assiettes dans lesquelles je viens de manger & les jette par terre. Le Maître des cornemuses les balaie. À 4h32, j'arrive à mon bureau, je lis ce que j'ai écrit la veille, le déchire et le mange, puis je reste assis, absolument immobile, pendant une durée de six heures et 18 minutes en attendant l'inspiration. Épuisé par ces efforts, je fais alors une sieste d'exactement 4 heures sur le divan. Je me réveille en sursaut et prends bien soin de ne pas rire par crainte de m'étouffer sur mes syllabes et de m'étrangler accidentellement. À 14h50, je retourne à mon bureau et, dans un grand accès de frénésie, je consigne durant 10 minutes dans mon journal les événements de ce jour jusqu'à cette heure. À 15 heures, la ballerine aveugle me sert un repas bien équilibré de haricots, de macaronis, de piment rouge & de raifort. Je termine mon repas à 15h04 et sors de la maison pour faire du vélo dans le parc. De retour à 17h03, je m'assois de nouveau à mon bureau et m'occupe de ma correspondance. À 17h05, je fais ma sieste de l'après-midi. À 21h13, je suis réveillé par un orchestre de sirènes et de hurlements qui m'annoncent que le dîner est prêt. Le Maître des cornemuses et la ballerine aveugle, sa femme, me servent alors un repas bien équilibré de postes de radio, de grille-pain et d'ampoules électriques (100 watts). Pendant ce repas, je lis les quotidiens de New York, Londres, Paris, Rome, Prague & Moscou. Je mange en dessert les articles les plus intéressants. De 21 h 21 à 23 h 33, je joue au ping-pong ou au billard avec mon compagnon, le Maître des cornemuses. Puis, jusqu'à minuit, je fais des exercices de redressement assis. À 24 h 01, je retourne à mon bureau et lis un bon livre. Je ferme le livre à 3 h 29 précises. J'écris ensuite furieusement jusqu'à 4 h. Fatigué par ce travail, je m'endors à mon bureau. À 4 h 02, le Maître des cornemuses et la ballerine aveugle me ramassent, me portent dans ma chambre et me mettent au lit. Je bouge un petit moment, mais je dors profondément, à poings fermés, dès 4 h 04.

Signé : le Nain.

9 JUILLET : Nous ne devons pas considérer la distance entre nous autrement que comme une souffrance transitoire. Nous sommes des petits enfants avec une imagination fertile qui parfois nous domine. Tirés de rêves malheureux, nous nous sommes assis dans notre lit, entourés par une nuit sans limite – une nuit qui avait toujours passé très vite quand nous dormions – et nous avons attendu… que l'obscurité se dissipe dans la clarté du jour. On est déjà en juillet. Dans moins d'une semaine, tu auras un nouvel anniversaire… Deux jours plus tard, je me rendrai au tribunal pour une audience, et peu après je serai peut-être à Londres.

L'après-midi touche à sa fin. Je t'écris pour faire une pause dans ces traductions que j'accomplis à un rythme effréné en vue d'en finir avec elles. C'est la nuit que j'écris. Bien que mes émotions soient devenues aussi imprévisibles que les bras d'un boxeur débordant de zèle mais manquant d'expérience, mon esprit progresse régulièrement vers… des territoires inexplorés. Là où je me trouve pour l'instant, je ne mets pas ma veste au vestiaire de peur d'oublier mon corps en repartant. Des années passées à patauger semblent émerger, produire une force étrange & maladroite qui ne connaît pas la peur, et chaque jour qui passe dévoile des liens entre des éléments… bizarrement disparates. Spontanéité méthodique. Une dialectique qui n'exclut rien.

Pourtant, tout ne va pas comme sur des roulettes. Norman, mon beau-père, a subi une terrible crise cardiaque il y a environ 2 semaines, et il est encore à l'hôpital en train de se rétablir. La situation paraît bien à présent, mais pendant un moment elle a été menaçante. J'ai passé beaucoup de temps à Newark…

12 JUILLET : Il se peut que tu te fasses une image exagérée de l'importance de mon changement. – Le changement (ou la croissance) est toujours subtil, et mon cas ne fait pas exception. Mon aspect, hormis peut-être une minceur accrue (je suis devenu très osseux alors que je rêve d'être robuste et de ressembler à Maïakovski), est inchangé. Je porte les mêmes vêtements, je fume toujours des cigarettes… je déteste toujours les fêtes et je continue à me sentir mal à l'aise dans les grands groupes. Comme je l'ai suggéré dans ma dernière petite lettre, le changement a surtout été intellectuel – mais évidemment il se manifeste dans mon comportement & mes attitudes. Mon seul impératif catégorique, c'est qu'on doit affronter les choses frontalement, dans leur entièreté. Si l'on ferme les yeux sur quelque chose, soit délibérément soit par accident, alors on vit dans le mensonge…

Autrefois je pensais que l'art devait être… séparé de la société… Autrefois, je souhaitais vivre en tournant le dos au monde. Je vois à présent que c'est impossible. Il faut faire face aussi à la société – non pas dans la pureté de la contemplation, mais avec l'intention d'agir. L'action, pourtant, quand elle procède d'une éthique, effraie souvent les gens… parce qu'elle ne semble pas présenter de correspondance terme à terme avec son intention. Les gens prennent tout un peu trop au pied de la lettre… ils ne peuvent pas penser par métaphore. Comme les tactiques de la politique de gauche ne présentent pas cette correspondance terme à terme (la prise d'un bâtiment universitaire, par exemple), les gens, dans leur confusion apeurée, croient qu'il s'agit de la mise en œuvre d'une conspiration ou de quelque complot sinistre…

La révolution sociale doit s'accompagner d'une révolution métaphysique. En même temps que l'existence physique des hommes, c'est leur esprit qui doit être libéré, faute de quoi toute liberté gagnée sera fausse et de courte durée. On doit créer des armes pour parvenir à la liberté et la maintenir. Cela implique de regarder courageusement vers l'inconnu – vers la transformation de la vie… L'ART DOIT FRAPPER SAUVAGEMENT À LA PORTE DE L'ÉTERNITÉ…

Ta lettre aujourd'hui. La phrase : "Je ne veux pas t'écrire, en fait, mais seulement te revoir" s'applique également à moi. J'ai donc décidé, quoi qu'il advienne, de me rendre en Angleterre. Je ne te dirai pas la date exacte, je veux que ce soit une surprise. Simplement, j'arriverai entre le 18 juillet et le 1er août. Donc, ne t'en va pas pendant cette période.

Cette lettre sera par conséquent ma dernière. Tu n'es pas non plus obligée de m'écrire de nouveau si tu n'en as pas envie. Porte simplement une jolie robe chaque jour jusqu'à ce que j'arrive ; fume autant de cigarettes que tu le souhaites ; et sois gentille avec tous ceux que tu rencontres.

BON ANNIVERSAIRE.

Il semblerait qu'elle ait voulu des renseignements plus précis sur tes projets de voyage, ce qui serait la raison du mot suivant, le dernier courrier que tu aies rédigé avant de quitter New York pour Londres :

23 JUILLET : Je succombe à ta requête avec l'humilité d'un monarque qui, sur les conseils de son magicien, vient d'abdiquer le trône pour se joindre à la révolution menée contre lui.

30 juillet. BOAC – vol n° 500. Arrivée à l'aéroport de Londres : 7 h 40.

P.-S. J'ai eu gain de cause au tribunal – c'est-à-dire à l'audience : poursuites abandonnées par manque de preuves. Un point de procédure. Mais dans un système où la LOI est plus importante que la JUSTICE, se sentir floué serait simplement naïf.

Treize mois se sont écoulés avant que tu ne lui écrives de nouveau. La longue séparation était terminée, et une fois que Lydia est rentrée à New York pour poursuivre ses études à Barnard, les lettres n'ont plus été nécessaires. À l'extérieur, dans le vaste monde, l'apocalypse menaçait. La guerre n'avait fait que croître et gagner en sauvagerie, le pays était divisé en deux et, pendant ta quatrième année d'études, de nouveaux combats politiques n'ont cessé d'éclater à Columbia – entre autres, au printemps, une nouvelle grève de toute l'université. Les mouvements étudiants de gauche s'étaient fracturés – dans la marge extrémiste on complotait pour mener une lutte armée – et la Nasa se préparait à envoyer des astronautes américains sur la Lune. Tu as reçu ton diplôme par une belle matinée de ciel clair et bleu juste avant le solstice d'été. Le mois suivant, tu as passé ton examen médical pour le service militaire au centre de recrutement de Newark, et quand tu as pris un moment pour écrire à Lydia le vingt-trois août (elle était retournée à Londres pour une visite familiale), tu n'avais aucune idée de ce qui allait t'arriver, aucune idée de quand (ou si) tu serais appelé dans l'armée, aucune idée de ce qui serait ta prochaine adresse, une prison fédérale ou un appartement à Morningside Heights. N'ayant pas de projets sûrs pour l'avenir, tu avais décidé de passer un an en tant qu'étudiant au département de Littérature comparée de Columbia. Il était hors de question pour toi de faire un doctorat, mais tu serais en mesure, pendant cette année-là, de compléter une maîtrise, et comme tu n'aurais pas de frais de scolarité à verser et que l'université t'avait proposé une petite bourse (deux mille dollars, à peu près la moitié de ce qu'il te fallait pour vivre), tu t'es dit que tu allais rester dans le coin tant que ton sort demeurait indécis et que Lydia terminait sa dernière année à Barnard. Pour des raisons qui tenaient entièrement à ton indifférence (ou ton mépris) à l'égard de la vie bourgeoise, tu comptais augmenter tes revenus en travaillant comme chauffeur de taxi.

Dans la longue lettre qui suit, la plus longue que tu aies jamais écrite à Lydia – et la seule qui soit composée sur une machine à écrire –, tu essayais consciemment de la distraire en transformant une série d'événements banaux en une sorte d'histoire d'aventure dans les bas-fonds, et l'exubérance de ton écriture montre que tu étais d'humeur joyeuse malgré les incertitudes que tu devais affronter. Néanmoins, tu vois en cette lettre un document assez curieux, car la plus grande partie de ce que tu y racontes te fait apparaître comme quelqu'un qui ne ressemble pas à celui que tu étais normalement, quelqu'un qui agit comme tu ne le faisais pas d'habitude (par exemple te rendre à un spectacle burlesque de la 42e Rue, coucher avec une fille que tu as rencontrée dans un bar, bavarder avec des dealers de drogue tatoués), et pourtant l'étrangeté et l'opacité de ce jeune homme t'intéressent aujourd'hui – car c'est sans doute la seule fois de ta vie où tu as activement cherché à te lâcher, à agir avec une certaine effronterie, à fermer les yeux et sauter sans te soucier de l'endroit où tu atterrirais*.

* Tu t'interroges sur le fait d'avoir partagé avec la fille que tu considérais comme ta petite amie l'anecdote où tu couches avec une autre fille, car le ton cordial présent dans toute la lettre ne suggère pas que c'était un moment difficile pour vous deux. En même temps, vous étiez jeunes tous les deux, vous n'aviez jamais vécu ensemble, vous ne projetiez pas de vous marier, et comme vous étiez libres de faire ce qui vous plaisait, peut-être as-tu pensé que cette histoire allait l'amuser, comme si c'était une histoire que tu partageais avec une copine plus qu'avec ton amoureuse ou ta (future) épouse.

D'autres aspects de la lettre te répugnent aussi un peu, notamment ton emploi des qualificatifs "tapette" et "pédé", mais en 1969 le mot "gay" n'était pas généralisé. Les États-Unis n'avaient pas encore trouvé de terme neutre pour désigner l'homosexualité, et les mots de la rue avaient tous une pointe péjorative qui les rend laids aujourd'hui.

Tu passais quelque temps chez ta mère et ton beau-père tout en cherchant un nouvel appartement. La lettre a été écrite depuis leur maison de Mendham, dans le New Jersey.

23 AOÛT 1969 : Je t'écris avec un cœur plein d'affection, des mains qui cherchent les bonnes clés, un peu de joie, un peu de fatigue. Récemment, j'ai pris l'habitude de me servir de la machine à écrire… Moins d'hésitation, plus de débit, écoulement plus rapide qui, malgré la médiation mécanique, me semble plus proche de l'immédiateté de mes pensées. Je suis allongé dans mon lit, la machine sur mes genoux. Il est près de minuit. Je suis rentré de New York il y a à peu près deux heures, de New York… ce chaudron purulent de misère humaine où j'ai cherché un appartement et tenté de m'établir comme chauffeur de taxi. Mais commençons par le commencement. Le département des Véhicules à moteur se situe au 80 Centre Street, pas loin de l'énorme palais de justice où j'ai passé bien des après-midi à

2 CV = Deux chevaux Citroën, la voiture française rudimentaire que tu avais achetée trois cents dollars et que tu conduisais cet été-là. Elle était si petite et si légère qu'elle était pratiquement inutilisable sur les autoroutes américaines. En vitesse de pointe elle atteignait à peu près soixante-dix kilomètres/heure.

Quant à Henry K., celui qui rentre à New York d'un camp forestier du Michigan et apparaît mystérieusement dans les toilettes pour hommes de la grande gare routière de Manhattan, tu n'as aucun souvenir de qui c'était, même s'il s'agissait sans aucun doute d'un de tes amis.

Il y a aussi quelques erreurs de terminologie – ainsi tu appelles "esplanade" la promenade de Brooklyn Heights –, mais tu ne corriges pas ces erreurs car c'est ce que tu as écrit à cette époque, et l'on ne doit jamais toucher à une capsule temporelle. *(N.d.A.)*

la fois comme observateur et comme prévenu. (Est-ce que je t'ai déjà parlé des vendredis où, avec Mitch, j'allais assister aux procès en prenant place à côté des sombres *hassidim* et des clodos somnolents qui ont pris l'habitude de se rendre chaque jour dans ces salles austères et climatisées comme s'ils allaient au théâtre et qui, perchés sur leur siège, étudient les opérations de "justice", en juges véritables, en juges indifférents témoignant de la destinée d'innombrables autres anonymes que seuls différencient leur ordre d'apparition dans la procédure juridique ou quelque distinction technique relative à la nature de leurs crimes, en observateurs semblables à l'esthète qui regarde un tableau ou à l'ivrogne qui fixe l'écran de sa télévision ? Sinon, je t'en parlerai.) Le département des Véhicules à moteur est encore un de ces énormes frigos en marbre remplis de bureaucrates de tous sexes, tailles et façons de regarder, et ces bureaucrates se répartissent généralement… en trois catégories : vieillards fatigués et irritables, vieillards fatigués et gais, femmes soupçonneuses au… visage peint… La procédure pour devenir chauffeur de taxi comporte plusieurs étapes : l'obtention d'un permis de chauffeur, l'obtention d'un permis de conduire un taxi, l'obtention d'un travail auprès de l'une des centaines de sociétés de taxis opérant dans la ville. Ma visite au département des V. à M. avait pour seul but de satisfaire à la première. Quelle n'a pas été ma surprise ! J'avais cru qu'il me suffisait d'y aller, de prendre rendez-vous pour l'examen écrit et puis de revenir un ou deux jours plus tard passer l'examen, et alors j'aurais le permis. Pour l'essentiel, c'est ce qui est arrivé, hormis un détail important : l'examen n'aura pas lieu avant le 6 octobre. Oui, oui, encore une fois, il s'agit de bureaucratie, de longues listes d'attente, d'embrouillaminis, de numéros et de paperasserie. J'avais espéré que lorsque tu reviendrais je serais déjà un vétéran des rues… que j'aurais une centaine d'histoires marrantes à te raconter sur mes clients pour t'aider à porter le fardeau du retour en classe. Hélas, il faudra patienter. Pendant ce temps, je suis obligé de puiser dans mes ressources de plus en plus maigrelettes pour continuer mon chemin. Néanmoins, alors que je m'éloignais à pied de Centre Street et que j'avais dépassé la porte de Manhattan – cette arche monstrueuse placée sans raison au bout de Chambers Street –, j'ai tenté de voir le bon côté de ce petit revers. Si je ne parvenais pas à lui trouver un bon côté, j'étais résolu à en inventer un, car telle était mon humeur ce jour-là. Je me suis dit : Eh bien, au moins tu pourras être un homme libre un petit peu plus longtemps, au moins tu pourras passer du temps avec ton écriture, au moins tu pourras d'abord t'organiser dans tes études, au moins tu pourras dénicher un appartement… Et donc je me suis mis en quête d'un appartement. Cette odyssée n'a pas duré plus de deux ou trois jours (franchement, je n'arrive pas à m'en souvenir, bien que ce soit tout récent), mais elle aurait pu aussi bien avoir pris deux ou trois ans. Avant d'entrer dans les détails, cependant, il faut qu'en préface à mes remarques je fournisse quelques informations sur le contexte pour que tu puisses mieux saisir l'exacte qualité des événements, l'état d'esprit exact dans lequel je me trouvais, et le rapport que cet état d'esprit avait avec les événements. Le lendemain de ton départ pour Londres, je suis allé en voiture à New York pour rendre visite à S. Encore un de ces voyages exotiques en 2 CV, une romance de gaz d'échappement, de camions et de sueur, les mélodies du béton, des viaducs, du propane et de l'acier, le décor somptueux des usines, des golfs miniatures, des cinémas en plein air, des parcs de voitures d'occasion, toutes les bagatelles infiniment divertissantes du paysage du New Jersey septentrional. J'ai rejoint S. dans la maison de produits pour nettoyage à sec de la 15e Rue, et je l'ai trouvé assis à l'intérieur d'une sorte d'entrepôt, derrière le bureau en fer d'un petit cagibi délimité par des cloisons, en train de lire le *New York Post*, un exemplaire de *La Pensée sauvage* de Lévi-Strauss sur un coin du bureau. Il m'est apparu plein d'entrain comme à son habitude. Il était résolu à ne pas se laisser détruire par New York, même s'il avouait se sentir un peu usé sur les bords. Nous avons sauté dans la voiture et sommes partis vers le nord de Manhattan le long de la Sixième Avenue en pleine heure de pointe, et j'ai failli nous faire tuer quand j'ai manœuvré pour me placer en parallèle à une autre 2 CV conduite par un vieux monsieur qui a répondu à mes coups de klaxon par des sourires de camarade et d'énergiques salutations de la main. Quand nous sommes arrivés à l'appartement de S., nous nous sommes installés pour attendre une fille qu'il avait rencontrée dans l'avion. Elle avait passé les deux années précédentes dans une commune de l'Oregon et elle était sur le point de repartir pour la maison d'Alpert dans le New Hampshire – Alpert, le pote de Timothy Leary… J'ai demandé à S. de me trouver quelqu'un pour que nous ne formions pas un triangle, et il l'a fait, ou en tout cas il a essayé, mais il n'a pas réussi. La fille est arrivée et s'est révélée beaucoup plus aimable que je ne l'avais imaginé. On est sortis dîner dans un chinois, puis on a traversé en voiture le pont de Brooklyn – c'était ma première fois et ça m'a énormément excité. On s'est baladé quelque temps à pied dans Brooklyn Heights, puis le long de l'Esplanade où on a regardé les bateaux, les remorqueurs, et Manhattan de l'autre côté de l'étendue d'eau. On a passé environ une heure dans un agréable café en plein air. S. et moi nous sommes vaguement engagés, me semble-t-il, dans une assez tiède compétition pour impressionner la fille – elle se prénommait Suzette. Au final, je dirais que nous nous sommes très bien entendus tous les trois. Nous avons roulé jusqu'à la maison de S. [celle de sa mère] à Brighton Beach, puis nous avons suivi la promenade en planches jusqu'à Coney Island en passant devant plusieurs grands groupes de vieux Juifs serrés les uns contre les autres dans le noir autour de chanteurs du "Vieux Pays". Pour une raison ou une autre, ce spectacle tranquille de vieux tout branlants… qui ne parlaient rien que le yiddish et le polonais m'a empli d'un désespoir muet que j'ai tenté d'ignorer en riant. C'était comme pénétrer dans un rêve de son propre passé, un passé qu'on verrait pour la première fois et qui jusque-là n'aurait été que pressenti de la même manière que les Américains du XXe siècle pressentent ce qu'a pu être la Frontière de jadis. Nous sommes arrivés à Coney Island – encore une première pour moi. Toute la soirée s'est déroulée de la même façon : nous avons marché parmi des cadavres, des choses mortes que je n'avais connues que par ouï-dire et auxquelles j'étais confronté corporellement pour la première fois. Il était tard, un soir de semaine et de crachin, il y avait peu de monde, pas la moindre de ces foules immenses qu'on s'attend à rencontrer à

Coney Island. Une désolation peuplée de pervers insomniaques, la décomposition de ce qui n'a pas encore vieilli, des postes de radio qui beuglaient dans des salles de jeu métalliques et vides, une puanteur faible mais odieuse venue de machines au cliquetis bruyant. Nous n'avions pas beaucoup d'argent et… nous n'avons guère participé aux festivités, négligeant les délices qui auraient pu être les nôtres pour une pièce de vingt-cinq cents. Seulement un tour sans conviction sur les autos tamponneuses… un gros sadique qui tournait en laissant pendre une jambe hors de son auto et qui nous a percutés impitoyablement maintes et maintes fois sans un sourire ni la moindre grimace, comme s'il se contentait d'accomplir un devoir ancien, d'exécuter la tâche qui lui avait été assignée dès sa prime jeunesse. Nous avons joué au *skee-ball* et gagné chacun un minuscule insigne de shérif que nous avons épinglé par moquerie sur notre poitrine, puis nous sommes revenus chez S. en marchant le long de la promenade en planches, laissant nos mains glisser sur la rampe métallique lissée par la pluie, jetant des coups d'œil entre les lattes de la clôture en bois de l'Aquarium, suivant des yeux les efforts désespérés d'un vieux manchot qui essayait de sauter d'un rocher sur un autre, nous arrêtant un instant sous un abri au toit de tuiles pour fumer une cigarette. Nous avons bu du café chez S., discuté de la supériorité infinie de Henry Miller sur Kerouac, puis nous avons reconduit en voiture la fille dans le… Queens. Il était à peu près trois heures du matin. Pour une raison inconnue, S. et moi sommes retournés à Coney Island. Je crois que c'est la faim qui nous y a poussés. Nous avons mangé des hot-dogs et des clams au restaurant Nathan's, réceptacle fluorescent d'insomniaques fatigués. Un vieux clochard – un Noir édenté dont j'arrivais à peine à déchiffrer la voix – a engagé un moment la conversation avec nous. Il avait du mal à rester debout. Nous lui avons donné cinq cents, lui avons dit l'heure, et il nous a chuchoté à l'oreille quelques confidences embrouillées. En nous quittant, il a accidentellement frôlé un jeune Noir bien habillé qui se tenait debout au comptoir avec ses frères et leur famille ; et lui, le vieillard, à moitié comateux et à moitié en rage – rage habituelle, à ce qu'il semblait –, a accusé le jeune homme de l'avoir poussé délibérément. Pour qui se prenait-il, à heurter les gens comme ça ? Le jeune homme n'allait pas tolérer ces insultes. De plus, c'était quelqu'un de respectable… qui ne voulait rien avoir à faire avec ce vieux, ce minable clodo qui aurait bien pu être son père. Il s'est mis à le bousculer pour de bon en bombant le torse comme un paon souffrant de hernie, puis il l'a tiré jusqu'au policier blanc qui se trouvait dans la rue, et il a vomi à son confesseur blanc toute une liste d'accusations inventées, comme pour dire : ce sont des ordures de ce genre qui salissent ma réputation. Cette petite scène m'a paru chargée de sens, ne serait-ce que parce qu'elle démontre le fossé séparant ceux qui devraient sentir entre eux la plus grande proximité… L'affaire s'est arrêtée là, le flic ne parvenant pas à éprouver beaucoup d'enthousiasme pour ce cas-là. S. et moi sommes retournés à l'appartement de sa mère. Nous avons parlé écriture jusqu'à six heures du matin et avons été, m'a-t-il semblé, sur le point de nous disputer vraiment. Il parlait d'ordre, de précision, d'objectifs limités, et moi de chaos, de vie et d'imperfection, me trouvant incapable d'être d'accord avec lui sur l'annihilation imminente de l'individu. Pour moi, le problème du monde est avant tout un problème du soi, et la solution ne peut être trouvée qu'en partant de l'intérieur et en... passant ensuite à l'extérieur. La clé, c'est l'expression, et non pas la maîtrise. S., me semble-t-il, est encore trop du côté du critique, trop absorbé par des abstractions qui ne sont pas contrebalancées par le fait brutal des douleurs gastriques. Ne t'écarte pas de la vie, voilà ce que je dis. Je vais en faire ma devise. Es-tu d'accord avec moi ? Ne t'écarte pas de la vie, aussi fantastique, répugnante ou atroce soit-elle. Par-dessus tout, la liberté. Par-dessus tout, salis-toi les mains. Je fulminais contre lui comme un dément, à la fois plein de colère et de joie, furieux qu'il ne voie pas ce que je voyais, joyeux d'avoir une fois pour toutes rompu le lien avec... le bavardage académique, la séduction des idées nettes, la littérature avec un grand L élégamment sertie dans des reliures de beau cuir. Je vais bien, Lyd, je peux te l'assurer, je vais bien. Je suis en train de découvrir ce que ça... signifie d'être artiste, d'être celui qui devient artiste en retournant vers l'extérieur ce qui est en lui. Permets-moi de t'embrasser pour te souhaiter bonne nuit. S. était trop fatigué, il ne pouvait plus me suivre, alors on est allés se coucher. J'ai dormi dans la chambre de sa mère, dans ce qui avait été son lit nuptial la nuit précédente. Sensation bizarre. Quand je me suis réveillé, j'ai découvert mon avant-bras gauche énormément enflé, apparemment à cause de quelque insecte ou d'une abeille. Encore un jour de pluie. J'ai passé tout l'après-midi à Brooklyn Heights à la recherche d'un appartement. L'hôtel St. George ressemblait à une prison ; aucune hésitation pour décider. Un autre hôtel : conversation avec le gérant noir à propos de l'ensoleillement, des fenêtres, des brises, de la vie dans le Sud il y a quinze ans, mais rien à louer. Des agences, des formulaires, des frais à payer, et la faim au ventre. Toute une série d'appartements surévalués et sous-dimensionnés, le clou étant vingt minutes de lente marche à pied avec un vieil agent juif orthodoxe pour aller voir un endroit tout aussi inacceptable que les autres. Je me suis dit qu'il valait mieux laisser tomber Brooklyn, du moins pour l'instant. De retour à Manhattan, j'ai encore rejoint S. Besoin désespéré de filles, de compagnie, du secours que nous apporterait un regard bienveillant. Toujours futiles, ces incursions soudaines dans le royaume du désir. Nous avons passé toute la soirée à téléphoner, à contacter des amis, même des gens qu'on connaissait à peine, mais sans succès. Un coup de fil à Julie, et c'est une fille prénommée Aida qui répond que Julie est partie en Californie ou quelque part comme ça. Mais elle avait une voix… apaisante, et donc j'ai estimé qu'on devrait y aller quand même. Quand nous sommes arrivés, la porte a été ouverte avec hésitation par deux tapettes noires, défoncées jusqu'à l'inconscience, qui ricanaient bêtement et ont déclaré ne rien savoir d'Aida. Il est possible qu'elle ait été là, dans la pièce du fond, en train de parler sans trêve, de sa voix doucereuse, en se lançant parfois dans un chant ou un murmure, mais si c'est le cas, je ne l'ai ni vue ni entendue. Minuit. Nous tirons de son lit un L. presque endormi, un exemplaire du livre *The Lean Years* sur son oreiller ; nous l'arrachons à ses draps en le saluant bruyamment et le faisons monter en voiture en lui promettant une virée dans un bar de l'East Side. Nous sommes négligés, débraillés, pas rasés, pas vraiment des hommes idéaux pour les mythiques beautés de l'East Side que notre désespoir nous a fait imaginer. En plus, c'est à peine si nous avons dix dollars à nous trois. Et quand nous arrivons, les bars sont morts. Nous ne prenons même pas la peine d'entrer. Que faire ? L'absurdité de la nuit n'est que trop manifeste à nos yeux. Nous nous décidons pour un show burlesque, mais ils ont déjà tous fermé et nous clôturons donc cette mésaventure par des sandwichs au Ratner's. Peut-être saisis-tu la nature particulière de l'attitude souterraine. Elle ne se soucie d'absolument rien, elle est absolument prête à répondre à tout défi, à subir toutes les conséquences. Elle est au-delà de l'inquiétude, de l'euphorie, de l'ennui. Un équilibre total reposant sur le déracinement, l'acceptation de soi, et sur une curiosité insatiable. Je trouve qu'il m'est de plus en plus facile de me mettre dans cet état d'esprit, de tout regarder comme si je le voyais pour la première fois. C'est de cette façon qu'on découvre le mystère de ce qui nous entoure. J'étais dans cet état d'esprit, j'y suis encore, prêt à apprécier même la chose la plus infime. Après mon départ du département des Véhicules à moteur, je suis retourné dans l'appartement de mon grand-père où j'avais laissé mes affaires, j'ai téléphoné à S. et suis reparti vers le nord le retrouver pour dîner. Nous avons finalement décidé d'aller voir le show du cabaret burlesque de la 42e Rue, entre la Neuvième Avenue et la Dixième. Dehors, un clodo nous a tapés de sept cents pour acheter une bouteille de vin avant la fermeture du magasin de spiritueux, avant que ce petit panneau au néon s'éteigne, disait-il, et il a promis de boire en notre honneur. Alors que nous nous dirigions vers le cabaret, S avait déjà commencé à flancher, parlant d'aller plutôt au cinéma. L'interruption du clodo n'a fait que prolonger ses hésitations. Le prix du billet d'entrée, quatre dollars, semblait avoir emporté sa décision, et si je n'avais pas insisté pour que nous y allions malgré le coût, je crois qu'il aurait fait demi-tour et serait parti. Je ne veux pas dire du mal de S. Son attitude est tout à fait compréhensible. Si j'insistais, c'était seulement parce que j'estimais que nous ne devions pas revenir sur nos propres projets. C'est mauvais de prendre cette habitude-là. Nous sommes donc entrés et nous avons donné nos quatre dollars à la Noire qui tenait la caisse dans une cabine avec son petit garçon assis près d'elle en train de lire une BD. La salle de spectacle était sombre et pas très remplie… Pour la plupart, des hommes d'âge mûr qui n'avaient pas l'air trop miteux : il y en avait un qui portait même une casquette de baseball marquée d'un grand B. Comme il fallait attendre quarante-cinq minutes avant le show suivant, on nous a passé des films, du porno sans grand intérêt, voire aucun, étant donné que ce ne sont rien que des films de femmes nues qui se tordent sur un lit, avec des vues fréquentes de la chatte en gros plan. Le tout était assez ennuyeux et sans vie, et le public ne manifestait pas grand intérêt. Il y avait plein d'allées et venues, des gens qui entraient et sortaient de la salle, et j'ai même entendu quelqu'un devant qui ronflait. Enfin les films ont cessé en plein milieu d'une bobine (il n'y a ni début, ni milieu, ni fin, et par conséquent le moment où l'on arrête le projecteur n'a guère d'importance), et une voix de femme à l'accent français a annoncé que le show allait débuter dans cinq minutes. C'était pour ça que nous étions venus. Nous avons senti notre moral remonter. Derrière la scène, un orchestre a commencé à jouer en mettant lourdement en avant un battement de tambour monotone. De nouveau la voix française annonçant cette fois "la très adorable et très sexy Flaming Lily". Parmi les autres noms dont je me souviens, Amber Mist, Kimono Tokyo et Sandra Del Rio sont ceux qui me plaisent le plus. Chaque fille joue séparément, chacune a son numéro, chacune son costume. Quelques-unes parlent d'un ton lascif à des hommes au premier rang, d'autres pas. Quelques-unes portent des boucles d'oreilles, ou des gants, ou des bas. Chaque corps… est différent. Certains sont dodus, ou minces, ou moelleux, ou secs, ou jolis, d'autres pas. Ce n'est pas la beauté du corps ou le talent de danseuse qui détermine le succès, me semble-t-il, mais la capacité de communiquer avec le public. Il n'y a rien de plus déprimant que de voir une effeuilleuse qui manque d'inspiration. C'est la forme de dégradation la plus basse. En revanche, les bonnes font plaisir à voir. Rien ne peut empêcher la richesse de leur âme d'affluer à la surface. Être en présence d'une femme qui apprécie aussi pleinement le pouvoir de sa sexualité te donne presque une érection. Elle arrive à transcender, lors de ses passages les plus exaltés, les restrictions humiliantes de son art et à établir un rapport saisissant avec son public, une compréhension presque maternelle et indulgente pour les hommes qui sont devant elle. Je suis persuadé qu'une bonne strip-teaseuse doit être pourvue d'une sagesse et d'une patience infinies… J'aimerais avoir l'occasion de parler avec l'une d'elles, en particulier avec la Française qui est de loin la plus âgée de la bande et qui avait aussi annoncé le spectacle. La manière dont elle a quitté les lieux après le show m'a impressionné, je l'ai entraperçue par hasard : son bras sous celui de son petit ami, un Portoricain râblé, et sa main tenant celle de sa toute petite fille blonde. Les dames qui habitent des appartements chics climatisés et se pavanent dans les boutiques luxueuses de l'East Side en arborant leur beauté bien entretenue comme un symbole de richesse et de prestige, les dames qui se mêlent de charité, parlent avec des voix dénotant leur belle éducation, qui occupent des positions de responsabilité, conduisent des voitures, discutent d'art et commandent à des domestiques, toutes ces riches dames américaines n'arriveront jamais à la cheville de cette femme de quarante ans, fanée et lourdement maquillée. Même si ce spectacle burlesque m'avait un peu répugné, j'ai bien dormi parce que j'avais vu cette femme. Le lendemain, j'ai rejoint F. et nous sommes partis en quête d'appartements. D'abord au bureau des inscriptions de Columbia. Rien. Puis nous nous sommes enquis des places en résidence universitaire pour étudiants de troisième cycle. Liste d'attente de cinq cents personnes. Ensuite, parcouru les journaux en vain. Ça devient désespérant. Même les résidences hôtelières sont pleines. J'obtiens un formulaire pour l'International House, je me mets à le remplir et puis je le déchire, dégoûté quand je vois qu'on demande des recommandations de professeurs, un dossier sur mes états de service et ma situation financière. La journée s'écoule. Je ne parviens même pas à voir un appartement. Mais la compagnie de F. a été agréable et mon optimisme reste intact. S. se joint à nous pour dîner dans un restaurant chinois. La discussion est bonne, la nourriture aussi, et encore une fois je mange chinois. Nous nous mettons ensuite à remonter Broadway, et S. déclare qu'il a envie de marcher. Cela nous paraît ridicule, à F. comme à moi, car il est évident que nous sommes déjà en train de marcher. Rire général, gloussements à destination des passants, des Fringant Freddy et de leur Sémillante Susie, des Heureux Henri et de leur Gloussante Glenda, des vieilles dames et de leurs chiens. Nous arrivons dans le West End sans rien de particulier en tête. F. et moi nous sommes assis au bar avec Hugh S. tandis que S. s'est rendu à une table où était assise une fille, une amie à lui. Claudia T. était de l'autre côté et je l'ai saluée d'un geste, puis Hugh et moi avons parlé de Californie, d'appartements et de machines à écrire. F., qui commençait à en avoir assez, a décidé de partir. Au bout d'un moment, S. est venu vers moi et m'a demandé si j'avais envie d'emmener les deux filles au cinéma. (Son amie était assise avec une de ses copines.) Je ne me suis pas pressé pour décider… parce que j'étais encore en train de boire ma bière et je me sentais assez fatigué. J'ai dit que je viendrais à leur table une fois que j'aurais fini mon verre. Et je le termine avec indolence, trop intéressé par ma conversation pour accélérer les choses. Indifférence est peut-être le mot que je cherche. L'amie de S. s'est révélée être une fille potelée au visage adorable qui portait le prénom inattendu de Sam. L'autre fille, prénommée J., était de Detroit (elle mettait l'accent sur la première syllabe) et elle était dotée d'un accent campagnard qui m'a plu… Les filles n'avaient pas envie d'aller au cinéma, ce qui me convenait tout à fait. Elles voulaient plutôt confectionner un gâteau, et nous étions cordialement invités… Nous avons acheté les ingrédients dans un magasin quelques pâtés de maisons plus loin dans la même rue. Sur le badge de la fille à la caisse on lisait le nom PeeWee T. L'appartement – il était situé au-dessus du restaurant japonais de la 105e Rue juste à côté du salon de voyance de Mme Rosalia – avait été occupé le mois précédent, nous a-t-on dit, par un étrange trio de petits revendeurs de drogue. Les filles avaient été absentes pendant la plus grande partie de l'été et les modalités de sous-location avaient manifestement déraillé. Permets-moi de te décrire ces trois-là. D'abord Bill, le plus bavard et le plus psychotique de la bande, apparemment le meneur. Il avait autour de vingt ans, me semble-t-il, se coiffait à la manière des loubards à moto des années cinquante – les cheveux en pointe sur la nuque –, arborait un grand anneau doré à l'oreille gauche et plusieurs tatouages dont l'un disait *Born to Raise Hell**. Il avait servi dans l'armée et reçu une balle dans la jambe en Corée. Des yeux comme des lames de rasoir ; une gentillesse qui pouvait virer à tout moment à la violence. On s'est entendus magnifiquement. Il m'a raconté comment il avait perdu ses médailles parce qu'il avait déserté. Comment son frère était entré dans un gang de bikers. Des histoires de beuveries et de drogue ; que rien ne lui plaisait plus que de se "défoncer" avec quelqu'un d'autre. Plein d'histoires, bien trop pour que je puisse les raconter. Il y avait aussi Ken, le joli cœur du groupe qui, tous les soirs, se mettait des bigoudis dans les cheveux pour contrecarrer les effets d'un épisode de défrisage. J'ai cru comprendre qu'il connaissait

* Né pour foutre le bordel. *(N.d.T.)*

Murph the Surf* et qu'il était recherché dans bon nombre d'États pour divers délits mineurs. Enfin, il y avait Gary, un garçon silencieux et dépravé qui était soit le plus bête, soit le plus intelligent des trois, je n'ai jamais réussi à trancher. Nous étions tous assis là à attendre que le gâteau soit cuit. Henry K. est arrivé avec un ami ; il était parti en stop d'un camp forestier du Michigan où, pendant l'été, il avait préparé son entrée à l'école forestière de l'université du Michigan. Nous avons passé le temps en remplissant un questionnaire de *Playboy* sur le sexe, en mangeant le gâteau et en faisant les idiots. On devait être une dizaine. À la fin, Henry K. est parti. Son ami aussi. S. a eu envie de s'en aller à son tour et j'étais sur le point de l'accompagner quand J., la fille de Detroit, m'a dit qu'elle aimerait bien que je reste. Juste comme ça. Et donc nous voilà tous les deux assis sur le canapé, en train de boire du bourbon tout en écoutant Bill disserter sur les boissons d'Orient. Il parlait sans fin, j'avais l'impression qu'il n'allait jamais la fermer, et mon impatience grandissait avec mon ivresse car je savais par une sorte d'intuition à moitié claire que la fille pensait la même chose que moi. Il a fini par proposer d'aller acheter de la bière. Nous avons profité de l'occasion pour commencer à nous embrasser sur le canapé… J'ai été surpris de découvrir qu'elle ne portait pas de petite culotte. Bill est revenu. J'ai bu une bière avec lui pour être poli, puis la fille – elle était à la fois petite et féroce – m'a

* Jack Roland Murphy, champion de surf et cambrioleur célèbre à l'époque de ce texte. Plus tard condamné pour meurtre, il a connu une illumination religieuse en prison et, dès les années quatre-vingt, s'est fait l'apôtre de la lutte contre le crime par le recours au christianisme. *(N.d.T.)*

entraîné dans sa chambre où nous nous sommes allongés sur le matelas. Nous avons fait l'amour jusqu'à l'aube avec fougue et sans inhibition. Ça m'a fait du bien. Je me suis réveillé rafraîchi et heureux après seulement quatre heures de sommeil. Nous sommes partis à la recherche d'appartements. Encore un échec complet. En fin d'après-midi, nous sommes allés au cinéma, puis nous sommes rentrés à l'appartement vers neuf heures du soir pour préparer quelque chose à dîner. Bill, Ken et Gary étaient là et fêtaient, disaient-ils, une vente importante de LSD. Ils nous ont demandé si ça ne nous gênerait pas de dîner au restaurant parce qu'ils attendaient la visite d'un autre "partenaire commercial". Ils nous ont donné dix dollars et nous sommes repartis sans nous plaindre – jusqu'au restaurant indien de la 93e Rue où nous avons pris un repas d'un prix exagéré, interrompu deux fois par un vendeur de journaux qui ne prononçait que trois mots avec la voix d'un boxeur sonné par les coups : *Screw, Kiss, Fuck. Screw, Kiss, Fuck. Screw, Kiss, Fuck**. Après dîner, nous sommes allés voir L. et sommes restés jusque vers une heure trente. Alors que nous rentrions à l'appartement de J., nous nous sommes arrêtés chez une femme dont J. pensait qu'elle connaîtrait peut-être un appartement à louer – une femme de la République dominicaine prénommée Isabel qui travaillait comme danseuse espagnole et n'arrêtait pas de rire ; une femme grasse, robuste, et parler avec elle a été un pur plaisir. Malheureusement, elle venait juste de sous-louer son appartement à deux jeunes mariés

* Titres de magazines érotiques hebdomadaires de l'époque. *(N.d.T.)*

âgés de soixante-dix-huit ans. Elle allait partir dans quelques jours pour l'Idaho pour vivre avec son petit ami, âgé de dix-neuf ans, un gars venu d'une ferme et qui avait passé un an à Columbia. Nous sommes rentrés à la 105e Rue pour trouver l'appartement vide, à part une jeune fille pas très subtile, Anna, qui habitait également là. Elle était assise sur la plateforme de l'escalier de secours, visiblement perturbée. Elle a dit que les trois mecs avaient cru que le type qui était venu dans l'appartement était un flic et qu'ils l'avaient battu – férocement – et puis qu'ils avaient filé par l'escalier de secours. Un peu plus tard, le téléphone a sonné et j'ai répondu. C'était Joe, le type qui avait été roué de coups, qui jurait de se venger de Bill, Ken et Gary. Il sortait juste de l'hôpital où on lui avait posé dix points de suture et il allait revenir dès le lendemain avec ses frères pour régler ses comptes. Il m'a dit de les avertir. À ce moment-là, la dénommée Anna a changé sa version. Elle a dit qu'ils savaient que Joe n'était pas un flic et qu'ils l'avaient invité dans l'appartement – sous le prétexte de lui vendre de la drogue – rien que pour le faire tabasser et le dépouiller. Un truc minable. Heureusement pour lui, il n'avait pas de fric sur lui. J. a alors eu très peur et j'ai essayé de la calmer. Je lui ai dit que sans doute ils ne reviendraient pas, et que même s'ils revenaient, on n'était pas obligés de leur ouvrir, qu'ils ne voudraient pas entrer de toute façon s'ils apprenaient que les autres les cherchaient. Le lendemain, Joseph et ses frères ont monté constamment la garde devant l'immeuble, mais les trois mousquetaires ne sont pas revenus. Encore une journée passée à chercher un appart. Cette fois dans une voiture conduite par Sam, d'un bout de Manhattan à l'autre, depuis le Lower East Side jusqu'à Washington Heights. Encore un repas au Ratner's. Sachant qu'il ne me restait pas un sou et voyant que j'étais à court de cigarettes, J. s'est levée de table et elle est revenue avec un paquet de Lucky Strike. Une petite gentillesse spontanée qui m'a profondément touché. Camions, hippies, sweat-shirts, autoroutes, circulation, couloirs poussiéreux. À Washington Heights, j'ai discuté avec une femme au sujet de l'appartement de sa fille dans Claremont Avenue. Cette fille, à présent divorcée, vivait à St. Thomas et tentait de refaire sa vie en ouvrant une école de danse. Il me faudrait attendre plusieurs jours pour avoir la réponse. J. et moi nous sommes promenés dans Washington Heights – une zone dégradée, abandonnée… puis nous avons pris le métro : cent quarante pâtés de maisons avant d'arriver à Port Authority, la gare routière. Une heure d'attente pour le bus. J'avais la courante, et pendant une de mes multiples visites aux toilettes – une affaire pénible, dans ce lieu, à cause de tous les pédés qui matent à travers les fentes des cabines pour te regarder chier –, dans cet étrange WC public aussi grand qu'un centre commercial, je suis tombé une fois de plus sur Henry K. Il rentrait tout juste d'une excursion dans le New Jersey. Le fait de le revoir a donné une symétrie troublante à mon bref séjour à New York. Je m'étais attendu à ne jamais le revoir, et voilà qu'en l'espace de trois jours je l'avais vu deux fois. Nous avons rejoint J. dans la salle d'attente et nous sommes allés au drugstore où j'ai demandé un Bromo* au comptoir. Est-ce que ça se

* Bromo-Seltzer : mélange de paracétamol, de bicarbonate de soude et d'acide citrique. *(N.d.T.)*

prend pour le mal de tête ou le mal de ventre ? En tout cas, je n'avais jamais goûté de truc plus infect, un volcan de vomi blafard. Le spectacle a bien plu au vieux Noir assis à côté de nous qui n'a pu s'empêcher de rire. Nous sommes montés sur le quai et nous nous sommes dit au revoir. Les deux autres projetaient d'aller au cinéma, je crois. Dans le bus, j'ai pris mon mal en patience à côté d'un groupe de lycéennes qui riaient bêtement et n'arrêtaient pas de parler de leurs notes en classe. Pendant le trajet, j'ai lu un essai de Henry Miller : "Lettre à tous les surréalistes où qu'ils soient."

C'est le matin. Il m'a fallu de nombreuses heures pour t'écrire cette lettre d'un seul paragraphe. Je suis fatigué à un point inimaginable, mais il me fallait terminer. Les oiseaux se déchaînent : chant du premier matin, délirant et surabondant. Je suis sûr que la journée va être belle. Je vais la passer en dormant comme un bébé. Je voulais t'écrire une longue lettre pour retenir ton attention aussi longtemps que possible. Je l'ai écrite avec amour et fatigue. Tu me manques beaucoup. M'écriras-tu bientôt ?

Je t'embrasse,

Paul

ALBUM

1

Croire que l'homme dans la Lune était un homme véritable ne posait aucun problème.

2

En même temps, il te paraissait parfaitement plausible qu'une vache puisse sauter par-dessus la Lune. Et qu'une assiette puisse s'enfuir en compagnie d'une cuillère.

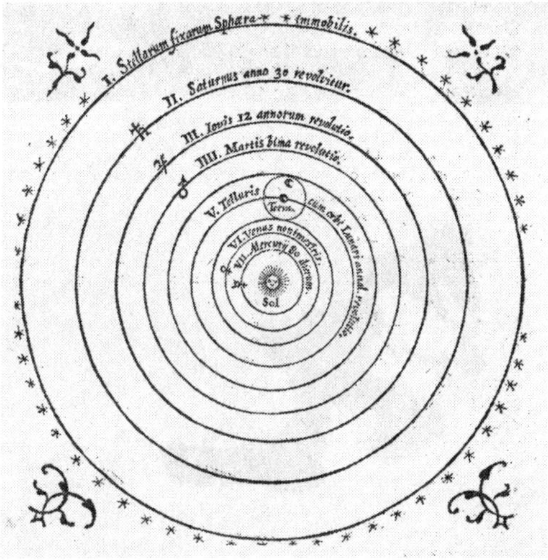

3

Quand quelqu'un a tenté de t'expliquer que la Terre était une sphère, une planète qui tournait autour du Soleil comme huit autres planètes à l'intérieur de ce qu'on appelait le système solaire, tu as été incapable de saisir ce que disait ce garçon plus âgé que toi.

4

Les étoiles, en revanche, étaient inexplicables.

5

6

7

8

… tu es persuadé qu'ils sont réels, que ces images en noir et blanc dessinées d'une main rapide ne sont pas moins vivantes que toi.

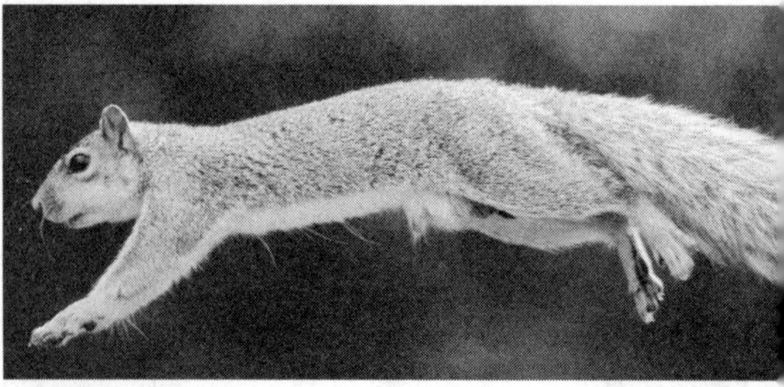

9

… les écureuils étaient les animaux que tu admirais le plus – leur rapidité! leur capacité à défier la mort en sautant à travers les branches des chênes au-dessus de ta tête!

10

… et chaque année, au cours des vingt-six ans et demi qu'il lui restait à vivre, ton père a passé ses étés à cultiver des tomates…

11

… westerns à faible budget des années trente et quarante avec Hopalong Cassidy, Gabby Hayes, Buster Crabbe… vieux films balourds du genre “dégommez-les tous” où les héros arboraient des chapeaux blancs et les méchants des moustaches noires…

12

13

… les couleurs te paraissaient plus vives que toutes celles que tu avais vues auparavant – si chatoyantes, si nettes, si intenses que tu en avais mal aux yeux.

14

Surgis du ciel nocturne, des vaisseaux spatiaux… atterrissaient…

Face au mal, Dieu était aussi démuni que le plus démuni des hommes…

15

16

… tu vis en redoutant le matin où la tasse te glissera des doigts et se brisera.

44 BABE RUTH: BASEBALL BOY

The batter jumped back.

17

… une vaste collection de biographies où les pages de texte étaient entrecoupées d'austères silhouettes noires servant d'illustrations.

18

… des parties qui se terminaient toujours par une passe de dernière seconde menant à un essai…

19

Poe était… un écrivain trop complexe, au style trop fleuri pour ton cerveau de neuf ans…

20

L'année suivante, tu as écrit ton premier poème, inspiré tout droit par Stevenson…

21

Holmes et Watson, ces chers compagnons de tes heures solitaires…

22

Mais la chose la plus belle, la plus importante, celle qui a consolidé ton lien à Edison au point de transformer ton héros en parent le plus proche qui soit, a été de découvrir que l'homme qui te coupait les cheveux avait autrefois été le coiffeur personnel d'Edison.

23

24

… des pseudo-batailles dans l'un de vos jardins de banlieue – faisant semblant de combattre en Europe (contre les nazis) ou sur une île du Pacifique (contre les Japonais)…

25

26

27

29

Elle s'est mise à te parler des engelures provoquées par le froid insupportable des hivers de Corée et par les chaussures inadéquates des soldats américains…

30

… inviter Otto Graham – le quarterback des Browns de Cleveland et le plus grand joueur professionnel de football américain du moment – à ton anniversaire dans le New Jersey.

31

… un petit message pour le gamin…

32

… tu ne savais toujours pas avec certitude si c'était la main de Whitey Ford que tu serrais ou celle d'un autre.

33

Qu'est-ce qui t'a pris d'attaquer le vieux Philco, de l'éventrer, de le rendre inutilisable, de l'anéantir ?

34

La boîte de levure Calumet était rouge, tu t'en souviens, et ornée d'un splendide profil de chef indien.

… comme si chaque petit garçon, à un moment de son enfance, était destiné à abattre un arbre pour le simple plaisir de l'acte…

36

… mais évidemment George Washington était le père de son pays, de ton pays…

37

… mais ce manoir colonial de couleur blanche était le cœur même des États-Unis, le siège de la gloire de Columbia…

38

Tu t'es alors rendu compte que la politique était un vilain sport, une foire d'empoigne pleine d'incessantes querelles haineuses…

39

… le Grand Esprit auquel ils croyaient t'apparaissait comme une divinité chaleureuse et accueillante, contrairement au Dieu vengeur de ton imagination…

Lone Ranger : Eh bien, Tonto, on dirait que nous sommes cernés.
Tonto : Comment ça, *nous* ?

40

41

… la guerre froide battait son plein…

… la peur des Rouges était entrée dans sa phase la plus toxique…

42

… le seul bruit de l'esprit du temps suffisamment fort pour atteindre tes oreilles était celui de la grosse caisse qui sonnait l'alarme au prétexte que les communistes cherchaient à détruire les États-Unis.

44

… des supersoniques qui rugissaient en traversant le ciel bleu de l'été…

45

… un éclair argenté miroitant brièvement dans la lumière…

46

… la grande détonation, la déflagration signifiant que le mur du son était franchi une fois de plus.

47

Tu n'as jamais craint que des bombes ou des roquettes te tombent dessus…

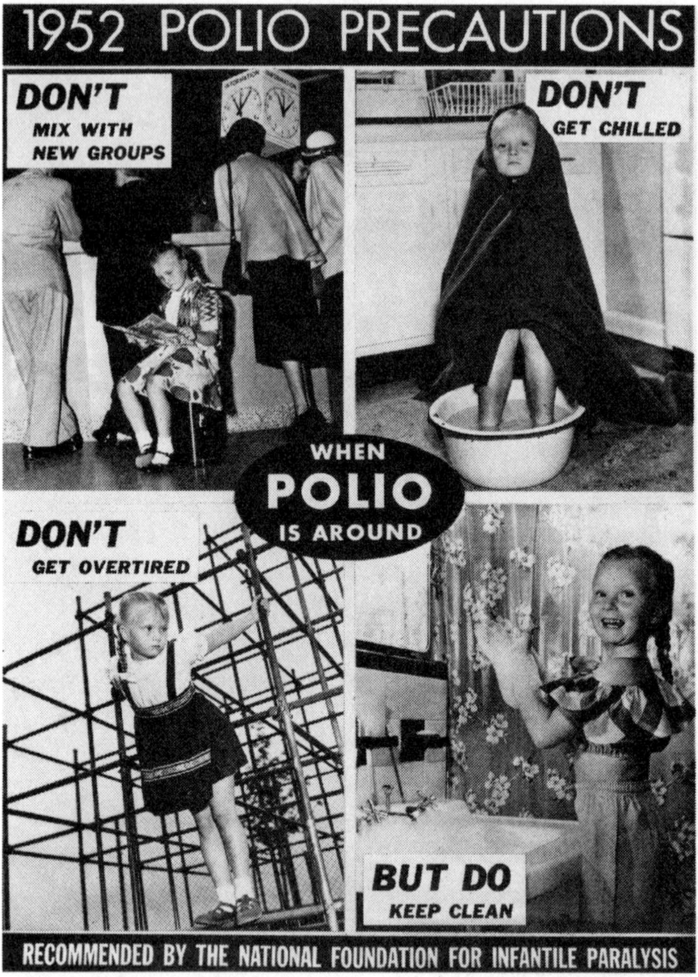

48

Voilà la peur. Pas celle des bombes ou des frappes nucléaires, mais de la polio.

Forward — פאָרווערטס — Forward

Vol. LVII, No. 20,410 — Saturday, June 20, 1953 — 12 Pages — PRICE SEVEN CENTS

ראָזענבערגס הינגעריכטעט

ערשטע ציווילע צו שטאַרבען פאַר שפּיאָנאַזש אין פרידענסצייט

רוסישע סאָלדאַטען קענען ניט דערשטיקען דייטשן אויפשטאַנד

ישׂראל פאַרדאַמט יאָרדאַן־אַטאַקעס אין ענטפער אויף גלאַט פּשאָט׳ס באַשולדיגונג

אייזענהאַוער האַלט ריה שולדיג אין באַפרייאונג פון געפאַנגענע

49

… la mère de ton père, cette présence non américaine qui parlait encore le yiddish et lisait principalement dans cette langue…

50

… pas de repas de shabbat le vendredi soir, pas de bougies qu'on allume…

51

… ils incarnaient un mal monstrueux…

… une force antihumaine de destruction globale…

52

… tes rêves se sont peuplés de bandes de fantassins nazis…

54

55

… les trois mémorables (Hank Greenberg, Al Rosen et Sandy Koufax qui avait débuté chez les Dodgers en 1955), mais c'étaient des exceptions tellement flagrantes par rapport à la norme qu'on peut les qualifier de hasards démographiques ou simplement d'aberrations statistiques.

56

57

George Burns a d'abord été Nathan Birnbaum…

58

Emanuel Goldenberg s'est transformé en Edward G. Robinson.

59

Hedwig Kiesler s'est donné une nouvelle naissance sous le nom de Hedy Lamarr.

60

61

62

… tu as étudié les récits principaux de l'Ancien Testament qui, pour la plupart, t'ont horrifié jusqu'à la moelle…

Chuck Berry, Buddy Holly et les Everly Brothers… tu empilais les petits 45 tours sur le gros cylindre qui servait de changeur de disques et mettais le volume à fond quand il n'y avait personne à proximité…

63

64

… ce qui te rivait à l'écran, c'était le spectacle d'une salle pleine d'adolescents en train de danser sur cette musique…

… un choix de nouvelles de O. Henry, et, pendant quelque temps, tu t'es délecté de ces contes aussi ingénieux que mécaniques avec leurs chutes surprenantes et leurs chocs narratifs…

66

67

… maintenant que *Le Docteur Jivago* avait été traduit en anglais, tu es allé en acheter un exemplaire… certain que c'était à coup sûr de la littérature de premier ordre…

68

… Carey et Louise, sa femme, bronzent sur le pont d'un yacht de croisière.

69

… le Dr Bramson… a cessé de sourire et d'avoir l'air sûr de lui…

70

… Scott Carey, assis dans ce qui semble être le plus immense fauteuil du monde.

71

… tu es stupéfait… par l'énormité du combiné téléphonique qu'il tient dans sa main…

Le dix-sept octobre, il ne mesure plus que quatre-vingt-treize centimètres et pèse vingt-trois kilos cinq cents.

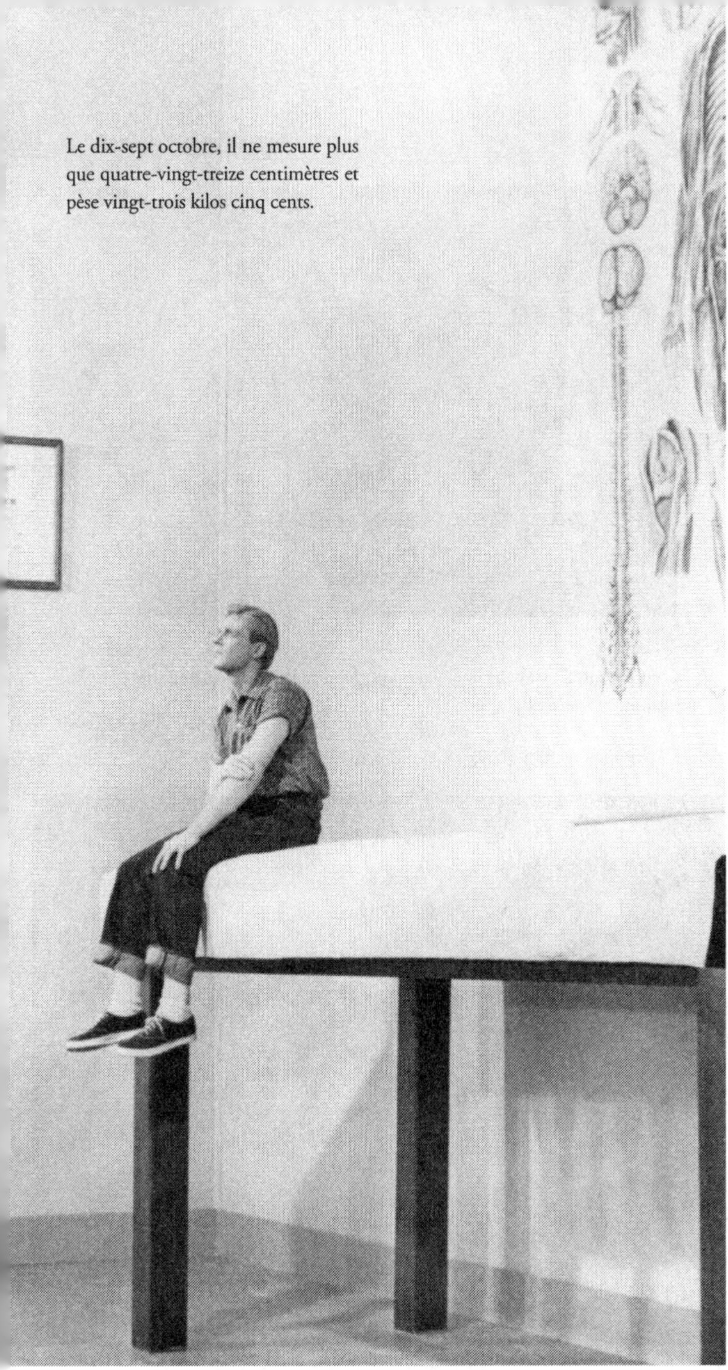

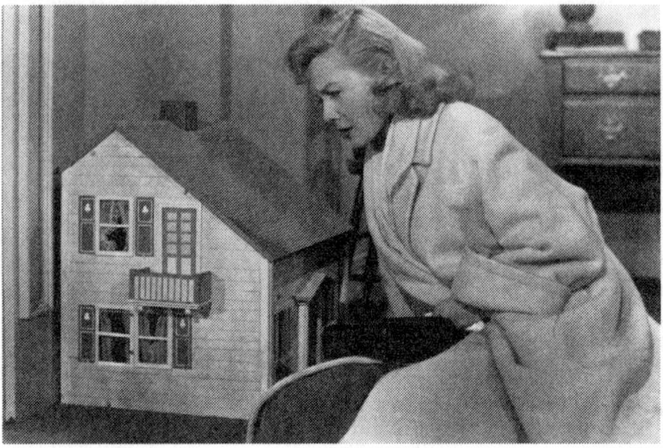

73

C'est parce qu'il vit dans une maison de poupée. Parce qu'il ne mesure pas plus de huit centimètres.

74

… réduit à la taille d'une souris…

… un homme pas plus haut que ton pouce court éperdument pour échapper à la mort…

76

…se débrouille avec les objets et la nourriture qui lui tombent sous la main dans ce sous-sol de banlieue froid et humide…

77

… un homme dénué de tout, ne pouvant compter que sur lui-même…

78

… un minuscule Ulysse ou Robinson Crusoé qui ne vit que grâce à son astuce, son courage et son ingéniosité…

79

… les Freedom Riders qui parcouraient le Sud dans des cars ont été tabassés par des bandes de Blancs…

80

… la Bonus Army campait dans les plaines marécageuses d'Anacostia Flats…

82

Contre l'avis d'Eisenhower *(J'ai dit à ce connard qu'il n'avait rien à faire là-bas)*, MacArthur prit le commandement de l'action…

83

… expulsant les occupants illégaux sous la menace des fusils pendant que des dizaines de cabanes étaient totalement détruites par le feu.

Et puis tout déraille soudain.

85

Les prisonniers ne sont pas mieux traités que des esclaves.

86

… on les arrache du lit à quatre heures du matin et ils travaillent sans relâche jusqu'à huit heures du soir…

… cassant des cailloux à l'aide de masses dans un paysage désertique et torride…

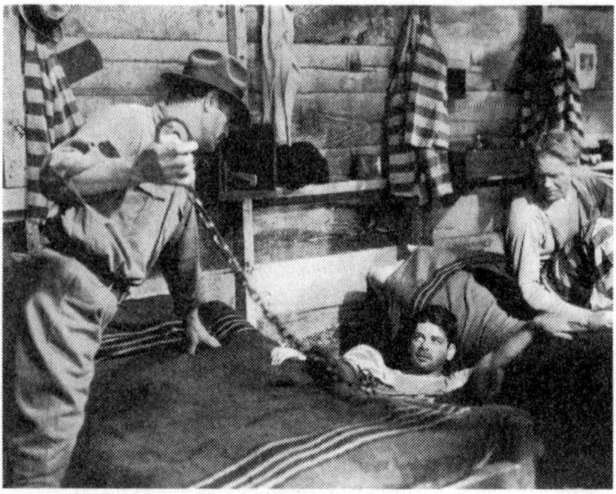

88

… personne n'a le droit de répondre…

89

… ce rituel nocturne de punitions arbitraires…

90

Même si ce n'est pas la combine parfaite, Allen a néanmoins un plan…

91

92

Le tact et la grâce d'une femme perdue qui parle à un homme perdu.

… coincé pour le restant de sa vie…

Puis, avec un autre faisceau de bâtons de dynamite, il fait sauter un pont, mettant ainsi fin à la poursuite.

93

94

… les émeutes de Newark… une explosion spontanée, une guerre interraciale entre la population noire et les forces de police blanches au cours de laquelle plus de vingt personnes ont été tuées, plus de sept cents autres blessées et mille cinq cents arrêtées, des immeubles ont été rasés par le feu…

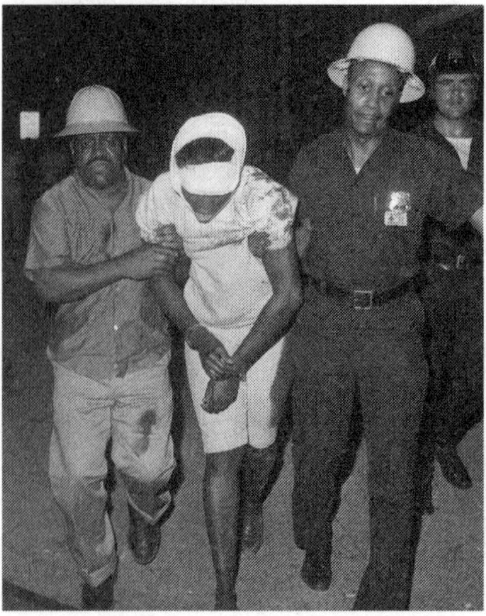

95

BEAUTY
GIFTS
Hartley's
LUGGAGE
Jordam
JEWELERS

97

“Je fume des « Parisiennes ». On les achète 18 centimes dans de minuscules paquets bleus de quatre…”

98

"… mendier n'est pas tellement marrant."

… habiter juste en face d'un campus qui allait devenir, dès la fin du mois d'avril, un champ de bataille avec manifestations, occupations de locaux et interventions policières…

100

101

CYCLONE

ICE COLD BEER

102

“Une désolation peuplée de pervers insomniaques, la décomposition de ce qui n’a pas encore vieilli…”

104

“Nous avons mangé des hot-dogs et des clams au restaurant Nathan’s, réceptacle fluorescent d’insomniaques fatigués.”

"Peut-être saisis-tu la nature particulière de l'attitude souterraine. Elle ne se soucie d'absolument rien, elle est absolument prête à répondre à tout défi, à subir toutes les conséquences. Elle est au-delà de l'inquiétude, de l'euphorie, de l'ennui."

106

"… nous clôturons donc cette mésaventure par des sandwichs au Ratner's."

107

CRÉDITS PHOTOGRAPHIQUES

1. Courtesy Everett Collection
2. © Bettmann/CORBIS
3. Science, Industry and Business Library, The New York Public Library, Astor, Lenox and Tilden Foundations
4. NASA Photo
5. Felix the Cat in "Oceantics", Pat Sullivan Cartoon
6. "The Window Washers", Paul Terry Cartoon
7. "The Window Washers", Paul Terry Cartoon
8. "Felix in Hollywood", Pat Sullivan Cartoon
9. © Rolf Nussbaumer / age fotostock
10. © Carmen Roewer / age fotostock
11. Courtesy Everett Collection
12. Courtesy Everett Collection
13. Mary Evans / Ronald Grant / Everett Collection
14. Haywood Magee / Moviepix / Getty Images
15. Courtesy Everett Collection
16. Picture Collection, The New York Public Library, Astor, Lenox and Tilden Foundations
17. *Baseball boy* by Guernsey Van Riper Jr., illustrated by William B. Ricketts
18. *Ten Seconds to Play: A Chip Hilton Sports Story* by Clair Bee
19. Library of Congress
20. Henry W. and Albert A. Berg Collection of English and American Literature, The New York Public Library, Astor, Lenox and Tilden Foundations
21. Mansell / Time Life Pictures / Getty Images
22. Library of Congress
23. © AISA / Everett Collection
24. © Bettmann/CORBIS

25. © Bettmann/CORBIS
26. National Archives and Records Administration
27. © Bettmann/CORBIS
28. © CORBIS
29. © Bettmann/CORBIS
30. © Bettmann/CORBIS
31. Henry Walker / Time Life Pictures / Getty Images
32. Hulton Archive / Getty Images
33. Photo courtesy Ron Ramirez, Philcoradio.com
34. © Laura Wyss
35. Courtesy Everett Collection
36. © Universal History Arc / age fotostock
37. Library of Congress
38. © David J. and Janice L. Frent Collection / CORBIS
39. Library of Congress
40. Courtesy Everett Collection
41. Hulton Archive / Getty Images
42. © Bettmann/CORBIS
43. Images Courtesy of the Advertising Archives
44. NACA/NASA
45. NASA Photo
46. NASA Photo
47. Library of Congress
48. March of Dimes
49. Forward Association
50. © Zee / age fotostock
51. Picture Collection, The New York Public Library, Astor, Lenox and Tilden Foundations
52. Picture Collection, The New York Public Library, Astor, Lenox and Tilden Foundations
53. Picture Collection, The New York Public Library, Astor, Lenox and Tilden Foundations
54. © Bettmann/CORBIS
55. © Bettmann/CORBIS
56. © Courtesy: CSU Archive / age fotostock
57. © Bettmann/CORBIS
58. George Arents Collection, The New York Public Library, Astor, Lenox and Tilden Foundations
59. Courtesy Everett Collection
60. © Lebrecht Music and Arts / CORBIS
61. © Bettmann/CORBIS

62. © Arte and Immagini srl / CORBIS
63. Harry Hammond / V&A Images / Getty Images
64. © Michael Levin / CORBIS
65. ABC Photo Archives / ABC via Getty Images
66. Print Collection, Miriam and Ira D. Wallach Division of Art, Prints and Photographs, The New York Public Library, Astor, Lenox and Tilden Foundations
67. Courtesy Everett Collection
68. Courtesy Everett Collection
69. Courtesy Everett Collection
70. Courtesy Everett Collection
71. Courtesy Everett Collection
72. Courtesy Everett Collection
73. Courtesy Everett Collection
74. Courtesy Everett Collection
75. Courtesy Everett Collection
76. Courtesy Everett Collection
77. Mary Evans / UNIVERSAL INTERNATIONAL / Ronald Grant / Everett Collection
78. Courtesy Everett Collection
79. AP Photo
80. © Bettmann/CORBIS
81. © Bettmann/CORBIS
82. © Bettmann/CORBIS
83. © Bettmann/CORBIS
84. Courtesy Everett Collection
85. Courtesy Everett Collection
86. Courtesy Everett Collection
87. Courtesy Everett Collection
88. Courtesy Everett Collection
89. Courtesy Everett Collection
90. Courtesy Everett Collection
91. Courtesy Everett Collection
92. Courtesy Everett Collection
93. Courtesy Everett Collection
94. Courtesy: CSU Archives / Everett Collection
95. © Bettmann/CORBIS
96. AP Photo
97. Hulton Archive / Getty Images
98. Keystone-France / Gamma Keystone via Getty Images
99. New York Times Co. / Archive Photos / Getty Images

100. © Richard Howard
101. New York Daily News / Archive Photos / Getty Images
102. Anders Goldfarb, v1992.48.22, Brooklyn Historical Society
103. Anders Goldfarb, v1992.48.22, Brooklyn Historical Society 104. AP Photo
105. John Duprey / NY Daily News Archive via Getty Images
106. © Ron Saari
107. © Ron Saari

Recherche iconographique : Laura Wyss et Wyssphoto, Inc.

TABLE

DU MÊME AUTEUR AUX ÉDITIONS ACTES SUD

TRILOGIE NEW-YORKAISE :
– vol. 1 : *CITÉ DE VERRE*, 1987 ;
– vol. 2 : *REVENANTS*, 1988 ;
– vol. 3 : *LA CHAMBRE DÉROBÉE*, 1988 ; Babel n° 32.
L'INVENTION DE LA SOLITUDE, 1988 ; Babel n° 41.
LE VOYAGE D'ANNA BLUME, 1989 ; Babel n° 60.
MOON PALACE, 1990 ; Babel n° 68.
LA MUSIQUE DU HASARD, 1991 ; Babel n° 83.
LE CONTE DE NOËL D'AUGGIE WREN, hors commerce, 1991.
L'ART DE LA FAIM, 1992.
LE CARNET ROUGE, 1993.
LE CARNET ROUGE / L'ART DE LA FAIM, 2008 ; Babel n° 133.
LÉVIATHAN, 1993 ; Babel n° 106.
DISPARITIONS (coéd. Unes), 1994 ; Babel n° 870.
MR VERTIGO, 1994 ; Babel n° 163.
SMOKE / BROOKLYN BOOGIE, 1995 ; Babel n° 255.
LE DIABLE PAR LA QUEUE, 1996 ; Babel n° 379.
LA SOLITUDE DU LABYRINTHE, entretien avec Gérard de Cortanze, 1997 ; Babel n° 662, édition augmentée.
LULU ON THE BRIDGE, 1998 ; Babel n° 753.
TOMBOUCTOU (coéd. Leméac), 1999 ; Babel n° 460.
LAUREL ET HARDY VONT AU PARADIS suivi de *BLACK-OUT* et *CACHE-CACHE*, Actes Sud-Papiers, 2000.
LE LIVRE DES ILLUSIONS (coéd. Leméac), 2002 ; Babel n° 591.
CONSTAT D'ACCIDENT (coéd. Leméac), 2003 ; Babel n° 630.
HISTOIRE DE MA MACHINE À ÉCRIRE, avec Sam Messer, 2003.
LA NUIT DE L'ORACLE (coéd. Leméac), 2004 ; Babel n° 720.
BROOKLYN FOLLIES (coéd. Leméac), 2005 ; Babel n° 785.
DANS LE SCRIPTORIUM (coéd. Leméac), 2007 ; Babel n° 900.
LA VIE INTÉRIEURE DE MARTIN FROST (coéd. Leméac), 2007 ; Babel n° 935.
SEUL DANS LE NOIR (coéd. Leméac), 2009 ; Babel n° 1063.
INVISIBLE (coéd. Leméac), 2010 ; Babel n° 1114.
SUNSET PARK (coéd. Leméac), 2011 ; Babel n° 1177.
CHRONIQUE D'HIVER (coéd. Leméac), 2013.
ICI & MAINTENANT, avec J. M. Coetzee (coéd. Leméac), 2013.

En collection Thesaurus :
ŒUVRES ROMANESQUES, t. I, 1996.
ŒUVRES ROMANESQUES ET AUTRES TEXTES, t. II, 1999.
ŒUVRES ROMANESQUES, t. III, 2011.

OUVRAGE RÉALISÉ
PAR L'ATELIER GRAPHIQUE ACTES SUD
REPRODUIT ET ACHEVÉ D'IMPRIMER
EN AVRIL 2014
PAR NORMANDIE ROTO IMPRESSION S.A.S.
À LONRAI
POUR LE COMPTE DES ÉDITIONS
ACTES SUD
LE MÉJAN
PLACE NINA-BERBEROVA
13200 ARLES

DÉPÔT LÉGAL
1re ÉDITION : MAI 2014
N° impr. : 1401344
(Imprimé en France)